NAÇÃO, ESTADO E ECONOMIA

CONTRIBUIÇÕES PARA A POLÍTICA E A HISTÓRIA DO NOSSO TEMPO

LUDWIG VON MISES

NAÇÃO, ESTADO E ECONOMIA

CONTRIBUIÇÕES PARA A POLÍTICA E A HISTÓRIA DO NOSSO TEMPO

Tradução de Roberta Sartori
Prefácio de Fabio Barbieri
Posfácio de Marize Schons

Título original: *Nation, State, and Economy: Contributions to the Politics and History of Our Time* (no alemão: *Nation, Staat und Wirtschaft: Beiträge zur Politik und Geschichte der Zeit*).

Os direitos de tradução e publicação desta obra foram gentilmente cedidos pelo Liberty Fund à editora LVM.

Os direitos desta edição pertencem à LVM Editora, sediada na
Rua Leopoldo Couto de Magalhães Júnior, 1098, Cj. 46
04.542-001 • São Paulo, SP, Brasil
Telefax: 55 (11) 3704-3782
contato@lvmeditora.com.br

Editor-Chefe | Pedro Henrique Alves
Editores assistentes | Geizy Novais e Felipe Saraiça
Tradução | Roberta Sartori
Revisão ortográfica e gramatical | Laryssa Fazolo
Preparação dos originais | Adriana Alevato e Pedro Henrique Alves
Capa | Mariângela Ghizellini
Diagramação | Spress Diagramação & Design

Impresso no Brasil, 2024.

Dados Internacionais de Catalogação na Publicação (CIP)
Angélica Ilacqua CRB-8/7057

V917n	Von Mises, Ludwig Nação, estado e economia : contribuições para a política e a história do nosso tempo / Ludwig von Mises ; tradução de Roberta Sartori. - São Paulo : LVM Editora, 2024. 424 p. ISBN 978-65-5052-231-5 Título original: Nation, State, and Economy: Contributions to the politics and history of our time 1. Ciências sociais 2. Ciências políticas 3. Economia 4. História I. Título II. Sartori, Roberta
24-3569	CDD 330.9041

Índices para catálogo sistemático:
1. Ciências sociais

Reservados todos os direitos desta obra.
Proibida a reprodução integral desta edição por qualquer meio ou forma, seja eletrônica ou mecânica, fotocópia, gravação ou qualquer outro meio sem a permissão expressa do editor. A reprodução parcial é permitida, desde que citada a fonte.
Esta editora se empenhou em contatar os responsáveis pelos direitos autorais de todas as imagens e de outros materiais utilizados neste livro. Se porventura for constatada a omissão involuntária na identificação de algum deles, dispomo-nos a efetuar, futuramente, as devidas correções.

Sumário

9   Prefácio à Edição Brasileira
Fabio Barbieri

43   Prefácio

45   Introdução do Tradutor da Edição Norte-Americana

73   Introdução

Nação e Estado

85   Nação e Nacionalidade

1. A Nação como Comunidade de Fala
2. Dialeto e Língua Padrão
3. Mudanças Nacionais

117   O Princípio da Nacionalidade na Política

1. Nacionalismo Liberal ou Pacifista
2. Nacionalismo Militante ou Imperialista
   a. A questão da nacionalidade em territórios com populações mistas
   b. O problema da migração e o nacionalismo
   c. As raízes do imperialismo
   d. Pacifismo
3. Sobre a História da Democracia Alemã
   a. Prússia
   b. Áustria

Guerra e Economia

1. A Posição Econômica das Potências Centrais na Guerra
2. Socialismo de Guerra
3. Autarquia e Constituição de Reservas
4. Os Custos da Guerra à Economia e à Inflação
5. Cobrindo os Custos de Guerra do Estado
6. Socialismo de Guerra e Socialismo Verdadeiro

Socialismo e Imperialismo

1. O Socialismo e seus Oponentes
2. Socialismo e Utopia
3. Socialismo Centralista e Sindicalista
4. Imperialismo Socialista

389 Observações Finais

405 Posfácio à Edição Brasileira
Marize Schons

Prefácio à Edição Brasileira

Ludwig von Mises e a Teoria Liberal do Imperialismo

Fabio Barbieri[1]

Entre o final do século dezenove e o início do seguinte, Viena, a capital do Império Austro-húngaro, abrigou um dos mais impressionantes episódios de florescimento intelectual da história. Nesse ambiente encontramos grandes nomes que marcaram o desenvolvimento de disciplinas como filosofia, física, economia, direito, psicologia, literatura, música e pintura. Entre as inúmeras tragédias da Primeira Guerra Mundial, o fato de muitos desses intelectuais lutaram em suas trincheiras nos faz pensar sobre as realizações que seriam alcançadas com o

---

1. Fabio Barbieri é graduado em Administração Pública pela Fundação Getúlio Vargas em São Paulo, concluindo seu mestrado e doutorado em Teoria Econômica pela Universidade de São Paulo. É professor associado do departamento de economia dessa mesma universidade, no campus de Ribeirão Preto. Seus cursos, pesquisas e publicações versam sobre Teoria Microeconômica, Metodologia da Economia e História do Pensamento Econômico, em especial sobre temas relacionados à Escola Austríaca.

auxílio das ideias geradas por aqueles que pereceram no conflito.

Nesse cenário de perda de vidas, destruição de bens e corrosão da própria civilização, um oficial de artilharia sobrevivente participa da tarefa de buscar uma explicação para tais eventos, o economista especializado em teoria monetária Ludwig von Mises. Em 1919 ele publica *Nação, Estado e Economia*, obra que interpreta os eventos históricos do período à luz de considerações econômicas e políticas. Em essência, o conflito bélico é explicado em termos do triunfo político de ideias contrárias ao liberalismo, cujas consequências econômicas requerem a adoção de postura militarista, isto é: o abandono de instituições compatíveis com trocas voluntárias exige o uso de coerção.

O volume que o leitor segura em suas mãos neste momento é uma bem-vinda tradução para o português de um dos livros menos conhecidos e estudados de Mises. Como fruto do trabalho de um dos principais pensadores liberais vivendo uma época iliberal, a obra naturalmente não é muito conhecida. Em suas memórias, o próprio Mises[2] nota a negligência de seu texto:

> Era um livro científico, mas sua intenção era política. Foi uma tentativa de alienar a opinião pública na Alemanha e na Áustria dos ainda não nomeados ideais nacional-socialistas, bem como de promover a reconstrução através de uma política democrático-liberal. Pouca atenção foi dada

---

2. 2019, p. 52.

ao meu trabalho; o livro raramente era lido. Mas sei que será lido com o tempo.

Pois bem, esse tempo chegou. Uma justificativa para essa afirmativa requer apontarmos o valor do texto, em quatro dimensões. A primeira delas é teórica: como Mises se revelou um dos grandes economistas da história, o exame de suas obras menos conhecidas auxilia a compreensão de suas ideias. Na presente obra, como veremos em mais detalhes mais adiante, o estudante das ideias de Mises pode identificar no texto uma etapa do desenvolvimento da crítica misesiana ao socialismo, tema que ocupará o autor nos anos subsequentes em *Socialismo*. Ao explorar as consequências do inflacionismo durante a guerra, o analista pode também reconhecer uma aplicação das doutrinas monetárias do autor expostas em *A Teoria do Dinheiro e do Crédito* e elaboradas mais tarde em *Ação Humana*, em especial, sobre os efeitos na estrutura do capital, do fato que durante a expansão monetária diferentes preços se elevam em momentos diferentes. Por fim, o livro desenvolve uma versão da teoria liberal sobre a relação entre livre comércio e paz (ou entre protecionismo e militarismo), relação postulada por autores como Adam Smith e seus seguidores na França, como Say e Bastiat. Essas ideias serão mais tarde desenvolvidas e ampliadas por Mises em *Governo Onipotente*.

Além da dimensão puramente teórica, a presente obra nos proporciona ainda um excelente exemplo de pesquisa em história econômica. Embora essa disciplina seja até hoje dominada pelo pensamento marxista e com frequência até mesmo mercantilista, cresce a literatura que em vez de negar, efetivamente utiliza a teoria econômica corrente. No caso do livro de Mises, estamos diante de uma análise baseada na teoria econômica adotada e desenvolvida pela escola austríaca de economia, levada a cabo por um autor que participou dos eventos e discussões do período. Além disso, Mises se beneficia da familiaridade com a tradição germânica de elaboração de monografias históricas. O texto é rico de ideias oriundas de diferentes ciências, que complementam-se na busca pela compreensão dos eventos estudados. Metodologicamente, o autor segue Menger, o fundador da Escola Austríaca, na defesa de uma análise econômica que combina teoria e história, respeitando os métodos próprios de cada uma dessas disciplinas.

A terceira dimensão diz respeito ao objeto mesmo de investigação. A Primeira Guerra Mundial foi um evento crucial na história da presente civilização. O estudo desse conflito é importante não apenas para entendermos seus desdobramentos na guerra seguinte, mas também para compreendermos as instituições contemporâneas, um século depois da guerra.

Isso nos leva à quarta e última dimensão: a política contemporânea. Ebeling[3] utiliza as discussões

---

3. 2019.

contidas no livro de Mises a respeito da autodeterminação dos povos e das relações entre etnias e unidade nacional para examinar tanto a anexação russa da Criméia em 2014 quanto a saída do Reino Unido da União Europeia em 2020, o "brexit". Coyne e Bradley[4], por sua vez, discutem a literatura empírica que corrobora a hipótese básica usada por Mises no presente volume a respeito da relação entre intervencionismo e militarismo.

Nação, Estado e Economia explora relações causais verdadeiras e importantes. No entanto, está longe de oferecer uma explanação acabada de fenômenos históricos complexos como a Primeira Guerra Mundial. Os quatro motivos listados acima, porém, certamente tornarão o texto proveitoso para as reflexões sobre causas das guerras e avançará os estudos da tradição austríaca.

Antes de descrever a obra, expor seus pontos centrais e detalhar alguns de seus aspectos, devemos antes contextualizar a obra em termos das ideias fundamentais de seu autor e da escola de pensamento a qual se filia.

A chamada Escola Austríaca é uma tradição centenária de pesquisa, que se inicia a partir da publicação dos *Princípios de Economia* de Carl Menger em 1871. Metodologicamente, pode ser descrita em termos da adesão aos princípios do subjetivismo e individualismo metodológico. O primeiro afirma que

---

4. 2019.

a economia é uma ciência humana, que trata fundamentalmente de pessoas, de seus planos e expectativas, escolhas e ações e não dos objetos classificados como riqueza material, tal como supunham os economistas no início do desenvolvimento dessa ciência. O segundo assevera que fenômenos econômicos e sociais devem ser explicados como resultado da interação entre indivíduos e não a partir de entidades coletivas, como classes, raças ou ainda conceitos macroeconômicos agregados não microfundamentados na ação individual. Sistemas de leis, instituições, regras gramaticais, crescimento econômico e inflação são vistos como *fenômenos emergentes* a partir da interação entre agentes. Em particular, os economistas austríacos buscam com suas teorias explicar a emergência (ou não) da coordenação de planos de agentes que escolhem sob a incerteza inerente aos ambientes econômicos marcados por constante mudança. O grau de coordenação é investigado seja a partir da interação em mercados livres ou por meio de instituições caracterizadas por decisões coletivas.

Esses princípios estão presentes em duas teorias fundamentais desenvolvidas pelos austríacos, a saber, a teoria de processo de mercado e a teoria do capital, assim como nas suas diferentes aplicações, como a teoria dos ciclos ou a análise da alocação sob planejamento central e intervencionismo. A teoria austríaca de processo de mercado procura explicar a emergência da coordenação via competição a partir da ação empresarial, em vez de supor a existência dessa coordenação em estados de equilíbrio. A teoria do capital, por sua vez, trata da coordenação intertemporal de planos. Na teoria austríaca dos ciclos econômicos, intervenções de origem monetária distorcem o papel coordenador exercido pelos juros, resultando em uma expansão insustentável seguida de uma recessão.

A abordagem austríaca não consiste em algo isolado do restante do corpo teórico da disciplina. Dos economistas dos séculos dezoito e dezenove, os austríacos herdam a noção de que o crescimento econômico depende da frugalidade ou poupança. Esta significa trocar o consumo presente por investimentos em bens de capital que elevam a produtividade do trabalho, gerando mais necessidades atendidas no futuro, quando os novos processos produtivos maturarem. Dos mesmos economistas, aprendem que a especialização ou divisão do trabalho também resulta em maior produtividade e que a expansão dessa especialização requer instituições indutoras de trocas dos bens e serviços nos quais cada um se especializa. Garantias de direitos de propriedade privada que possibilitam trocas viabilizam a especialização e o uso de melhores máquinas e novas tecnologias, resultando em prosperidade, ao passo que restrições ao comércio inibem a divisão do trabalho, gerando empobrecimento. Por fim, absorveram dos pioneiros uma abordagem institucionalista, que julga o desempenho das economias em termos do contraste entre instituições indutoras de competição ou de monopólio.

Os autores austríacos, porém, rejeitaram a teoria antiga no que diz respeito à teoria do valor. A teoria do valor trabalho era útil como simplificação em uma investigação preocupada com o crescimento econômico: diferentes bens podem ser agregados em termos monetários, tendo em vista seu custo de produção em condições de equilíbrio de longo prazo em mercados competitivos, desde que ignoremos as relações entre diferentes linhas de produção. Carl Menger, o fundador da escola austríaca, juntamente com Walras e Jevons, substituem na chamada Revolução Marginalista de 1971 a antiga teoria do valor trabalho pela atual teoria do valor determinado pela utilidade de porções concretas dos bens, sua utilidade marginal. Esta depende das preferências de diferentes pessoas, das situações nas quais elas se encontram e da escassez relativa dos bens, isto é, da relação entre, por um lado, o estoque disponível e possibilidades de produção dos bens e, por outro, os diferentes usos que podem ser imaginados para eles. De posse da nova teoria do valor, preços (e custos) são explicados pela utilidade marginal dos bens não apenas em um imaginário equilíbrio competitivo de longo prazo, mas em qualquer situação, mesmo em desequilíbrio ou diante de monopólios e oligopólios e também levando em conta a importância de um recurso caso seja empregado na produção de diferentes bens.

Com isso, a economia deixa de ser caracterizada como a ciência da produção e distribuição de riqueza material para ser retratada, de modo mais fundamental, como a ciência das trocas, ou da escolha entre usos alternativos de recursos com quantidades insuficientes para atender todos esses usos igualmente. Essa segunda caracterização, escolha diante da escassez, é mais fundamental: se a escolha entre usos dos recursos é feita de forma mais econômica, temos maior riqueza, ou seja, melhor atendimento dos fins almejados pelas pessoas. Desse modo, temos não apenas a substituição da teoria do valor antiga pela moderna, mas o próprio problema fundamental que a teoria deve enfrentar foi modificado: a escolha diante da escassez.

A consciência de que a economia trata de escolhas alocativas se desenvolve mais nitidamente nos trabalhos da segunda geração de economistas austríacos, notadamente Friedrich von Wieser e Eugen von Böhm-Bawerk. Estes aplicam a nova teoria do valor aos insumos produtivos. Wieser reinterpreta a noção de custo segundo a nova perspectiva. Diante da escassez, custo passa a ser interpretado como a utilidade daquilo que se abdica quando se escolhe algo e não a energia desprendida para obter tal coisa. Böhm-Bawerk, por sua vez, desenvolve a teoria do capital: o crescimento econômico envolve processos produtivos que utilizam uma estrutura cada vez mais complexa de bens de capital, cuja produção se inicia em períodos mais remotos. Mas, apesar de produzimos hoje bens que frutificarão apenas no futuro, preferimos atender necessidades o quanto antes. Böhm-Bawerk descobre então que o fenômeno dos juros é explicável em termos de preferências temporais: um mesmo bem disponível hoje vale mais do que um disponível apenas no futuro, de modo que descontamos o valor de bens futuros e pagamos juros para convencer pessoas a trocarem seu consumo imediato por consumo mais remoto.

Nos livros desses dois autores, não apenas devemos escolher entre produção presente e futura, mas também entre diferentes usos. A diferença entre prosperidade e miséria depende de quão boas (eficientes) são nossas escolhas sobre onde utilizar cada recurso escasso: cada unidade desse deve ser aplicado em processos produtivos que resultam na provisão de bens mais urgentes antes daqueles menos importantes, sob o ponto de vista de cada um.

A comparação do valor gerado por uma porção concreta de um recurso aplicado na produção de um bem com o valor que seria gerado caso o mesmo fosse empregue alhures, ou seja, a comparação entre valor e custo de oportunidade, é uma consequência lógica da existência de escassez. Nos mercados, a comparação faz uso do sistema de preços. O problema, contudo, permanece em qualquer sistema econômico. Wieser e Böhm-Bawerk, assim como Pareto e Cassel, estabelecem desse modo o problema da similitude formal entre economias de mercado e o socialismo: ao contrário do que pensam os autores historicistas alemães e marxistas, o problema alocativo é universal. Também o socialismo, se quiser pelo menos replicar a prosperidade gerada por uma economia de mercado, deve desenvolver algum modo de comparação entre utilidade marginal e custo de oportunidade das escolhas. Esse problema será central no pensamento econômico de Mises. Valor não seria uma passageira "categoria burguesa" relativa a um particular "modo de produção" e escolhas produtivas não se reduzem a questões técnicas: a partir de 1871, torna-se relevante examinar a lógica de possíveis "modos de alocação".

Esse conjunto de ideias austríacas constituem a base para as contribuições intelectuais de Mises, sobretudo no que diz respeito aos diferentes modos de alocação.

Ludwig Edler von Mises (1881-1973) nasceu em Lamberg (Lviv), cidade hoje situada na Ucrânia. Migrando com a família para a capital do Império, estuda no famoso *Akademische Gymnasium* entre 1892 e 1900. Mises estudou direito na Universidade de Viena, onde completou seu doutorado. Na Áustria da época, assim como no Brasil, disciplinas de economia eram acolhidas nos cursos de direito.

Depois de uma monografia na área de história econômica, publica seu primeiro livro teórico sob o título *Teoria do Dinheiro e do Crédito*, em 1912. A despeito do reconhecimento da competência técnica do autor proporcionada por essa obra, Mises nunca obteve um posto como professor ordinário em sua *alma mater*, cargo que foi ocupado pelo seu rival Hans Mayer. Mises, por sua vez, lá alcançou apenas o cargo de professor extraordinário.

Mises organizou um dos famosos círculos vienenses de discussão de ideias. Seus encontros tratavam de temas econômicos, filosóficos e políticos e do grupo participaram vários emitentes intelectuais austríacos do período. Ao mesmo tempo, Mises se tornou conselheiro da Câmera de Comércio Austríaca, encarregada de avaliações econômicas de políticas governamentais.

Durante a Primeira Guerra Mundial, atuou como oficial de artilharia nos Montes Cárpatos e na Ucrânia. Seu irmão, o futuro professor de Harvard Richard von Mises, famoso por suas contribuições em teoria da probabilidade, trabalhou na guerra no desenvolvimento de aeronaves.

No pós-guerra, Ludwig von Mises desenvolve sua crítica fundamental ao socialismo. De volta às suas atividades profissionais, funda um instituto austríaco para o estudo dos ciclos econômicos, que será dirigido inicialmente pelo próximo grande autor da escola austríaca, Friedrich Hayek e, na sequência, por Oskar Morgenstern.

A origem judaica da família de Mises, assim como seu status como eminente intelectual liberal, tornam sua permanência em Viena insustentável diante do advento do nacional-socialismo na Alemanha. Ocupa então entre 1934 e 1940 um cargo como professor no Instituto Universitário de Altos Estudos

Internacionais em Genebra, Suíça, onde casa com Margit Sereny-Herzfeld. Em 1938 a Alemanha anexa a Áustria e os livros e papéis de Mises são logo confiscados de seu apartamento em Viena. Fugindo do nazismo, parte de Lisboa para Nova York, tornando-se cidadão americano em 1946. No novo país, torna-se professor visitante na Universidade de Nova York. Ao contrário da maioria dos professores europeus fugidos da guerra, não obteve cargo como professor efetivo, devido ao seu impopular liberalismo.

Mesmo isolado da academia devido as suas crenças políticas, vivendo em um país estrangeiro, Mises escreve na maturidade uma série de livros fundamentais sobre teoria econômica, política, filosofia e história. Mises, juntamente com Hayek, estabelecem as bases para um renascimento na América da escola austríaca de economia. Autores como Murray Rothbard, Ludwig Lachmann e Israel Kirzner continuariam a tradição. Os trabalhos desses autores no desenvolvimento da teoria austríaca de processo de mercado, da teoria austríaca dos ciclos econômicos e em outros temas fornecem as ferramentas analíticas para uma crescente comunidade de pesquisadores espalhados pelo mundo que atualmente cultivam e desenvolvem o programa de pesquisa "austríaco".

Não é possível em curto espaço cobrir a vasta gama de assuntos abordados por Mises. Deixaremos de lado, por exemplo, suas contribuições à metodologia da economia. A exposição das ideias centrais de Mises, entretanto, é facilitada pela existência de um tratado geral que articula os diferentes aspectos de suas teorias. Em *Ação Humana*, Mises[5] reorganiza o corpo da teoria econômica em torno da noção fundamental subjetivista da praxiologia, segundo a qual os fenômenos econômicos devem ser explicados a partir do exame de como os seres humanos buscam atingir seus objetivos, seja lá qual for a natureza dos mesmos, diante da existência de obstáculos ao seu atendimento e incerteza sobre seu sucesso.

As pessoas imaginam situações futuras preferidas e planejam suas ações de acordo, ordenando fins por ordem de importância e imaginando formas de como os meios limitados devem ser utilizados. Valor é a importância do que se escolhe, custo é a importância do que se abdica, lucro é a diferença entre os mesmos. As trocas são meios para atingir fins e a produção em particular é um tipo de troca como a natureza, isto é, entre usos alternativos dos recursos. Moeda é um meio que aumenta o escopo das trocas mutuamente vantajosas possíveis. Além dos fenômenos monetários, os bens de capital, o funcionamento do sistema de preços sob competição e monopólio, assim como a ação governamental, são explorados a partir dos fundamentos metodológicos subjetivista e individualista. Desses deriva-se logicamente teorias sobre fenômenos emergentes como o crescimento, o comércio internacional, a inflação e as crises econômicas.

5. 2023.

A teoria desenvolvida pelo autor é marcada pela passagem do tempo e pela incerteza associada a essa passagem. Só faz sentido agir se não conhecermos o futuro. Portanto, toda ação é especulativa por natureza. Tal como ocorre na obra de seu contemporâneo Joseph Schumpeter, também é central na economia de Mises o conceito de atividade empresarial. Mas esta não diz respeito apenas a grandes feitos, como inovações adotadas por um Ford, um Jobs ou um Musk. A essência da competição nos mercados é a rivalidade entre concepções de diferentes empresários sobre o valor de diferentes vias de investimento diante do contínuo fluxo de mudanças. Estas estão presentes em todos os mercados em todos os momentos. A atividade empresarial é portanto fundamental para o funcionamento dos mercados.

A essência da competição diz respeito a investimentos incertos nos mercados de capitais e não se os preços convergem ao custo de oportunidade em um imaginário estado de equilíbrio em mercados de produtos conhecidos, como na teria do equilíbrio competitivo. Como afirma já em *Nação, Estado e Economia*, "Toda a atividade econômica é composta por tais empreendimentos de risco".

A economia de Mises é centrada na atividade empresarial inclusive no contexto das teorias do capital e da moeda: empresários especulam sobre o valor no futuro de usos alternativos de recursos produtivos com o auxílio dos preços que se formam a partir das avaliações individuais. O uso de um meio indireto de troca, a moeda, possibilita o cálculo econômico de benefícios e custos expressos nos preços.

Esse é o cenário teórico que fundamenta todas suas análises econômicas. O arcabouço teórico austríaco aludido acima é utilizado por Mises em seu extenso estudo de sistemas econômicos comparados, tópico que abriga boa parte de sua produção intelectual. O leitor, acostumado desde a escola ao conceito marxista de "modos de produção", em geral não percebe que o referencial analítico utilizado por Mises implica na rejeição dessa noção historicista em favor do conceito de modo de alocação, a despeito da retenção, por parte do autor, de expressões como capitalismo e socialismo. Mas, na verdade, Mises retoma a classificação smithiana original, que divisava um sistema de liberdade natural e um sistema mercantilista. Atualizado para uma linguagem moderna a classificação antiga, Mises dedica um livro ao primeiro sistema, em *Liberalismo*, outro ao segundo sistema, em *Uma Crítica ao Intervencionismo* e outro ao planejamento central, em *Socialismo*.

Neste último, expõe o argumento fundamental contra o socialismo: na ausência de propriedade privada de bens de capital, não existe formação de preços que possibilite a comparação entre valor e custo de oportunidade de diferentes projetos, como querer o problema da similitude formal. Torna-se assim impossível a obtenção de uma alocação econômica de recursos, capaz de replicar a produtividade requerida para sustentar grandes populações, como as do presente. Sem preços que reflitam a opinião de um número de pessoas e ajudem no cálculo de viabilidade de projetos em competição, teríamos que contar com um planejador central onisciente, capaz de esquadrinhar as implicações das infinitas alternativas de investimento, ou formas de combinar ao longo do tempo bens de capital, tendo em vista as necessidades cambiantes de todos, além das variações na disponibilidade de recursos e a invenção de bens e possibilidades produtivas.

Além de argumentar que o socialismo consiste em um ideal economicamente irrealizável a despeito de sua popularidade política, Mises trata das economias reais como exemplos de um sistema misto ou intervencionista, semelhante ao conceito de mercantilismo do século dezoito.

Usando novamente a teoria sobre o funcionamento do sistema de preços, o autor mostra como proibições tais como como restrições comerciais e a fixação de preços geram consequências não intencionais, contrárias aos objetivos que as motivaram, como maior escassez dos produtos com preços controlados. Ele constrói, por assim dizer, uma teoria de desequilíbrio geral entre setores da economia: as falhas de governo geradas pelas intervenções são atribuídas pela moderna ideologia estatizante aos mercados, ao "capitalismo", de forma que novas intervenções são propostas para controlar os desequilíbrios gerados pela primeira, como racionamentos e controles de preços dos insumos usados na produção dos bens que deixaram de ser ofertados diante da primeira medida. Tais políticas, por sua vez, repetem o mesmo tipo de desequilíbrio. Uma economia intervencionista se mantém então à custa do consumo dos recursos que fazem parte do fundo de reserva de capital existente na sociedade. Seu uso compromete o dinamismo da economia, a menos que os controles sejam relaxados, em episódios de reformas liberalizantes. Os austríacos modernos transformaram os *insights* de Mises em uma teoria sobre ciclos intervencionistas de expansão e crises do estado. A ideologia associada a um regime intervencionista, por sua vez, é investigada em *A Mentalidade Anticapitalista*.

O próprio *Nação, Estado e Economia*, como nos informa Hülsmann[6], tinha como título original *Imperialismo*. Se mantido, tal título, ao lado de *Socialismo, Liberalismo* e *Crítica ao Intervencionismo*, teríamos um conjunto que tornaria mais clara a centralidade da comparação de sistemas econômicos na obra de Mises. O livro, na tradição dos economistas do século dezoito e dezenove, trata do intervencionismo não no interior das fronteiras em determinado país, mas no que se refere às relações com estrangeiros.

O sistema de liberdades, por fim, é examinado em *Liberalismo*. Tal obra trata das diferentes instituições compatíveis com a democracia e a liberdade. Outras obras do autor também tratam de sistemas econômicos comparados. *Burocracia*, por exemplo,

---

6. 2007, p.299

investiga o modo de funcionamento de instituições estatais em um sistema liberal e sua expansão sob o intervencionismo, argumentando que seus defeitos não podem ser diminuídos pelo uso de gestão empresarial, dada a natureza da administração pública.

Dado esse breve apanhado de algumas ideias centrais desenvolvidas do autor, estamos aptos para nos debruçar sobre o conteúdo de *Nação, Estado e Economia*.

Iniciemos com a estrutura do livro. A obra possui três seções principais. Na primeira e mais extensa, busca-se uma explanação sobre o imperialismo alemão em termos da história da formação dos estados-nação, tendo em vista o problema do convívio democrático em "nações poliglotas", ou seja, territórios habitados por pessoas que falam diferentes línguas. Na segunda parte, Mises critica as alegadas vantagens da "economia de guerra", o sistema centralizador criado pela mobilização militar, sistema que foi sugerido como molde a ser adotado após o conflito. Mises rejeita não apenas a viabilidade desse sistema, situado entre o intervencionismo e o ideal socialista, como também afirma que os defeitos da centralização econômica aceleraram a inevitável derrota alemã no conflito. Na terceira e última parte, o mesmo ímpeto estatizante presente nos defensores da economia de guerra é criticado na alternativa socialista proposta pelo partido social-democrata alemão. Sempre explorando as causas do imperialismo, Mises argumenta pela natureza imperialista do socialismo e oferece uma alternativa liberal como a única compatível com o pacifismo.

Passamos agora à exposição do modelo econômico básico encontrado na obra, assim como o argumento político-institucional utilizado na explanação do imperialismo alemão. Como afirmamos no início deste prefácio, podemos encontrar na obra elementos das diferentes teses econômicas desenvolvidas pelo autor, como a crítica ao planejamento central, a análise das distorções provocadas por processos inflacionários e a necessidade de atividade empresarial em investimentos em bens de capital. O argumento central utilizado, porém, é uma variante da teoria liberal do imperialismo.

O primeiro elemento do argumento é a relação entre divisão do trabalho, produtividade e liberdade comercial: como ensina Adam Smith, a divisão do trabalho é limitada pela extensão do mercado, ou seja, pelo número de pessoas que podem trocar entre si. Assim como em uma cidade muito pequena é viável apenas a presença de médicos generalistas em vez de especialistas, restrições ao comércio entre cidades, regiões e países implicam em menor especialização e na consequente redução de produtividade, ou seja, empobrecimento. O segundo elemento diz respeito ao problema alocativo em sociedades populosas, com extensivo grau de divisão do trabalho. Nelas, o grau de prosperidade depende dos mecanismos de realocação de recursos aos seus melhores usos conhecidos. Em uma variante do argumento de similitude formal, temos que, sob qualquer regime econômico, a manutenção ou expansão da prosperidade sob população crescente exige, por exemplo, os mesmos fluxos migratórios de regiões de menor rendimento marginal do trabalho para regiões com retorno mais elevado. A única diferença diz respeito sobre quais hipótese são feitas a respeito do conhecimento de governantes e governados sobre os rendimentos de cada unidade de um fator ou produto em seus múltiplos usos. O terceiro e último elemento trata das instituições que liberam ou bloqueiam realocações de recursos requeridas pelos dois elementos anteriores, gerando prosperidade ou empobrecimento, respectivamente. A rejeição do comércio livre que implica em menor divisão do trabalho e menor realocação de recursos reduzem a riqueza, que só pode ser obtida de outra forma por meio do imperialismo, da exploração de estrangeiros. Daí a famosa expressão liberal: "quando os produtos não cruzam as fronteiras, os exércitos o fazem". O comércio torna as nações interdependentes na prosperidade. O isolacionismo, pelo contrário, reduz o custo político de aventuras militaristas, da tentativa de pilhar riqueza alheia.

Ao lado desse modelo, Mises associa o imperialismo alemão a mudanças institucionais que acompanharam o crescimento econômico observado nos dois últimos séculos. Esse modelo também possui três elementos. O primeiro trata da transição de um regime no qual os territórios e suas pessoas eram propriedade pessoal dos monarcas para nações caracterizadas pela autodeterminação de seus povos, pelo estabelecimento de garantias de propriedade privada e pela democracia. O segundo adota a tese segundo a qual o parâmetro fundamental para a identificação de uma nação é o uso de um língua comum, na qual se desenvolve sua cultura. A terceira afirma que em países mistos ou poliglotas ocorre resistência à democracia devido aos conflitos entre diferentes nacionalidades: sob voto majoritário as minoritárias se tornariam reféns da maioria.

Com a enorme explosão de riqueza induzida pela mudança no primeiro elemento descrito acima, temos regiões superpovoadas e recursos subempregados em diferentes localidades. Isso requer realocações de pessoas e bens, isto é, migração e comércio para que os recursos continuem a se deslocar para seus usos mais proveitosos. Embora um inglês ou francês possa migrar preservando o pertencimento à comunidade linguística original, o mesmo não ocorre nos impérios alemão, austro-húngaro ou russo. Como bem resumo Hülsmann[7]:

> O imperialismo alemão resultou de um choque entre o princípio da autodeterminação nacional e o princípio do governo democrático. Mises identifica as misturas populacionais com uma minoria alemã como a principal causa da hostilidade alemã ao governo pela maioria popular. Os

7. 2007, p. 301.

alemães preferiram governar como uma minoria em vez de uma maioria de outras nacionalidades.

Dado esse cenário de inexistência de colônias alemãs, as alternativas políticas seriam ou o imperialismo ou a adoção de instituições liberais. A primeira alternativa seria incapaz de resolver o problema proposto, ao passo que a diminuição da esfera da ação coletiva, através da garantia de direitos de propriedade, supressão de barreiras ao comércio e à livre migração e ausência de imposição de currículos obrigatórios às minorias dissolveriam a tensão entre nacionalidades.

Vejamos agora mais de perto alguns aspectos dos dois modelos sumariados acima.

O contraste entre instituições liberais e imperialistas em termos de indução de paz ou guerra pode ser ilustrado por um exemplo concreto. Onde estabelecer uma fábrica? Em termos econômicos, a questão da localização industrial depende de fatores como a distância dessa fábrica para os locais no qual insumos estão disponíveis, da distância para os mercados consumidores e do tamanho desses mercados, da existência de diferentes fatores produtivos em diferentes locais e dos elementos que influenciam custos de transporte de insumos e produto, como peso e durabilidade desses bens. Localidades diferentes implicariam em custos maiores e produção menor e portanto menor prosperidade.

Digamos que a localização econômica seja a cem quilômetros do litoral da Rússia. Deveria esse país comprar ou invadir território escandinavo para dispor de um "corredor" até um porto de escoamento? Para Mises, se... "o livre comércio prevalecer, é totalmente indiferente se os mais próximos [portos] são administrados por funcionários russos ou não". Sem barreiras comerciais, apenas considerações alocativas atuam e teríamos o máximo de prosperidade. Por outro lado, continua o autor, "O imperialismo precisa deles porque precisa de bases navais, porque quer travar guerras econômicas. Precisa deles não para usá-los, mas para excluir os demais de fazê-lo". Em termos econômicos, a imposição de restrição implicam em empobrecimento geral, inclusive do país imperialista. Novamente utilizando as palavras de Mises,

> o liberalismo rejeita a guerra agressiva não por motivos filantrópicos, mas do ponto de vista da utilidade. Rejeita-a porque considera a vitória prejudicial, e não quer conquistas porque as vê como um meio inadequado para alcançar os objetivos últimos pelos quais se esforça.

Sob um regime iliberal, apenas governantes e firmas agraciadas pela legislação com privilégios monopolísticos ganham, à custa da população em geral. "As guerras talvez não tenham começado, como se costuma dizer, por 'razões triviais'. Sua causa foi sempre a mesma: a ganância dos governantes". Além de gerar pobreza e guerra, o iliberalismo é incompatível com a dignidade humana. Para Mises, um liberal "...não consegue compreender como as pessoas podem ser usadas como um "corredor", uma vez que como assume, desde o início, a posição de que indivíduos e povos nunca deveriam servir como meios – sempre como fins – e porque ele nunca considera seres humanos como bens que pertencem à terra na qual vivem".

Não devemos cansar de salientar que o argumento de Mises trata da comparação institucional, algo bastante diferente da análise marxista do imperialismo, para a qual as instituições existentes são inevitáveis e automaticamente identificadas com o "capitalismo". Mas a certeza de que no mundo real sempre existiriam taxas alfandegárias para estrangeiros ou mesmo o bloqueio do uso do porto escandinavo supõe de fato como inevitável instituições intervencionistas ou iliberais. Povos que até hoje se digladiam no velho mundo colaboram pacificamente no novo, sob diferentes instituições.

O livro de Mises, assim como toda a tradição liberal de análise do imperialismo, funciona então como contraponto à crescente popularidade das análises "geopolíticas", que tratam países como se fossem personagens em um drama teatral cheio conspirações, que falam nos "interesses" e "estratégias" da China ou da Rússia, como se estes fossem idênticos aos objetivos de seus governantes. Esse tipo de análise supõe implicitamente como inevitáveis instituições imperialistas, apenas replicando sob novo nome a análise cameralista do passado, que assessorava governantes mercantilistas ávidos por poder e que foi efetivamente criticado pelos primeiros economistas no século dezoito.

Esse ponto releva a importância do livro de Mises para avaliarmos quais seriam também hoje as consequências de uma redução do comércio mundial e do isolamento de países. Nesse sentido, Coyne e Bradley[8] destacam a importância da análise misesiana para o futuro:

> É precisamente porque Mises lança luz sobre a verdadeira natureza dos apelos para que os governos utilizem cada vez mais a política geoeconômica como um complemento à força militar que o seu trabalho sobre a paz liberal continua pertinente.

Devemos agora chamar a atenção para diversos elementos centrais do pensamento misesiano que se fazem presentes na discussão da "economia de guerra", o modelo econômico defendido na Áustria por autores como Otto Neurath. Nesse modelo, a competição nos mercados cede lugar a governos que mobilizam a sociedade como se fosse um exército para alcançar seus fins. Como se trata de uma variante em menor grau de uma economia socialista, encontramos em Mises elementos de sua crítica a tal sistema, embora a objeção central do autor ainda não se faça presente.

---

8. 1999, p. 4.

Encontramos no texto a comparação entre instituições descentralizadas e centralizadas em termos da forma como elas lidam com o problema alocativo em um ambiente dinâmico. Nos mercados, recursos que eventualmente se tornem mais escassos na guerra são preservados mediante o funcionamento do sistema de preços: "A especulação antecipa futuras mudanças de preços; a sua função econômica consiste em nivelar as diferenças entre lugares e momentos históricos e, por meio da pressão que os preços exercem sobre a produção e o consumo, adaptar os estoques e as procuras entre si".

Na economia de guerra por outro lado, planejadores também devem especular sobre condições futuras, a fim de estabelecer racionamentos, proibições e ordens de produção. A alocação centralizada de meios a um único fim pode funcionar no curto prazo, ignorando-se os custos de oportunidade do projeto prioritário. Esses custos se manifestam na forma de planos frustrados, porém, conforme o tempo passa e o planejador tem que lidar com fins múltiplos e o problema alocativo alcança sua complexidade plena.

A questão crucial diz respeito ao grau de acerto das especulações comparando-se governantes e suas agências sob centralização e governados sob descentralização. Mises nota que os primeiros especularam que a guerra seria breve. Seus erros se manifestaram em comandos inconsistentes:

> Certa vez, por exemplo, foi dada a ordem de reduzir o gado por meio do aumento do abate devido à escassez de forragem. Em seguida, foram emitidas proibições de abate e tomadas medidas para promover a criação de gado.

Esse tipo de fenômeno lembra a crítica que o autor fará ao intervencionismo em obras futuras.

O esforço de guerra alemão foi marcado pelo inflacionismo. As distorções na produção induzidas por causas monetárias, que figuram no centro da explanação misesiana dos ciclos econômicos, também fará parte de sua crítica ao socialismo. Vejamos como se forma esse argumento.

Para Mises, a guerra se trava essencialmente com recursos presentes: "com a emissão do papel-moeda, não foi produzido nem um canhão ou granada a mais do que teria sido produzido sem se colocar a prensa monetária em funcionamento". Além de favorecer devedores e prejudicar credores, injeções monetárias distorcem preços relativos e afetam a composição da produção. Temos assim o que Hayek rotula "efeito Cantillon" em sua elaboração da teoria austríaca dos ciclos. Nas palavras de Mises:

> O crescimento de preços causado pelo aumento na quantidade de moedas em circulação não apareceu de uma só vez em toda a economia e para todos os bens, pois a quantidade adicional é distribuída gradualmente. No início, flui para certos estabelecimentos e ramos de produção.

Primeiro aumenta a procura de bens específicos, não de todos.

A inflação falsifica ainda a contabilidade das firmas diante do maior fluxo de recursos monetários em seu caixa, induzindo uma ilusão monetária: "a inflação lançou assim um véu sobre o consumo de capital". Surge aqui ideias que reaparecerão na crítica do autor ao socialismo. O inflacionismo distorce o cálculo econômico. Em uma economia primitiva e estacionária, é possível contabilidade em termos de unidades físicas. Em uma economia mais desenvolvida, porém, esse cálculo deve ser substituído pelo cálculo em dinheiro, cujo pré-requisito é a escrituração contábil.

A crítica ao ideal socialismo dominante no pós-guerra, que ocupa a última parte do livro, não trata do sistema de preços como condição necessária para o cálculo econômico, tal como é argumentado na famosa crítica do autor ao socialismo. Aqui, ele apenas argumenta que teríamos resultados piores do que economias de mercado tendo em vista o problema alocativo. No entanto, já aqui a comparação é pautada pelo argumento de similitude formal entre sistemas econômicos. Mises divide o socialismo em uma vertente sindicalista e outra social-democrata, associada ao planejamento central. Sob o ponto de vista econômico, a primeira forma de socialismo, mais descentralizada, nem sequer menciona o problema alocativo, pois parte de uma estrutura fixa de oferta:

Preferir o interesse do produtor ao do consumidor, o que é característico do antiliberalismo, significa nada mais do que a tentativa de preservar artificialmente as relações de produção que se tornaram irracionais como resultado do desenvolvimento progressivo.

A segunda forma, defendida por autores marxistas, também desconsidera o argumento de similitude formal e se recusa a indagar sobre o que substituiria o sistema de preços de mercado em um sistema de planejamento central:

> O marxismo tornou estritamente tabu todos os esboços do Estado do futuro. Mas essa proibição se referia apenas à descrição da ordem econômica, governamental e jurídica do Estado socialista e foi um movimento magistral de propaganda. Uma vez que as instituições do futuro Estado foram deixadas numa misteriosa obscuridade, os oponentes do socialismo foram privados de qualquer possibilidade de criticá-las e de mostrar que a sua realização não poderia, de modo algum, criar um paraíso na terra.

O socialismo não tem condições de competir com religiões tradicionais, pois estas tratam da vida após a morte ao passo que o socialismo trata de proposições refutáveis sobre o mundo, de fato contrariadas pelo pior desempenho obtidos em sistemas centralizados. Segundo Mises, a solução desse problema é fazer parte essencial da doutrina

> ...parecer uma seita oprimida e perseguida, impedida por poderes hostis de avançar com as partes essenciais do seu programa e, assim, transferir para outros a responsabilidade pelo não aparecimento do profetizado estado de felicidade.

De fato, como afirmamos anteriormente, a análise de sistemas comparados de inspiração marxista identifica automaticamente o mundo real com o sistema ideal defendido por opositores: *a posteriori* e nenhum governo socialista representa "socialismo de verdade".

De todo modo, para o autor, a tentativa de implementar o ideal socialista obedece a mesma lógica de escolhas ditadas por comando, em contraste com sistemas descentralizados. Sendo assim, o socialismo marxista também resulta em um sistema imperialista: "As ideias socialistas não constituem uma vitória sobre o Estado autoritário prussiano, mas o seu desenvolvimento lógico".

Mises nos coloca a escolha entre liberalismo e imperialismo e os eventos subsequentes confirmaram a escolha alemã pelo segundo. A emergência dos regimes totalitários no século vinte induzirá o autor a dedicar as cinco décadas restantes de sua vida ao combate das ideologias coletivistas que inspiraram esses regimes. Em particular, *Governo Onipotente* deve ser lido como uma sequência de *Nação, Estado e Economia*. Nessa obra, Mises[9] aplica a mesma teoria

---

9. 2021.

liberal do imperialismo ao surgimento do nacional-socialismo e aprofunda sua investigação sobre suas origens, desde o militarismo prussiano.

Como nota Yeager na introdução de *Nação, Estado e Economia*, a obra foi publicada no mesmo ano que o livro de John Maynard Keynes[10] sobre o mesmo assunto e o diagnóstico dos dois autores coincidem em diversos pontos, como o problema de superpopulação, a necessidade de integração do país ao comércio internacional e as dificuldades envolvidas pelo pagamento das compensações pela guerra: Para Mises, "será extraordinariamente difícil para a indústria alemã, se não impossível, competir com a estrangeira sem uma redução acentuada nos níveis salariais depois da guerra".

Keynes participou das negociações que resultaram no Tratado de Versailles, se opondo aos seus termos. Mises vivenciou a ascensão das ideologias coletivistas no mundo germânico, se opondo a elas. Isso torna as duas obras complementares. O volume de Keynes é intitulado *As Consequências Econômicas da Paz*. O texto de Mises, por sua vez, poderia receber o título *As Causas Econômicas da Guerra*. Embora motivado pela Primeira Guerra Mundial, o livro de Mises continua relevante, pois explora relações entre instituições, sistemas econômicos e belicismo que permanecem relevantes em qualquer época.

---

10. 2002.

Referências:

Coyne, C J. e. Bradley, A. R (2019). "Ludwig von Mises on war and the economy", *The Review of Austrian Economics,* vol. 32(3), pp. 215-228.

Ebeling, R. M. (2019). "Liberalism, nationalism, and self-determination: Ludwig von Mises's Nation, State, Economy after 100 years". *The Review of Austrian Economics.* vol. 32(3), pp. *191–204.*

Hülsmann, J. G. (2007) *Mises : the last knight of liberalism.* Auburn: Ludwig von Mises Institute.

Keynes, J. M. (2002) *As Consequências Econômicas da Paz.* Brasília: Editora da Universidade de Brasília.

Mises, L. von (2019) *Memoirs.* Auburn: Ludwig von Mises Institute.

Mises, L. von (2021) *Governo Onipotente.* São Paulo: LVM.

Mises, L. von (2023) *Ação Humana.* São Paulo: LVM.

Prefácio

As páginas que neste documento apresento ao público não pretendem ser mais do que observações a respeito da crise da história mundial que estamos vivendo[11], e contribuições para o entendimento das condições políticas do nosso tempo. Sei que qualquer tentativa de oferecer mais seria prematura e, portanto, equivocada. Mesmo que tivéssemos como ver claramente as inter-relações e reconhecer para onde os desenvolvimentos se dirigem, seria impossível enfrentar objetivamente os grandes acontecimentos dos nossos dias sem deixar que a nossa visão fosse obscurecida por desejos e esperanças. Em pé, no meio da batalha, as pessoas se esforçam em vão para manter a compostura e a calma. Isso excede a capacidade humana de tratar as questões vitais do

---

[11]. A primeira edição da obra data de 1919. (N. E.)

nosso tempo *sine ira et studio*[12]. Eu não deveria ser censurado por não ser uma exceção a essa regra.

Talvez possa parecer que os tópicos tratados nas partes individuais deste livro estejam associados apenas superficialmente. No entanto, acredito que se liguem intimamente pelo propósito a que este estudo serve. É claro que reflexões deste tipo, que devem permanecer sempre como fragmentos, não podem constituir um todo completo e coerente. Minha tarefa só pode ser a de direcionar a atenção do leitor para pontos que normalmente não são suficientemente considerados na atual discussão pública[13].

Viena, início de julho de 1919.
Professor Dr. L. Mises

---

12. "Sem raiva e parcialidade". (N. E.)
13. A LVM, usou como versão principal de tradução a edição americana, do Liberty Fund, de 2006, traduzido para o inglês do alemão por Leland B. Yeager e editado por Bettina Bien Greaves. Para um maior cuidado editorial, cotejamos essa tradução com o original alemão, *Nation, Staat und Wirtschaft: Beiträge zur Politik und Geschichte der Zeit*, editado pela Manzsche Verlags - und Universitäts-Buchhandlung em 1919. (N. E.)

Introdução do Tradutor da Edição Norte-americana

Ludwig von Mises (1882-1973) publicou *Nation, Staat, und Wirtschaft* [Nação, Estado e Economia] em 1919, o mesmo ano em que John Maynard Keynes (1883-1946) lançou *The Economic Consequences of the Peace*[14] [As Consequências Econômicas da Paz], o mais conhecido diagnóstico e prescrição para a situação econômica do pós-guerra. Mises, tendo escrito alguns meses antes, presumivelmente tinha um conhecimento menos detalhado do Tratado de Versalhes e, portanto, estava menos preocupado com as suas disposições específicas. Keynes foi mais preciso ao estimar coisas como a riqueza dos combatentes, o alcance da destruição e a capacidade

---

14. Encontramos a seguinte edição nacional: KEYNES, Maynard. *As Conseqüências Ecônomicas da Paz*. Imprensa Oficial do Estado – Editora Universidade de Brasília – Instituto de Pesquisa de Relações internacionais: São Paulo, 2002. (N. E.)

dos alemães para pagar reparações. O seu foco era mais restrito do que o de Mises, que considerava a sua própria análise como um exemplo particular de aplicação de lições derivadas tanto da história como da teoria econômica.

Os dois livros têm muito em comum, entretanto. Ambos comparam condições pré e pós-guerra. Reconhecem que a prosperidade de cada país ampara, em vez de prejudicar, a de outros. Contemplam o quanto o nível de vida da Europa, particularmente da Alemanha, dependeu do comércio mundial, e lamentam a sua interrupção. Com ou sem razão, ambos perceberam o problema de uma superpopulação, e fizeram algumas observações não muito otimistas sobre as possibilidades da emigração como solução. Mises chegou a se entristecer com a perda de oportunidades que a Alemanha sofreu no século XIX para adquirir, de modo pacífico, territórios ultramarinos adequados para colonização.

Os dois autores assumiram como praticamente certo de que a classe dominante alemã e segmentos da opinião pública foram, em grande parte, responsáveis pela guerra. Mises empregou a história, a política, a sociologia, a psicologia e outras disciplinas na exploração do contexto intelectual e ideológico do militarismo alemão. Keynes também envolveu a psicologia. Sua dissecação do caráter e da personalidade de Woodrow Wilson (1856-1924) é, com justiça, famosa, e seus comentários sobre a imoralidade da campanha eleitoral de Lloyd George (1863-1945), *Hang the Kaiser*[15], de dezembro de 1918, são mordazes. Tanto Mises como Keynes enfatizaram como a deterioração da moeda causa desordem social e econômica. Keynes endossou a suposta observação de Lênin (1870-1924) sobre a melhor forma de destruir o sistema capitalista:

> Lênin, sem dúvida, estava certo. Não há meio mais sutil nem mais seguro de derrubar a base existente da sociedade do que depravar a moeda. O processo envolve todas as forças ocultas da lei econômica no lado da destruição, e o faz de uma forma que nenhum homem em um milhão é capaz de diagnosticar.

Ele também alertou contra o desvio de culpa para os "aproveitadores". Mises, do mesmo modo, compreendeu a função construtiva do lucro, mesmo em tempos de guerra, além de ter explicado como a inflação prejudica as funções vitais desempenhadas pela contabilidade. Keynes e Mises demonstraram presciência, escrevendo quatro anos antes de o colapso hiperinflacionário do marco alemão dramatizar os aspectos que ambos já apontavam.

O livro de Keynes não inclui quaisquer sinais de anticapitalismo ou de apoio a uma intervenção econômica governamental abrangente. Mises foi enfático nessas questões, e expôs algumas das ineficiências do socialismo – embora ainda não tivesse formulado

---

15. "Enforque o Kaiser". (N. E.)

a sua demonstração posterior no que diz respeito à impossibilidade de cálculos econômicos precisos dessa filosofia política.

Tanto Keynes como Mises aparecem, nos seus respectivos livros, como analíticos nos seus diagnósticos e humanitários nas suas recomendações. Pessimistas quanto às condições econômicas no continente europeu, pelo menos no curto prazo, ambos se opuseram a uma paz vingativa, sendo certo que as advertências de Keynes sobre reparações são bem conhecidas. É uma pena que sua fama não tenha sido transferida, de forma mais eficaz, para uma influência real, e que o livro de Mises não fosse mais acessível ao mundo de língua inglesa da época. Se ao menos os dois tivessem unido forças!

O livro de Mises ilustra as diferenças entre as filosofias políticas e econômicas do conservadorismo[16] e do liberalismo (no sentido europeu e etimologicamente correto da palavra). O autor decididamente não era conservador, e sua obra reiteradamente ataca privilégios políticos e econômicos. Ele defendeu a democracia política, bem como uma economia de livre mercado. Admirava as revoluções democráticas

---

16. Cabe-nos notar que no contexto alemão do final do século XIX e início do século XX, "conservadorismo" tendia a ser sinônimo de "tradicionalismo", e não uma corrente política pró-mercado como veríamos nascer nos EUA a partir da década de 1950. Entre muitas características daquele conservadorismo alemão criticado por Mises está uma clara oposição aos movimentos próprios e desregulamentados do capitalismo, bem como a defesa de históricos privilégios políticos advindo de uma tradição étnica e hereditária. (N. E.)

contra os regimes hereditários e autoritários; simpatizava com movimentos de libertação e unidade nacional. Tal como explicou, o nacionalismo liberal – em nítido contraste com o militarista e imperialista – pode ser uma atitude admirável e um baluarte da paz. Diferentes povos deveriam ser capazes de respeitar – de interpretar um pouco – e até mesmo de compartilhar o orgulho pela sua própria cultura e história.

Acredito que posso entender o que Mises tinha em mente ao relembrar meus sentimentos enquanto viajava pela Itália em 1961, à época das celebrações e exposições comemorativas do centenário da fundação do Reino da Itália. Como observou meu companheiro de viagem, ele quase se sentiu como um patriota italiano.

A devoção de Mises à democracia política é marcada por uma ingenuidade comovente. Passagens do seu livro sugerem que ele dificilmente poderia conceber como é que o povo, ante a oportunidade de governar-se por meio de representantes livremente eleitos, deixaria de escolher políticos que serviriam ao seu genuíno interesse comum. Esse otimismo não o desacredita, mas sublinha a genuinidade do seu liberalismo. Isso nos lembra de que ele escreveu há mais de sessenta anos, antes do acúmulo de experiências democráticas, antes do desenvolvimento da teoria da escolha pública – isto é, da aplicação da análise econômica e do individualismo metodológico para compreender o governo e o seu fracasso, análogo ao mais bem divulgado fracasso do mercado (comparações de custo/benefício fragmentadas e imprecisas, externalidades e tudo mais).

Mises certamente não era ingênuo em relação à experiência e à análise política disponíveis em 1919. Pelo contrário, algumas das partes mais elucidativas do seu livro analisam os obstáculos ao desenvolvimento da democracia na Alemanha e na Áustria, a importância da nacionalidade e da língua nesses dois impérios poliglotas. Ele não desenvolveu sozinho uma análise econômica e psicológica do governo, mas teve uma participação impressionante no início dessa tarefa, e em livros posteriores.

Mises poderia esperar que seus leitores de língua alemã de mais de sessenta anos atrás recordassem os fatos mais importantes da história alemã e austríaca, expectativa que talvez não seja válida para os leitores de língua inglesa da década de 1980. Por essa razão, segue-se um esboço do contexto histórico que Mises tomava como certo, particularmente identificando eventos e pessoas aos quais faz alusão.

Os territórios de língua alemã foram governados durante séculos por dezenas, e até centenas, de monarcas hereditários ou eclesiásticos – reis, duques, condes, governantes, arcebispos e assim por diante. Mises fala da "lamentável multiplicidade de várias dezenas de principados patrimoniais, com os seus enclaves, as suas afiliações hereditárias e as suas leis de família" e do "governo farsesco dos tronos em miniatura dos governantes de Reuss e

Schwarzburg". Mesmo após a formação do Império Alemão, em 1871, os seus Estados componentes contavam com quatro reinos, quatro grão-ducados, catorze pequenos ducados e principados, e três cidades hanseáticas, bem como o território conquistado da Alsácia-Lorena.

Até depois de meados do século XIX, entendia-se que a Alemanha incluía as regiões de língua alemã da Áustria, que era praticamente o Estado dominante. Nas palavras do *Deutschlandlied*, o hino nacional escrito em 1841 pelo liberal exilado August Heinrich Hoffmann von Fallersleben (1798-1874), a Alemanha ia do Rio Maas, no oeste, ao Rio Memel, no leste, e do Rio Etsch (Adige) no sul até o Cinturão (passagens do Mar Báltico) no norte.

O domínio dos governantes não se limitou, contudo, aos territórios de língua alemã. Os poloneses e outros povos eslavos viveram nas regiões orientais da Prússia, especialmente após as conquistas de Frederico, *o Grande* (1712-1786), às quais Mises se refere. Brandemburgo, onde estão localizadas Potsdam e Berlim, foi o núcleo do que se tornou o Reino da Prússia em 1701. A família Hohenzollern deteve o título de marquês de Brandemburgo a partir de 1415 e continuou como família real prussiana até 1918. Frederico Guilherme (1620-1688), *o Grande Eleitor* (o significado de "eleitor" é explicado abaixo), governou de 1640 a 1688. Ele presidiu a reconstrução e expansão de seu Estado após a Guerra dos Trinta Anos, e obteve plena soberania sobre a Prússia. Seu filho, Frederico I (1657-1713), que governou de 1688 a 1713, foi coroado o primeiro rei da (tecnicamente "na") Prússia. Frederico Guilherme I (1688-1740), rei de 1713 a 1740, foi, em grande parte, o fundador do Exército prussiano. Seu sucessor, Frederico II – Frederico, *o Grande* –, conquistou a Silésia da Áustria em 1745 e juntou-se à Rússia e à Áustria na primeira partição da Polônia, em 1772. O seu sucessor, Frederico Guilherme II (1744-1797), juntou-se à segunda e terceira partições de 1793 e 1795, que varreram a Polônia do mapa.

O Império Austríaco incluía não apenas territórios falantes de alemão, mas também húngaros, romenos, tchecos, eslovenos, poloneses, rutenos, italianos e outros. De acordo com um censo de 1910, a população da parte austríaca da monarquia austro-húngara consistia em 35% de alemães, 23% de tchecos, 17% de poloneses, 19% de outros eslavos, $2^{3/4}$ % de italianos e outros dispersos[17].

O Sacro Império Romano-Germânico, para usar o seu nome completo, existiu até 1806. Coincidia aproximadamente – apenas aproximadamente – com o território de língua alemã. Às vezes, incluía partes do norte da Itália, mas deixava de fora as partes orientais da Prússia. Foi organizado (ou revivido) sob Otão I (912-973), a quem o papa coroou

---

17. Na edição norte-americana: *According to a 1910 census, the population of the Austrian part of the Austro-Hungarian Monarchy consisted of 35 percent Germans, 23 percent Czechs, 17 percent Poles, 19 percent other Slavs, $2^{3/4}$ percent Italians, and scattered others.* (N. E.)

imperador em 962, sucedido por Otão II (955-983) e Otão III (980-1002) – Mises refere-se a esse período como "era dos otonianos". O Império era uma confederação flexível de soberanias principescas e eclesiásticas e de cidades livres. Sete, oito ou nove dos seus governantes eram Eleitores, que escolhiam um novo imperador quando da vacância. A partir de 1273, exceto por alguns intervalos (sobretudo de 1308 a 1438), os sacros imperadores romanos pertenceram à família dos Habsburgos, cujos domínios incluíam muitas terras fora dos limites do Império. A expansão dinástica dos Habsburgos explica a referência de Mises ao "Estado de casamento". A linhagem masculina da família extinguiu-se em 1740, quando Carlos VI (1685-1740) foi sucedido nos seus domínios pela sua filha Maria Teresa (1717-1780), acontecimento que desencadeou a Guerra da Sucessão Austríaca. O marido de Maria Teresa foi o ex-duque de Lorena e sacro imperador romano – Francisco I (1708-1765) – de 1745 a 1765, o que explica por que a dinastia ficou conhecida como a casa dos Habsburgo-Lorena.

Mises menciona vários outros eventos e personalidades na história do Sacro Império Romano. Fernando II (1578-1637) reinou até a sua morte: desde 1617 como rei da Boêmia, desde 1618 como rei da Hungria, e desde 1619 como imperador. Seu catolicismo fanático alienou os nobres protestantes da Boêmia, que se rebelaram em 1618 (a pitorescamente denominada Defenestração de Praga ocorreu nessa época), dando início à Guerra dos Trinta Anos, provocando o caos na Alemanha. Dependia não apenas de diferenças religiosas, mas também da ambição dos Habsburgos de obterem o controle de todo o país. As forças imperiais venceram a primeira grande batalha, travada na Montanha Branca, perto de Praga, em 1620, confirmando o fim da independência da Boêmia por três séculos. O lado protestante, por vezes, recebeu auxílio dos dinamarqueses, dos suecos e até mesmo dos franceses sob Luís XIII (1601-1643) e Luís XIV (1638-1715). O Tratado de Vestfália, em 1648, concedeu certas províncias alemãs – no Mar Báltico à Suécia, no sul da Alsácia à França – enquanto a autoridade do imperador sobre a Alemanha tornava-se puramente nominal.

A aceitação da divisão religiosa foi um passo importante em direção à tolerância religiosa. Leopoldo I (1640-1705), mencionado por Mises, foi sacro imperador romano de 1657 a 1705. A maior parte de seu reinado foi marcada por guerras com Luís XIV da França e com os turcos. Leopoldo II (1747-1792), imperador de 1790 até sua morte e último rei coroado da Boêmia, sucedeu a seu irmão José II (1741-1790), também filho de Maria Teresa. Ele instigou a Declaração de Pillnitz, que ajudou a desencadear as guerras revolucionárias francesas algumas semanas após sua morte.

As Guerras Napoleônicas trouxeram mudanças duradouras ao mapa e aos sistemas políticos da Europa. A Promulgação dos Delegados do Sacro Império Romano (*Reichsdeputationshauptschluss*) foi adotada em 1803 sob pressão de Napoleão (1769-1821). Mises refere-se a ela como uma ilustração da antiga ideia de que as terras eram propriedades de seus soberanos e que, portanto, poderiam ser compradas e vendidas, negociadas, remodeladas, divididas e consolidadas sem levar em conta os desejos de seus habitantes, meros pertences da terra. A promulgação reduziu enormemente o número de soberanias no Império, em parte por acabar com a autoridade temporal dos dignitários da Igreja Católica e por colocar as suas terras sob o domínio dos principados vizinhos. Em 1806, novamente sob pressão de Napoleão, que separou as partes ocidentais da Alemanha – apenas temporariamente, como acabou acontecendo – e as organizou numa Confederação do Reno, o antigo Império foi liquidado. Francisco II (1768-1835) desistiu do título de sacro imperador romano, mas manteve o de imperador da Áustria, Francisco I.

Mises menciona dois homens que lutaram por um Estado italiano unificado no final das Guerras Napoleônicas. Joachim Murat (1767-1815), um marechal da França que Napoleão havia nomeado rei de Nápoles em 1808, tentou tornar-se rei de toda a Itália em 1815, foi capturado e morto. Florestano Pepe (1778-1851), um dos generais de Murat, lutou contra os austríacos nesse mesmo ano. A alusão de Mises é presumivelmente a Florestano Pepe, e não ao seu irmão Guglielmo (1783-1855), outro general napolitano, que organizou os carbonários[18] e liderou uma revolta pró-constituição malsucedida em 1821.

Após as Guerras Napoleônicas, as dinastias reinantes da Europa tentaram restaurar o antigo regime. A Santa Aliança, à qual Mises se refere inúmera vezes com desprezo, é uma expressão frequente e imprecisamente usada para rotular as políticas reacionárias da Rússia, da Prússia e, em particular, da Áustria. A rigor, a Santa Aliança foi uma declaração inócua de princípios cristãos de administração estatal elaborada pelo tzar Alexandre I (1777-1825) em 1815 e assinada por quase todos os soberanos europeus. As políticas repressivas estão mais apropriadamente associadas ao sistema do Congresso e à Quádrupla Aliança de 1815. Mises menciona o reino polonês de Alexandre I (1777-1825) e o Congresso de Viena (1814-1815), que criou o reino em união pessoal com a Rússia, mas com uma Constituição própria, suspensa após a insurreição polonesa de 1830-1831.

Com a extinção do Sacro Império Romano, uma decisão do Congresso de Viena uniu vagamente 38 (pouco depois 39) soberanias alemãs novamente como a Confederação Alemã. A Assembleia Federal, que se reuniu em Frankfurt sob a presidência da

---

18. *Carbonari*, na Itália do início do século XIX, eram os membros de uma sociedade secreta (a Carboneria) que defendia ideias liberais e patrióticas. Foi a principal fonte de oposição aos regimes conservadores impostos à Itália pelos aliados vitoriosos após a derrota de Napoleão em 1815. A sua influência preparou o caminho para o movimento *Risorgimento*, que resultou na unificação italiana (1861). Informação retirada de https://www.britannica.com/topic/Carbonari. (N. T.)

Áustria, tinha pouco poder, porque era necessária a unanimidade, ou mais de dois terços, para a maioria das decisões.

Em 1834, depois de alcançar uma zona de livre comércio dentro dos seus próprios territórios, a Prússia assumiu a liderança no estabelecimento do *Zollverein* [uma união aduaneira] entre a maioria dos Estados alemães, exceto a Áustria, por meio da fusão de duas outras regionais; considerada um passo em direção à unificação política. Em 1867, foi reorganizada com uma Constituição e um Parlamento próprios. Mises menciona um dos seus criadores intelectuais, o economista Friedrich List (1789-1846), forçado a emigrar para os Estados Unidos em 1825 por defender reformas administrativas em Württemberg. Ele retornou à Alemanha em 1832 como cônsul dos EUA em Leipzig. Foi o responsável por favorecer o livre comércio interno, juntamente com uma proteção de tarifas estritamente temporária a fim de encorajar o desenvolvimento de indústrias nascentes.

Mises faz muitas referências de admiração e tristeza às revoluções europeias de 1848. Elas foram principalmente obra de intelectuais de classe média, que traziam consigo ideias francesas de luta contra a repressão política. A Revolução de Fevereiro em Paris, que resultou na derrubada do rei Luís Filipe (1773-1850) e no estabelecimento da Segunda República, foi imitada em outros lugares. Nas numerosas soberanias nas quais a Itália ainda estava dividida, um movimento a favor de Constituições liberais foi seguido pela guerra patriótica malsucedida para expulsar os austríacos.

Motins revolucionários chegaram à Áustria e à Alemanha em março de 1848, o que explica por que Mises menciona a Revolução de Março, e compara as condições posteriores com aquelas "antes de Março" (traduzindo literalmente o alemão). Em Viena, o governante Clemens von Metternich (1773-1859), ministro das Relações Exteriores e ministro-chefe desde 1809, teve que renunciar e fugir do país.

O primeiro Congresso Pan-Eslavo reuniu-se em Praga em junho de 1848, sob a presidência de František Palacký (1798-1876), historiador e nacionalista boêmio. Mises menciona a observação muito citada de Palacký de que, se o Estado multinacional austríaco não existisse, teria sido necessário inventá-lo.

O marechal de campo governante Alfred Windischgrätz (1787-1862) bombardeou os revolucionários em Praga até a submissão em junho de 1848, e mais tarde voltou-se para Viena, onde uma nova onda de agitação radical havia eclodido em outubro. Ele ajudou a restaurar o poder dos Habsburgos, com o governante Felix Schwarzenberg (1800-1852) como o novo ministro-chefe a partir de novembro daquele ano. Schwarzenberg arquitetou a abdicação do imperador Fernando I (1793-1875) em favor de seu sobrinho Francisco José (1830-1916), de dezoito anos, que reinaria até a sua morte.

Mises alude não apenas a Schwarzenberg, mas também ao conde Eduard von Clam-Gallas (1805-1891), que desempenhou um papel decisivo na supressão das revoluções italiana e húngara de 1848-1849. Na verdade, menciona os Clam-Martinics, uma ala boêmia da mesma família nobre e rica.

O movimento de independência húngaro teve sucesso no início, mas foi finalmente reprimido por Schwarzenberg e pelos Habsburgos com a ajuda de alguns de seus súditos eslavos e das forças do tzar russo Nicolau I (1796-1855). Porém, após a sua derrota para os russos em agosto de 1849, eles sofreram vingança nas mãos do general austríaco Julius Freiherr von Haynau (1786-1853).

Na Alemanha, os revolucionários procuravam tanto o governo representativo nos vários Estados como a unificação do país. O rei da Prússia e os governantes menores outorgaram, inicialmente, concessões democráticas, mas depois as retiraram ao observar o sucesso da contrarrevolução na Áustria. O herdeiro, que fugira do país pouco antes, conseguiu montar uma contraofensiva. Algumas perspectivas pareceram promissoras por um tempo. Aspirando à unificação da Alemanha, um "parlamento preliminar" autoconstituído convocou a Assembleia Nacional Alemã – o Parlamento de Frankfurt –, que se reuniu na Igreja de São Paulo de 18 de maio de 1848 a 21 de abril de 1849. Seus delegados foram escolhidos por sufrágio direto masculino em toda a Alemanha e Áustria. Tratava-se predominantemente de um órgão de classe média inspirado em ideias liberais e democráticas. Isso é o que Mises tinha em mente quando se referiu repetidamente aos ideais da Igreja de São Paulo e, ocasionalmente no mesmo sentido, aos "ideais de 1789" – pensando, é claro, nas aspirações de liberdade e igualdade política expressas no início da Revolução Francesa, e não no Terror no qual a Revolução mais tarde degenerou[19].

---

19. Mises, com frequência, mencionou o impulso de meados do século XIX para que uma nação unificada fosse composta pela Alemanha e pela Áustria Alemã. Ele o descreveu como um movimento pró-liberdade, intimamente associado à revolução liberal de 1848. No entanto, nunca o detalhou. Ele se refere a isso brevemente neste livro, assim como o tradutor Leland Yeager nesta Introdução. Contudo, pode ser útil para o leitor saber algo mais sobre como o movimento foi iniciado, desenvolvido e depois destruído.

Tal como Mises descreve esse período, o impulso para uma "Alemanha maior" estava intimamente relacionado com a luta dos séculos XVIII e XIX pelo liberalismo, pelo individualismo, pela liberdade e pela democracia. A conquista da Europa por Napoleão destruiu a independência dos principados e ducados alemães como entidades políticas, e os colocou sob o controle da Prússia. Na esperança de realizar uma reforma política na Alemanha após a derrota de Napoleão, os professores, cientistas políticos, autores, filósofos, empresários e outros começaram a falar e a escrever, cada vez mais, sobre as ideias liberais que surgiram na França e na Inglaterra. Os estudantes universitários revelaram-se um terreno fértil para essa nova ideologia, e formaram associações estudantis liberais. Vários Estados anteriormente independentes elaboraram novas Constituições para proteger os direitos do povo à propriedade, ao voto, ao gozo da liberdade de expressão sem censura e, também, os recrutas militares contra tratamentos severos.

Para fazer face à crescente agitação, uma primeira Assembleia Nacional foi convocada pelo rei Frederico Guilherme IV em abril de 1847, com poderes estritamente limitados. Um líder liberal que falou ousadamente foi forçado ao exílio. Outros persistiram em pedir ao rei que reconhecesse os direitos individuais; as suas petições foram negadas ou ignoradas. A Assembleia foi encerrada em junho de 1847 sem realizar nada. Enquanto isso, os acontecimentos avançavam por toda a Europa.

Em fevereiro de 1848, uma revolução popular em Paris tirou Luís Filipe do poder. Metternich foi forçado a deixar o cargo em Viena. E, em março de 1848, agitações e tumultos eclodiram nas ruas de Berlim. Finalmente, Frederico Guilherme IV, nervoso e assustado com a revolta,

Uma parte dos delegados de Frankfurt era favorável a trazer a Áustria e a Boêmia para a projetada Alemanha unida, embora, ao fazê-lo, tivesse perturbado a monarquia dos Habsburgos. Outros achavam mais sensato deixar o território austríaco de fora. Referindo-se não apenas a essa ocasião específica, Mises menciona a tensão entre as abordagens da grande e da pequena Alemanha à unidade nacional. A questão tornou-se acadêmica quando o governo austríaco mostrou hostilidade a qualquer divisão do seu território, e quando a Constituição austríaca de 4 de março de 1849 reafirmou a unidade dos domínios dos Habsburgos. Após longos debates, adotaram uma carta federal e elegeram o rei da Prússia, Frederico Guilherme IV (1795-1861), como imperador. No final de abril, o monarca recusou a oferta, alegando que aceitar uma coroa de um parlamento eleito seria

---

fez concessões importantes: trouxe dois liberais para o seu gabinete e prometeu que a Prússia seria absorvida pela Alemanha. Foi finalmente arranjado, com a ajuda dos ministros liberais, que uma segunda Assembleia Nacional se reuniria na Igreja de São Paulo, em Frankfurt, para redigir uma Constituição liberal. As deliberações começaram em 18 de maio de 1848. Seus membros pertenciam principalmente ao movimento burguês de classe média que lutava por ideias liberais e democráticas. Eles redigiram um texto verdadeiramente liberal, aprovado pela Assembleia, por 28 dos pequenos Estados e principados alemães, e por Württemberg. A Constituição foi aceita até pelos representantes do povo prussiano. Mas a Baviera, a Saxônia, Hanôver e a Prússia recusaram-se a fazê-lo. Finalmente, Frederico Guilherme IV a rejeitou. A Assembleia foi encerrada em 21 de abril de 1849.

A repressão à Assembleia causou o surgimento de tumultos e revoluções em Berlim e Viena, entre outras cidades. Vários líderes liberais foram detidos e encarcerados, exilados ou executados; outros fugiram do país. Enfim, a revolta foi reprimida pelos militares.

inconsistente com o seu direito divino. A assembleia, então, se desfez.

Enquanto isso, com a supressão das revoluções e a consolidação do regime autoritário nos Estados monárquicos alemães, os líderes democráticos consideraram prudente permanecer politicamente silenciosos ou, como observa Mises, até mesmo emigrarem.

As atividades do Parlamento de Frankfurt trouxeram a suspensão da assembleia da Confederação Alemã em 1848-1850. Depois de rejeitar a coroa oferecida, o rei da Prússia ainda esperava unificar a Alemanha à sua maneira, com o consentimento dos seus governantes conterrâneos. Uma confederação interna, a União Prussiana, juntar-se-ia à monarquia dos Habsburgos numa união mais ampla. A maioria dos pequenos Estados alemães aceitou inicialmente o plano e, primeiro, uma assembleia nacional – mais tarde, um parlamento – reuniu-se em Erfurt, em 1849 e 1850 para colocar uma Constituição em vigor. No entanto, com as distrações na Hungria superadas, o governo austríaco conseguiu pressionar a sua oposição. A convite de Schwarzenberg, representantes dos Estados menores e da Áustria reuniram-se em Frankfurt, em maio de 1850, e reconstituíram a assembleia da antiga Confederação Alemã. Em novembro de 1850, pelo Acordo de Olmütz – conhecido pelos historiadores prussianos como a Humilhação de Olmütz –, os prussianos abandonaram o esquema da União Prussiana e reconheceram a assembleia restabelecida da Confederação.

A Áustria e o resto da Alemanha conseguiram ficar de fora da Guerra da Crimeia de 1853-1856, na qual a Turquia, a Grã-Bretanha, a França e a Sardenha-Piemonte derrotaram a Rússia. As ameaças austríacas de aderir à guerra ajudaram a incitar a Rússia a evacuar, em 1854, os principados ocupados do Danúbio e, mais tarde, a concordar com os termos de paz propostos; a mobilização prolongada esgotou as finanças austríacas. Em 1859, a Áustria foi derrotada numa guerra com a França e a Sardenha-Piemonte, perdendo a Lombardia, mas mantendo Veneza no acordo de paz.

Em 1863, a Áustria demonstrou novamente domínio entre os Estados alemães, pois o imperador Francisco José assumiu como presidente de um congresso de governantes em Frankfurt. No entanto, Otto von Bismarck (1815-1898), que se tornou primeiro-ministro prussiano em 1862, persuadiu o seu governante a não comparecer. A ausência da Prússia ajudou a impedir que o Congresso progredisse.

No verão de 1864, numa breve guerra desencadeada pela questão de quem herdaria o governo dos ducados de Schleswig e Holstein, a Prússia e a Áustria derrotaram a Dinamarca e adquiriram o controle conjunto sobre ambos. Bismarck habilmente intensificou as tensões sobre as duas administrações, culminando com uma guerra entre elas, no verão de 1866.

A Alemanha, à exceção de Mecklenburg e alguns dos Estados menores do norte, apoiou a Áustria. A Itália aliou-se à Prússia. A Áustria derrotou a Itália em terra e no mar; mas a batalha decisiva da Guerra das Sete Semanas foi travada perto de Königgrätz e Sadová, a cerca de cem quilômetros a leste de Praga, em 3 de julho. A chegada oportuna das tropas comandadas pelo governante herdeiro da Prússia – mais tarde, durante 99 dias, em 1888, o imperador Frederico III (1831-1888) – ajudou a garantir a vitória do marechal de campo conde Helmuth Karl Bernhard von Moltke (1800-1891), mais tarde vitorioso também na guerra com a França, e selar a derrota do general austríaco Ludwig von Benedek (1804-1881)[20].

As muitas referências de Mises a Königgrätz aludem, então, às mudanças provocadas pela breve guerra de 1866, que terminou com a paz preliminar de Nikolsburg e o tratado definitivo de Praga. O rei de Hanôver foi destronado, e seu Estado, absorvido pela Prússia.

Aqui, é interessante especular sobre quão diferente o curso da história poderia ter sido se apenas a rainha Vitória (1819-1901) da Inglaterra tivesse sido um homem. Sua ascensão em 1837 separou as coroas anteriormente unidas da Inglaterra e de Hanôver, onde a Lei Sálica proibia as mulheres de ocuparem o trono.

A Áustria perdeu a Veneza para a Itália, mas nenhum território para a Prússia. A sua expulsão da

---

20. Benedek tinha muita experiência na frente italiana, mas foi designado para Norte, supostamente para deixar o comando italiano mais fácil para os membros da dinastia dos Habsburgos. Moltke e Benedek são nomeados aqui porque Mises os menciona como exemplos de generais vitoriosos e derrotados, respectivamente. Ele também menciona Karl Mack von Leiberich, um general austríaco que se rendeu a Napoleão em Ulm, em 1805, e Franz Gyulai, um general austríaco derrotado na guerra de 1859.

Confederação Alemã, no entanto, pôs fim ao domínio sobre os assuntos alemães, embora os cidadãos não tenham deixado imediatamente de se considerar alemães. Mises ilustra o sentimento deles citando o dramaturgo Franz Grillparzer (1791-1872).

A antiga Confederação Alemã deu lugar à Confederação Alemã do Norte, composta pela Prússia e outros Estados ao norte do Rio Meno. Os integrantes mantiveram as suas próprias administrações, mas colocaram as forças militares e a política externa sob o governo federal, dominado por Bismarck. A Prússia também negociou alianças com os Estados do Sul.

Os austríacos, derrotados, passaram a resolver seus assuntos internos. Chegaram a um acordo (*Ausgleich*), no qual concederam à Hungria quase independência, com o seu próprio parlamento e governo. O imperador Francisco José submeteu-se à coroação como rei da Hungria em Budapeste, em 8 de junho de 1867. Onze dias depois, seu irmão Maximiliano (1832-1864), imperador do México, foi capturado e executado em Querétaro.

A Guerra Franco-Prussiana de 1870-1871 resultou na cessão da Alsácia-Lorena à Alemanha. A França também teve que pagar uma indenização de 5 bilhões de francos, proporcionando um precedente infeliz para as exigências aliadas à Alemanha após a sua derrota, em 1918.

O Império Alemão foi proclamado numa cerimônia em Versalhes, perto de Paris, em janeiro de 1871. Bismarck persuadiu o relutante rei Luís II da Baviera (1845-1886), mais tarde chamado de O Rei Louco, a convidar o rei Guilherme I da Prússia (1797-1888) a assumir o título hereditário de imperador alemão. O Império absorveu as instituições da Confederação da Alemanha do Norte de 1867, incluindo o Conselho Federal e o *Reichstag* eleito. Uma Constituição modificada admitiu os Estados do sul da Baviera, Württemberg e Baden.

Enquanto isso, a Itália também alcançou a unificação. Outros juntaram-se à Sardenha-Piemonte em 1861 a fim de proclamar Vitor Emanuel II (1820-1878) como rei da Itália. Em 1870, enquanto os franceses, que protegiam o papa, estavam em guerra com a Alemanha, os italianos aproveitaram a oportunidade para conquistar os Estados Papais e transferir a capital da Itália para Roma. Mises menciona três heróis do movimento pela libertação e unificação: Giuseppe Mazzini (1805-1872), Giuseppe Garibaldi (1807-1882) e o conde Camillo Benso di Cavour (1810-1861). Menciona também três poetas e patriotas italianos da primeira metade do século XIX: Giacomo Leopardi (1798-1873), Giuseppe Giusti (1809-1850) e Silvio Pellico (1789-1854).

Nem todo o território de língua italiana já integrava o Reino da Itália; parte permaneceu sob o domínio austro-húngaro – chamava-se Itália Irredenta, um movimento que clamava pela sua libertação e absorção pelo Reino. A Primeira Guerra Mundial alcançou amplamente esses objetivos. Mises menciona Gabriele D'Annunzio (1863-1938), poeta, romancista e dramaturgo, que ajudou a persuadir a Itália a se juntar aos aliados, e o qual perdeu um olho no combate aéreo. Mais tarde, quando Mises estava escrevendo, ele liderou uma ocupação não oficial de Fiume (agora Rijeka, Iugoslávia) que resultou na sua incorporação à Itália.

Mises, às vezes, usa a palavra "Irredentismo" no sentido mais amplo de um movimento para os territórios absorventes de qualquer país ainda fora das suas fronteiras, habitados por pessoas que falam a sua língua nacional. O Irredentismo, nesse sentido mais amplo, refere-se, em particular, à defesa da incorporação da Áustria de língua alemã ao Império Alemão.

Representantes das grandes potências europeias reuniram-se em Berlim em 1878 para exigir da Rússia uma revisão do duro tratado que esta havia imposto à Turquia depois de tê-la derrotado numa guerra. O Congresso de Berlim também autorizou a Áustria-Hungria a ocupar e administrar as províncias turcas da Bósnia e Herzegovina, agora na Iugoslávia. Essa ocupação não foi totalmente isenta de problemas; Mises menciona rebeliões na Herzegovina e ao redor do Golfo de Kotor. A Áustria-Hungria finalmente anexou as províncias ocupadas em 1908.

Outro desenvolvimento importante na política internacional foi a negociação de uma aliança entre a Alemanha e a Áustria-Hungria em 1879. Aparentemente, a decisão de Bismarck de não impor uma paz excessivamente dura à Áustria em 1866 estava dando frutos. Tal como a russo-francesa e outras, essa aliança preparou o terreno para uma reação em cadeia pela qual os países não diretamente envolvidos na disputa original entre a Austrália e a Sérvia, em 1914, foram arrastados para a Primeira Guerra Mundial.

A Era Guilhermina, à qual Mises se refere, foi o reinado de Guilherme II (1859-1941) como imperador alemão, particularmente desde a demissão de Bismarck como chanceler em 1890 até a Primeira Guerra Mundial.

A derrota das Potências Centrais naquele momento dividiu a Áustria-Hungria em vários Estados. As inflações cambiais ganharam impulso. Na Alemanha, os espartaquistas[21], mencionados por Mises e os quais se reorganizaram no Partido Comunista Alemão em dezembro de 1918, pareceram, durante algum tempo, ter perspectivas de ganhar o poder, pelo menos nas principais cidades.

Passamos agora a algumas explicações e identificações que não cabiam no levantamento cronológico anterior. Os ministros do gabinete da Alemanha e da Áustria eram responsáveis perante o imperador, e não perante o Parlamento. Embora um governo

---

21. Liga *Spartacus*, grupo socialista revolucionário ativo na Alemanha desde o outono de 1914 até o final de 1918. Foi oficialmente fundado em 1916 por Karl Liebknecht, Rosa Luxemburgo, Clara Zetkin e Franz Mehring. O nome derivou de seus panfletos distribuídos ilegalmente, *Spartakusbriefen* (Cartas de Spartacus). A liga desenvolveu-se como uma ramificação do Partido Social-Democrata, entre elementos que se opunham violentamente ao papel da Alemanha na Primeira Guerra Mundial e que apelavam a uma revolução socialista. Informação retirada de https://www.britannica.com/topic/Spartacus-League. (N. E.)

não pudesse ser destituído do cargo por voto de desconfiança, eram necessárias maiorias parlamentares para promulgar peças legislativas específicas; e o governo ocasionalmente recorria a manobras e truques políticos a fim de alcançar as maiorias necessárias. Mises refere-se com desdém a essas circunstâncias. Na Áustria, em particular, a situação parlamentar e o alinhamento dos partidos foram complicados pela mistura de nacionalidades e por algumas questões como as línguas que deveriam ser utilizadas em determinadas escolas.

Mises refere-se, por exemplo, à reforma eleitoral de Badeni de 1896, após o conde Kasimir Felix Badeni (1846-1909), um aristocrata polonês, tornar-se primeiro-ministro em 1895. O ministro das finanças e o das relações exteriores em seu gabinete também vieram da parte polonesa do Império. Badeni foi demitido em 1897 por pressão de grupos de língua alemã, que consideravam suas políticas sobre o uso desse idioma no serviço público muito favoráveis aos tchecos. Mises também observa alusões feitas na época à inclinação do governo ao ironicamente apelidado de "Social-democratas Imperiais e Reais". Os termos "Imperial" e "Real", comumente abreviado em alemão como "K.k.", referia-se ao Império Austríaco e ao Reino da Hungria, e significava algo como "governamental" ou "oficial".

A situação da nacionalidade também está no pano de fundo da referência de Mises ao Programa de Linz de 1882. Os nacionalistas alemães extremistas propuseram a restauração do domínio alemão nos assuntos austríacos, separando a Galiza, a Bucovina e a Dalmácia da monarquia – enfraquecendo os laços com a Hungria ao ponto de uma união puramente pessoal sob o mesmo monarca –, e estabelecendo uma união aduaneira e outros laços estreitos com o Reich Alemão. Aparentemente, eles não perceberam que Bismarck tinha poucos motivos para fornecer ajuda, uma vez que a situação interna existente na Áustria-Hungria estava em consonância com a sua abordagem aos assuntos internacionais. O líder dos nacionalistas germano-austríacos extremistas foi Georg Ritter von Schönerer (1842-1921), que mais tarde fez, do antissemitismo, uma parte do seu programa.

Empregando a sinédoque[22], Mises, às vezes, opõe Potsdam a Weimar. Potsdam foi o lar da monarquia prussiana – faz alusão a autoritarismo e militarismo. Weimar, o centro literário e cultural, representa o aspecto da Alemanha evocado ao chamá-la de "nação de poetas e pensadores". O "período clássico" da literatura alemã, ao qual Mises também se refere, corresponde aproximadamente à época de Goethe (1749-1832).

Os Gracos, mencionados num ditado latino citado por Mises, eram os irmãos Tibério (169 a 164-133

---

22. Recurso expressivo de natureza metonímica, que consiste no emprego de uma palavra em vez de outra por via de uma relação de contiguidade e compreensão semântica, de que as formas mais comuns são a designação do todo pela parte ou da parte pelo todo, do plural pelo singular ou do singular pelo plural etc. (exemplo: o homem por a espécie humana). Informação retirada de: https://www.infopedia.pt/dicionarios/lingua-portuguesa/sinédoque. (N. T.)

a.C.) e Caio Graco (154-121 a.C.), reformadores agrários, sociais e políticos do século II a.C. Ambos morreram em distúrbios públicos distintos, um deles após ter buscado a reeleição inconstitucional como orador do povo.

É totalmente desnecessário identificar cada evento, pessoa ou escola de pensamento a que Mises se refere – como Alexandre, *o Grande* (356-323 a.C.). Ainda assim, não há mal nenhum em acrescentar que a Escola de Manchester foi um grupo de economistas ingleses da primeira metade do século XIX liderados por Richard Cobden (1804-1865) e John Bright (1811-1889), que fizeram campanha por uma economia de mercado e uma política de livre comércio. François Quesnay (1694-1774) foi um médico e economista francês que enfatizou o papel central da agricultura e que preparou o *Tableau Economique*[23] [Quadro Econômico], uma espécie de tabela rudimentar de insumo-produto.

Benedikt Franz Leo Waldeck (1802-1870) foi o exemplo de Mises sobre a possibilidade de ser, ao mesmo tempo, um nacionalista prussiano e um democrata liberal sincero. Waldeck, membro do mais alto tribunal prussiano, foi um deputado radical na

---

23. Modelo econômico descrito por François Quesnay, em 1759, que estabeleceu as bases da teoria econômica dos fisiocratas. Ele acreditava que o comércio e a indústria não eram fontes de riqueza; ao invés disso, em seu livro *Tableau Économique* argumentou que os excedentes agrícolas, fluindo através da economia sob a forma de aluguel, salários e compras, formam o real motor econômico. Informação retirada de https://pt.wikipedia.org/wiki/Tableau_Économique. (N. E.)

assembleia constituinte prussiana em 1848 e líder de um comitê que redigiu uma Constituição. Mais tarde, como membro da oposição na Câmara dos Deputados da Prússia, continuou a resistir às tendências autoritárias no governo.

Esta introdução poderia oportunamente terminar recomendando, em especial, a discussão com a qual Mises termina o seu livro – sobre os respectivos papéis dos juízos de valor e da análise positiva na escolha entre o socialismo e o capitalismo liberal. Mises procede não apenas a partir de uma perspectiva democrática liberal, mas também, e especialmente, de uma filosofia racionalista e utilitarista.

Agradecemos à Thomas Jefferson Center Foundation e ao James Madison Center do American Enterprise Institute por contribuírem com grande parte da ajuda de secretariado necessária na preparação da tradução. Também agradecemos, por seu bom trabalho, às sras. Anne Hobbs e Carolyn Southall, e à srta. Linda Wilson.

Leland B. Yeager

Introdução

Somente por falta de sentido histórico seria possível levantar a questão de saber se, e como, a [Primeira] Guerra Mundial poderia ter sido evitada. O próprio fato de ter ocorrido mostra-nos que as forças que trabalharam para provocá-la eram mais poderosas do que as que trabalharam para impedi-la. É fácil falar, depois que aconteceram, como os assuntos poderiam – ou deveriam – ter sido melhor administrados.

É claro que o povo alemão passou por momentos que, se já vividos antes, o teriam impedido de ingressar na guerra. Mas nações, tal qual indivíduos, tornam-se sábias apenas por meio da experiência – da sua própria experiência. Com certeza é fácil saber que o povo alemão estaria numa posição bastante diferente se tivesse livrado-se do jugo do governo monárquico naquele fatídico 1848; se Weimar tivesse triunfado sobre Potsdam, e não o contrário.

Mas cada um deve aceitar a sua vida, e cada nação deve acolher a sua história tal como ela se apresenta. Nada é mais inútil do que reclamar de erros que não podem mais ser corrigidos, nada é mais vão do que o arrependimento. Nem como juízes a atribuir elogios e responsabilidades, nem como vingadores a procurar os culpados, devemos enfrentar o passado. Buscamos a verdade, não a culpa; queremos saber como as coisas surgiram para compreendê-las, não para emitir uma condenação. Quem quer que aborde os fatos da mesma forma que um promotor lida com os documentos de um processo criminal – procurando base para acusações – é melhor ficar longe dela. Não cabe à história satisfazer a necessidade das massas por heróis e bodes expiatórios.

Essa é a posição que uma nação deveria assumir em relação ao seu passado. Não é tarefa da história projetar o ódio e as divergências do presente no que aconteceu, ou extrair armas para as disputas atuais a partir de batalhas travadas há muito tempo; deve nos ensinar a reconhecer os motivos e compreender as motrizes; e, quando entendermos tudo, perdoar.

É assim que os ingleses e franceses fazem. Os primeiros, independentemente de sua filiação política, consideram objetivamente as lutas religiosas e constitucionais do século XVII, a história da perda dos estados da Nova Inglaterra no século XVIII. Não há nenhum inglês que veja Cromwell (1599-1658) ou

Washington (1732-1799) apenas como a personificação do infortúnio nacional. Nenhum francês eliminaria Luís XIV, Robespierre (1758-1794) ou Napoleão da história do seu povo – seja bonapartista, monarquista ou republicano. Para os tchecos católicos não é difícil compreender os hussitas e os Irmãos Morávios nos seus próprios tempos. Tal concepção leva, sem dificuldade, à compreensão e à apreciação do que é estrangeiro.

Só os alemães estão longe de uma concepção que não vê o passado com os olhos do presente. Ainda hoje, Martinho Lutero (1483-1546) é, para alguns, o grande libertador de mentes e, para outros, a personificação do anticristo. Isso vale, sobretudo, para a história recente. Para o período moderno, que começa com a Paz de Vestfália[24], a Alemanha tem duas abordagens – a prussiana-protestante e a austríaca-católica –, que raramente chegam a uma interpretação comum sobre qualquer coisa.

A partir de 1815, desenvolveu-se um choque de pontos de vista ainda mais amplo, entre as ideias liberais e as ideias autoritárias do Estado[25]. Recentemente, foi feita uma tentativa de opor uma historiografia "proletária" a uma "capitalista". Tudo isso mostra não só uma impressionante falta de sentido

---

24. Conjunto de tratados que encerraram a Guerra dos Trinta Anos, reconheceram as Províncias Unidas e a oficialização da Confederação Suíça. (N. E.)
25. A esse respeito, compare Hugo Preuss (*Das deutsche Volk und die Politik,* 1915, p. 97).

científico e de capacidade crítica, mas também uma grave imaturidade de julgamento político.

Onde não é possível chegar a um consenso na interpretação de lutas de longa data, muito menos se espera chegar a um acordo na avaliação do passado mais recente. Também aqui já vemos surgir dois mitos fortemente contraditórios. Por um lado, afirma-se que o povo alemão, induzido em erro pela propaganda derrotista, perdeu a vontade de poder. Por meio do "colapso da frente interna", a inevitável vitória final foi transformada numa derrota desastrosa. Esquece-se que o desespero não tomou conta do povo até que as vitórias decisivas anunciadas pelo Estado-Maior não ocorressem, até que milhões de homens alemães sangraram em lutas sem propósito contra um adversário muito superior em número, mais bem armado, até mesmo a fome trouxesse a morte e doenças para aqueles que ficaram em casa[26].

Não menos longe da verdade está o outro mito, que atribui a guerra – e, portanto, a derrota – para o capitalismo, sistema econômico baseado na propriedade privada dos meios de produção. Esquece-se de que o liberalismo sempre foi pacifista e antimilitarista e que, só após a sua derrubada, alcançada apenas

---

26. Isto não quer dizer que o comportamento da ala radical do Partido Social-Democrata em outubro e novembro de 1918 não tenha acarretado as mais terríveis consequências para o povo alemão. Sem o colapso total provocado pelas revoltas no interior e atrás das linhas, as condições do armistício e a paz teriam sido bem diferentes. Mas a afirmação de que teríamos triunfado se tivéssemos resistido um pouco mais é bastante infundada.

pelos esforços unidos da classe *junker*[27] prussiana e da classe trabalhadora social-democrata, foi aberto o caminho para a política de Bismarck e Guilherme II. O último vestígio do espírito liberal teve primeiro que desaparecer da Alemanha, e o liberalismo teve que ser considerado uma espécie de ideologia desonrosa antes que o povo dos poetas e pensadores pudesse se tornar um instrumento de vontade fraca do partido de guerra. Esqueceu-se que o Partido Social-Democrata Alemão unanimemente apoiou a política de guerra do governo, e que a deserção, primeiro dos indivíduos e depois de massas cada vez maiores, só ocorreu quando os fracassos militares mostraram claramente a inevitabilidade da derrota – conforme a fome se tornou mais fortemente sentida. Antes da batalha do Marne e antes das grandes derrotas no Leste, não havia resistência à política de guerra entre o povo alemão.

Tal criação de mitos revela uma falta da maturidade que só consegue quem tem que assumir a responsabilidade política. Os alemães não tinham nada para assumir: eram súditos, e não cidadãos, de seu Estado, daquilo que se autointitulava Reich Alemão, e que era elogiado como a concretização dos ideais da Igreja de São Paulo.

---

27. Membro da aristocracia proprietária de terras da Prússia e da Alemanha Oriental. Sob o Império Alemão (1871-1918) e a República de Weimar (1919-1933), exerceu um poder político substancial, considerado por muitos especialistas os mais poderosos daquele momento. (N. E.)

No entanto, essa Grande Prússia não era o Estado dos alemães, tal como o reino italiano de Napoleão I não era o dos italianos, ou o polonês de Alexandre I dos poloneses. Esse império não surgiu da vontade do povo alemão, mas contra ela, contra o desejo da maioria, e apoiado por deputados com mentalidade propensa a conflitos, no campo de batalha de Königgrätz. Também incluía poloneses e dinamarqueses, mas excluía milhões de alemães-austríacos. Era um Estado de governantes alemães, mas não do povo alemão.

Muitas das melhores pessoas jamais se reconciliaram com esse Estado; outros o fizeram tarde, e com relutância. No entanto, não era fácil ficar de lado e guardar rancor. Chegaram dias brilhantes para o povo alemão, rico em honras externas e em vitórias militares. Os exércitos prussiano-alemães triunfaram sobre a França imperial e republicana, a Alsácia-Lorena tornou-se novamente alemã – ou melhor, prussiana –, o venerável título imperial foi restaurado. O Império assumiu uma posição respeitada entre as potências europeias, os navios de guerra alemães singravam os oceanos, a bandeira da nação flutuava – de modo bastante inútil, sem dúvida – sobre possessões africanas, polinésias e do Leste Asiático. Toda essa atividade romântica certamente cativaria as mentes das massas que ficam boquiabertas em procissões e festividades da corte. Elas estavam contentes, porque havia coisas para admirar e estavam saciadas. Ao mesmo tempo, a prosperidade era evidente. Foram os anos em que a maravilhosa abertura dos territórios mais remotos com o desenvolvimento de meios de transporte modernos trouxe riquezas até então inimagináveis para a Alemanha. Isso não teve nada a ver com os sucessos políticos e militares – tende-se ao julgamento apressado –, mas após e, assim, *por causa* disso.

Os homens que encheram as prisões antes da Revolução de Março de 1848, e que permaneceram nas barricadas até serem exilados, haviam ficado velhos e fracos. Eles fizeram as pazes com a nova ordem – ou permaneceram em silêncio. Surgiu uma nova geração que nada viu e notou senão o crescimento ininterrupto da prosperidade, da população, do comércio, da navegação; enfim, de tudo o que se costuma chamar de bons tempos. Começaram a zombar da pobreza e da fraqueza de seus pais. Agora, eles limitaram-se a desprezar os ideais da nação dos poetas e pensadores. Na filosofia, na história e na economia, surgiram novas ideias. A teoria do poder veio à tona. A filosofia tornou-se guarda-costas do trono e do altar. A história proclamou a fama dos Hohenzollern[28]. A economia elogiou a realeza de orientação social e as tabelas tarifárias livres de lacunas. e assumiu a luta contra as "abstrações incruentas da Escola Inglesa de Manchester".

Para a escola estatista de política econômica, uma economia entregue à sua própria sorte parece

---

28. Família de nobres alemães, que teve seu ponto alto de influência na da criação do Império Alemão. (N. E.)

um caos selvagem ao qual só a intervenção estatal pode trazer ordem. O estatista leva a julgamento todos os fenômenos econômicos, pronto a rejeitá-los se não estiverem de acordo com os seus sentimentos éticos e políticos. Cabe, então, à autoridade estatal executar o julgamento pronunciado pela ciência, e substituir o fracasso causado pelo livre desenvolvimento; a autoridade então serve ao interesse geral. Que o Estado, onisciente e justo, também sempre deseja apenas o bem comum e tem o poder de lutar eficazmente contra todos os males, isso não foi minimamente questionado. Embora as opiniões individuais dos representantes dessa escola possam divergir em outros aspectos, num ponto todos concordam: em contestar a existência de leis econômicas e em atribuir todos os acontecimentos econômicos à operação de fatores de poder[29]. Contra o econômico, o Estado pode definir o seu poder político-militar

---

29. Böhm-Bawerk avalia magistralmente esta doutrina em *"Macht oder ökonomisches Gesetz"*, *"Zeitschrift für Volkswirtschaft, Sozialpolitik und Verwaltung"* (vol. 23, pp. 205-271). A escola estatista de economia alemã de fato atingiu o seu ponto alto na teoria estatal da moeda de Georg Friedrich Knapp. O que é notável não é que tenha sido apresentada; pois o que ensinava já era defendido há séculos por canonistas, juristas, românticos e muitos socialistas. Impressionante foi o sucesso do livro. Na Alemanha e na Áustria, encontrou numerosos adeptos entusiasmados e um consenso básico mesmo entre aqueles que tinham reservas. No exterior, foi rejeitado quase por unanimidade ou nem notado. Um trabalho publicado recentemente nos Estados Unidos trata da *Staatliche Theorie des Geldes* [A Teoria Estatista do Dinheiro]: "Este livro teve ampla influência no pensamento alemão sobre dinheiro. É típico da tendência do pensamento alemão fazer, do Estado, o centro de tudo" (ANDERSON. *The Value of Money*. Nova Iorque, 1917. p. 433).

superior. Apesar de todas as dificuldades que o povo alemão enfrentou no país e fora dele, a solução militar era sempre recomendada. Apenas seu uso implacável era considerado uma política racional.

Eram as ideias políticas alemãs que o mundo chamou de militarismo[30].

No entanto, a fórmula que atribui a [Primeira] Guerra Mundial simplesmente às maquinações desse militarismo está errada, pois este não surge, por assim dizer, dos instintos violentos da "raça teutônica", como atribuem as literaturas inglesa e francesa. Essa não é a causa última, mas o resultado das circunstâncias em que o povo alemão viveu e vive. Não é necessária muita compreensão de como as coisas estão inter-relacionadas para reconhecer que o povo

---

30. Na Alemanha, é muito difundida a opinião de que os países estrangeiros entendem por militarismo o fato de existirem fortes armamentos militares. Salienta-se, portanto, que a Inglaterra e a França, que mantiveram frotas e exércitos poderosos na água e na terra, foram pelo menos tão militaristas como a Alemanha e a Áustria-Hungria. Isso é um erro. Por militarismo, deveríamos entender não os armamentos e a prontidão para a guerra, mas um tipo particular de sociedade, aquela que foi designada por autores pan-alemães, conservadores e social-imperialistas como a do "Estado Alemão" e da "liberdade Alemã", e que outros elogiaram como as "ideias de 1914". A sua antítese é o tipo industrial de sociedade, isto é, aquela que uma certa linha de opinião na Alemanha durante a guerra desprezou como o ideal dos "lojistas", como a personificação das "ideias de 1789". Veja SPENCER, Herbert. *Die Prinzipien der Soziologie*. 3 v. Stuttgart: 1889, pp. 668-754.

Na elaboração e contraste dos dois tipos, existe um grau considerável de concordância entre alemães e anglo-saxões, mas não na terminologia. A avaliação dos dois tipos não é naturalmente acordada. Mesmo antes e durante a guerra não havia apenas militaristas, mas também antimilitaristas na Alemanha, bem como na Inglaterra e na América.

alemão desejou os conflitos iniciados em 1914 tão pouco quanto o inglês, francês ou americano desejariam se estivessem na posição da Inglaterra, da França ou dos Estados Unidos.

O povo alemão trilhou o caminho do nacionalismo pacífico e do cosmopolitismo do período clássico para o imperialismo militante da era guilhermista, sob a pressão de fatos políticos e econômicos que colocavam problemas muito diferentes para eles do que para os mais afortunados do Ocidente. As condições sob as quais tem de proceder hoje no sentido da remodelação da sua economia e do seu Estado são, mais uma vez, completamente diferentes daquelas sob as quais vivem os seus vizinhos no Ocidente e no Oriente. Se quisermos compreendê-las em toda a sua especificidade, não devemos deixar de olhar para coisas que parecem apenas remotamente relacionadas.

NAÇÃO
E ESTADO

Nação e Nacionalidade

1. A Nação como Comunidade de Fala

Os conceitos de nação e nacionalidade são relativamente novos no sentido em que os entendemos. É claro, a palavra "nação" é muito antiga, deriva do latim e se espalhou cedo por todas as línguas modernas. Mas outro significado estava associado a ela. Somente a partir da segunda metade do século XVIII é que, gradualmente, assumiu o sentido que tem atualmente, e só no século XIX é que essa utilização se generalizou[31].

O significado político desenvolveu-se passo a passo com o conceito. A "nacionalidade" tornou-se um ponto central do pensamento político. A palavra e o conceito "nação" pertencem inteiramente à esfera

---

31. MEINECKE. *Weltbürgertum und Nationalstaat*. 3 ed. Munique: 1915. p. 22.

moderna das ideias do individualismo político e filosófico, que ganham importância para a vida real apenas na democracia moderna.

Se quisermos compreender a essência da nacionalidade, devemos partir não da nação, mas do indivíduo. Devemos nos perguntar qual é o aspecto nacional pessoal, e o que determina o seu pertencimento a uma determinada nação.

Nós, então, reconhecemos imediatamente que essa característica não pode ser nem o local onde o indivíduo vive, nem a sua ligação a um Estado. Nem todo mundo que vive na Alemanha ou possui cidadania alemã é alemão apenas por esse motivo. Há aqueles que não vivem na Alemanha ou possuem cidadania alemã. Viver nos mesmos lugares e ter o mesmo apego a um Estado desempenham um papel no desenvolvimento da nacionalidade, mas não pertencem à sua essência. Não é diferente do fato de ter a mesma ascendência. A concepção genealógica de nacionalidade não é mais útil do que a concepção geográfica ou de Estado.

"Nação" e "raça" não coincidem – não existe nação de sangue puro[32]. Todos os povos surgiram de uma mistura. A ancestralidade não é decisiva para caracterizar o pertencimento. Nem todos os descendentes de alemães são alemães apenas por esse motivo. Quantos ingleses, americanos, magiares, tchecos e russos teriam que ser chamados de alemães?

---

32. KJELLÉN, *op. cit.*, p. 105, e os trabalhos ali citados.

Existem alemães cujos ancestrais não incluem nenhum alemão. Entre os membros das camadas mais altas da população, e entre homens e mulheres famosos cujas árvores genealógicas são comumente traçadas, os ancestrais estrangeiros podem ser demonstrados com mais frequência do que entre os membros das camadas mais baixas da população, cujas origens se perdem na escuridão. No entanto, esses últimos também são mais raramente de sangue puro do que se tende a supor.

Há escritores que trabalharam de boa-fé para investigar o significado da ancestralidade e da raça para a história e a política – e o sucesso que alcançaram não será discutido aqui. Mais uma vez, muitos exigem que seja atribuído significado político à comunidade racial, e que a política racial seja exercida. Existem opiniões diferentes sobre a justiça dessa exigência – e examiná-las não é nossa preocupação aqui. Poderá, também, permanecer em aberto a questão de saber se essa exigência já foi atendida hoje, e se – e como – a política racial é realmente observada. No entanto, devemos insistir que, tal como os conceitos de nação e raça não coincidem, também a política nacional e a racial são duas coisas diferentes.

Além disso, "raça", no sentido em que os defensores dessa política o utilizam, é um conceito novo, consideravelmente mais recente até do que o de nação. Foi introduzido na política em oposição deliberada ao conceito de nação. A ideia individualista da comunidade nacional seria substituída pelo coletivismo da comunidade racial. O sucesso até agora escapou a esses esforços. A ligeira importância atribuída ao fator racial nos movimentos culturais e políticos dos dias de hoje contrasta fortemente com a grande importância que os aspectos nacionais têm.

Lapouge (1854-1936), um dos fundadores da escola antropossociológica, expressou a opinião, há uma geração, de que, no século XX, as pessoas seriam massacradas por conta de um ou dois graus a mais ou a menos no índice cefálico[33]. De fato, experimentamos o massacre de milhões, mas ninguém pode afirmar que a dolicocefalia e a braquicefalia foram os gritos de guerra das partes. É claro que estamos apenas no final da segunda década do século para a qual ele emitiu a sua predição. Pode ser que ainda se concretize, mas não podemos seguir no campo da profecia, e não queremos discutir sobre coisas que ainda permanecem obscuramente escondidas no ventre do futuro. Na política atual, o fator racial não desempenha nenhum papel – e isso é o importante para nós.

O diletantismo que permeia os escritos dos nossos teóricos raciais não deveria, é claro, induzir-nos a levianamente ignorar o problema em si. Com certeza não há outra questão cujo esclarecimento possa contribuir mais para aprofundar a nossa compreensão histórica. Pode ser que o caminho para o conhecimento final no campo do fluxo e refluxo histórico

---

33. MANOUVRIER. L'indice céphalique et la pseudo-sociologie. *In: Revue Mensuelle de l'École d'Anthropologie de Paris*, Paris, v. 9, p. 283, 1899.

passe pela antropologia e pela teoria racial. O que até agora foi descoberto nessas ciências é bastante escasso, é claro, e está coberto por um emaranhado de erros, fantasia e misticismo. Mas também existe ciência verdadeira nesse campo, e aqui também há grandes problemas. Pode ser que nunca os resolvamos, mas isso não deve nos impedir de investigar mais profundamente, e não deve nos fazer negar a importância do fator racial.

Desconsiderar a afinidade racial como essência da nacionalidade não significa que se queira negar a sua influência em todas as políticas; nacional, em particular. Na vida, muitas forças diferentes atuam em direções diversas e, se quisermos reconhecê-las, devemos tentar distingui-las em nossas mentes tanto quanto possível. Não quer dizer, porém, que ao observarmos uma força devemos nos esquecer completamente de que outras ainda estão trabalhando a seu favor e contra ela.

Nós reconhecemos que uma dessas forças é, inquestionavelmente, a linguagem. Dizer que a essência da nacionalidade reside na língua não é um mero ponto terminológico para encerrar as discussões. Primeiro, é preciso deixar claro que estamos tratando do uso geral da linguagem.

A língua que usamos primeiro, e apenas a ela no sentido original, se torna a designação da nação. Falamos da língua, e tudo o mais que leva o rótulo "alemão" vem daí. Quando tratamos da escrita, da literatura e dos homens e mulheres alemães, a relação é óbvia. Além disso, não importa se é mais antiga que a do povo ou derivada deste último: uma vez que se tornou a designação da língua, é decisiva para o posterior desenvolvimento do uso dessa expressão. E se, finalmente, falamos dos rios e das cidades, da história e da guerra alemães, não temos dificuldade em compreender que, em última análise, também remonta à designação original do idioma como "alemão".

Nação é, como já foi dito, um conceito político. Se quisermos conhecer o seu conteúdo, devemos fixar os olhos na política sobre a qual ela desempenha um papel. Agora, notamos que todas as lutas nacionais são linguísticas, travadas em torno da língua. O que é especificamente "nacional" tem a ver com a língua[34].

A comunidade linguística é, em primeiro lugar, consequência de outra étnica ou social. Independentemente da sua origem, ela própria se torna um novo vínculo que cria relações definidas. Ao aprender uma língua, a criança absorve uma forma de pensar e de expressar seus pensamentos que é predeterminada e, assim, recebe uma marca que dificilmente poderá remover de sua vida.

---

34. SCHERER. *Vorträge und Aufsätze zur Geschichte des geistigen Lebens in Deutschland und Österreich*. Berlim: 1874. p. 45.
Que o critério da nação reside na língua era a opinião de Arndt e Jacob Grimm. Para Grimm, um povo é "a soma total de pessoas que falam a mesma língua" (*Kleinere Schriften*. 7 v. Berlim: 1884. p. 557).
Um levantamento da história da doutrina sobre o conceito de nação é apresentado em: BAUER, Otto. *Die Nationalitätenfrage und die Sozialdemokratie*. Viena: 1907. p. 1.
SPANN. *Kurzgefasstes System der Gesellschaftslehre*. Berlim: 1914. p. 195.

A linguagem abre o caminho para a troca de ideias com todos aqueles que a usam; influenciá-los e receber influências. A comunhão une, a diferença separa.

Quem acredita que a explicação de nação como uma comunidade de fala é demasiado insignificante deve considerar o imenso significado que ela tem para o pensamento e sua expressão, para as relações sociais e para todas as atividades da vida. Se, apesar do reconhecimento dessas ligações, resistir a ver a essência da nação na comunidade de fala, isso atribui-se a certas dificuldades que esse critério acarreta[35]. Nação e língua não são categorias imutáveis, mas resultados transitórios de um processo em constante fluxo; elas mudam de um dia para o outro, e, desse modo, vemos diante de nós uma riqueza de formas intermediárias cuja classificação requer certa reflexão.

Alemão é aquele que pensa e fala alemão. Assim como existem diferentes graus de domínio da língua, também existem diferentes graus de "ser alemão". Pessoas instruídas penetraram no espírito e no uso da língua de uma maneira bem diferente dos não instruídos. A capacidade de formação de conceitos e o domínio das palavras são critérios da educação: a escola enfatiza, com razão, a aquisição da capacidade de compreender plenamente e de se expressar de forma inteligível tanto na fala quanto na escrita. São

---

[35]. Além disso, note-se expressamente que, com qualquer outra explicação a respeito da essência de uma nação, as dificuldades surgem em grau muito mais elevado e não podem ser superadas.

membros plenos da nação alemã aqueles que dominam totalmente a sua língua. Aqueles sem instrução são alemães apenas quando a compreensão da língua lhes for tornada acessível.

O camponês em uma aldeia isolada do mundo, que conhece apenas o seu dialeto natal e não consegue fazer-se entender pelos demais ou ler a língua alemã, não conta de forma alguma como membro da nação alemã[36]. Se todos os falantes da língua alemã morressem e só as pessoas que conhecem apenas o seu próprio dialeto sobrevivessem, diríamos que a nação alemã foi exterminada. Esses camponeses não são desprovidos de nacionalidade; só não pertencem à nação alemã. Em vez disso, compõem a pequena nação daqueles que falam o mesmo dialeto.

O indivíduo pertence, via de regra, a apenas uma nação. No entanto, acontece, de vez em quando, de pertencer a mais de uma. Não se trata de apenas falar, mas de dominar duas línguas, de tal maneira que pensa, fala e assimila completamente o modo característico de cada língua. Existem mais pessoas assim do que se acredita.

Em territórios de população mista, e em centros de negócios e comércio internacional, é frequente encontrá-las entre comerciantes, funcionários etc. Elas são, muitas vezes, pessoas sem a educação mais

---

[36]. Que o conceito de comunidade nacional é uma questão de grau também é reconhecido por Spann (*op. cit.,* p. 207); que inclui apenas pessoas instruídas é explicado por Bauer (*op. cit.,* p. 70).

elevada. Entre homens e mulheres com maior escolaridade, os bilíngues são mais raros, pois a perfeição no domínio – que caracteriza a pessoa verdadeiramente instruída – é, normalmente, alcançada em apenas uma língua. O indivíduo pode compreender mais línguas, muito melhor que o verdadeiro bilíngue – no entanto, ele só será considerado como membro de uma nação se pensar e processar tudo o que ouve e vê em línguas estrangeiras de uma forma moldada pela estrutura e pela formação de conceitos da sua própria língua.

Mesmo entre os "milionários da educação"[37] há bilíngues, homens e mulheres que assimilaram plenamente a educação de dois círculos culturais. Eles foram e são encontrados um pouco mais frequentemente em lugares onde uma língua antiga e totalmente desenvolvida, uma cultura antiga, confronta outra em desenvolvimento, de um povo que apenas acabou de completar o processo de aquisição cultural. Com esse encontro, é física e psicologicamente mais fácil alcançar o domínio de duas línguas e de dois círculos culturais. Assim, havia muito mais bilíngues na Boêmia entre a geração que precedeu imediatamente aquela que vive agora do que na atual. Em certo sentido, também se pode considerar como bilíngues todos aqueles que, além da língua padrão, também possuem pleno domínio de um dialeto.

---

37. MENGER, Anton. *Neue Staatslehre*. 2 ed. Jena: 1904. p. 213.

Todos pertencem, a princípio, a pelo menos uma nação. Somente as crianças e os surdos-mudos não têm nação – os primeiros adquirem o lar intelectual por meio da entrada numa comunidade de fala; os últimos, pelo desenvolvimento da sua capacidade de pensamento de forma a alcançar a capacidade de compreensão mútua dos membros de uma nação. É basicamente o mesmo processo pelo qual adultos que já pertencem a uma nação mudam para outra[38].

O pesquisador encontra relações entre línguas; reconhece famílias e raças linguísticas. Ele trata de línguas irmãs e filhas. Alguns estendem esse conceito diretamente às nações. Outros novamente querem transformar a relação etnológica em uma relação nacional. Ambas as ideias são totalmente inadmissíveis. Se quisermos falar de relações nacionais, só podemos fazê-lo com referência à possibilidade de compreensão mútua entre os membros das nações. Nesse sentido, os dialetos estão relacionados entre si e com uma ou mesmo com várias línguas padrão. Mesmo entre estas – por exemplo, entre as eslavas individuais –, tal relação se mantém. A sua importância para o

---

38. Acontecia que os filhos de pais alemães que tinham de ser criados à custa do município (os chamados internatos) eram colocados, por Viena, aos cuidados de pais adotivos tchecos no campo. Essas crianças cresceram como tchecas. Por outro lado, os filhos de pais não alemães foram germanizados por pais adotivos alemães. Uma senhora aristocrática polonesa costumava assumir os cuidados dos filhos de poloneses de Viena para que crescessem como poloneses. Ninguém pode duvidar de que todas essas crianças se tornaram bons tchecos, alemães ou poloneses, independentemente da nação a que os seus pais pertenciam.

desenvolvimento nacional esgota-se no fato de facilitar a transição de uma nacionalidade para outra.

Por outro lado, é politicamente pouco importante que a relação gramatical entre línguas facilite a sua aprendizagem. Nenhuma afinidade cultural e política emerge dela; nenhuma estrutura política pode ser erguida com base nela. A noção de relação entre os povos origina-se não da esfera de ideias da política nacional/individualista, mas sim da racial/coletivista; foi desenvolvida em oposição consciente à noção de autonomia moderna orientada para a liberdade.

O panlatinismo, o pan-eslavismo e o pangermanismo são fantasias que, em confronto com os esforços nacionais dos povos, sempre saíram em desvantagem. Soam muito bem em festividades de confraternização entre povos os quais, naquele momento, seguem objetivos políticos paralelos, mas falham assim que precisam ser mais. Nunca tiveram qualquer poder para formar Estados; nenhum foi construído com base neles.

Há muito, as pessoas resistem em ver o traço característico da nação na sua língua. Uma das circunstâncias decisivas é não conseguirem conciliar essa teoria com a realidade que supostamente encontramos em uma nação que fala várias línguas e nos casos em que várias nações usam um mesmo idioma. A afirmação de que é possível que os membros de uma nação falem várias línguas é apoiada pela referência às condições das nações "Tchecoslováquia" e "Iugoslávia", que atuaram nessa guerra como uma unificada. Os esforços particulares dos pequenos grupos eslovacos não foram, pelo menos, visíveis para o mundo exterior, e sequer alcançaram qualquer sucesso político. Aparentemente, será formado um Estado tchecoslovaco ao qual pertencerão ambos os povos. No entanto, eles ainda não formam uma só nação. Os dialetos a partir dos quais a língua eslovaca foi formada são extraordinariamente próximos daqueles de formação da tcheca. E não é difícil para um eslovaco rural, que conhece apenas o seu próprio dialeto, comunicar-se com os tchecos – especialmente os morávios – quando falam em seu dialeto.

Se os eslovacos, no período anterior ao desenvolvimento de uma língua independente, por volta da passagem do século XVIII para o século XIX, tivessem entrado em uma ligação política mais estreita com os tchecos, então o desenvolvimento de uma língua padrão eslovaca, sem dúvida, não teria ocorrido mais do que com a língua independente da Suábia.

Os motivos políticos foram decisivos para o esforço feito na Eslováquia para criar uma língua independente. Esse padrão eslovaco, que foi formado de acordo com o modelo tcheco e estava intimamente relacionado com ele em todos os aspectos, não pôde, no entanto, desenvolver-se da mesma forma devido a circunstâncias políticas. Sob o domínio do Estado húngaro, a língua foi excluída da escola, dos escritórios e dos tribunais, e levou uma existência miserável nos almanaques populares e nos panfletos da oposição. Mais uma vez, foi o ligeiro desenvolvimento da língua eslovaca que fez com que os esforços para adotar a língua tcheca padrão, que estava em curso na Eslováquia desde o início, ganhassem cada vez mais terreno. Hoje, dois movimentos opõem-se no país: o primeiro quer erradicar o tcheco da eslovaca e desenvolver uma língua pura e independente; e um segundo deseja a assimilação. Se este último movimento prevalecer, os eslovacos tornar-se-ão tchecos e a Tchecoslováquia evoluirá para um Estado nacional puramente tcheco. Se, no entanto, o primeiro vencer, o Estado tcheco será gradualmente obrigado, para não parecer opressor, a conceder autonomia aos eslovacos e, talvez, a independência completa.

Não existe uma nação tchecoslovaca composta por falantes de tcheco e por falantes de eslovaco. O que vemos diante de nós é a luta pela vida de uma nação eslava específica. O resultado dependerá das circunstâncias políticas, sociais e culturais. De um ponto de vista puramente linguístico, qualquer um dos desenvolvimentos é possível.

O caso não é diferente no relacionamento entre os eslovenos e a nação iugoslava. A língua eslovena também tem lutado desde a sua origem entre a independência e a reaproximação ou fusão completa com a croata. O movimento ilírio queria incluir a eslovena também na esfera dos seus esforços pela unidade. Se a Eslovênia conseguisse manter a sua independência, então o Estado iugoslavo teria de conceder autonomia aos eslovenos.

Os eslavos do sul também apresentam um dos exemplos mais citados de duas nações que falam o mesmo idioma: croatas e sérvios. A diferença entre eles, afirma-se, reside exclusivamente na religião. Afirma-se que se trata de um caso que não pode ser explicado pela teoria que percebe o atributo distintivo de uma nação em sua língua.

Os contrastes religiosos mais acentuados entram em confronto no povo servo-croata – parte à Igreja Ortodoxa e outra, à Católica. Ainda hoje os muçulmanos constituem uma camada nada desprezível. Além desse ponto, existem antigas inimizades políticas que ainda decorrem de períodos cujas condições políticas foram ultrapassadas há muito tempo. Os dialetos de todos esses povos religiosa e politicamente fragmentados estão, no entanto, extraordinariamente relacionados, de tal forma que os esforços para formar uma padronização, proveniente de lados diferentes, sempre levaram ao mesmo resultado, a mesma linguagem padrão.

Vuk Stefanóvitch Karadjítch (1787-1864) queria criar uma língua sérvia; Ljudevit Gaj (1809-1872), um eslavo do sul unificado. O panserbismo e o ilirianismo confrontaram-se sem rodeios. Como tinham que lidar com o mesmo material dialético, os resultados foram idênticos. As línguas que criaram diferiam tão pouco uma da outra que finalmente se fundiram.

Se os sérvios não usassem o alfabeto cirílico e os croatas, exclusivamente o latino, então não haveria nenhum sinal externo para atribuir uma obra escrita a uma nação ou a outra. Diferentes alfabetos não dividem uma nação unificada no longo prazo; os alemães também utilizam variadas formas de escrita sem que isso tenha adquirido qualquer significado nacional. O desenvolvimento político dos últimos anos antes e durante a guerra propriamente dita mostrou que a diferença religiosa entre croatas e sérvios, sobre a qual a política austríaca do arquiduque Francisco Fernando (1863-1914) e seus seguidores construiu castelos no ar, há muito perdeu o significado anterior. Parece não restar dúvida de que, também na vida política dos sérvios e dos croatas, o fator nacional de uma língua comum prevalecerá sobre todas as influências impeditivas, e que a diferença religiosa não desempenhará um papel mais importante na nação servo-croata do que no povo alemão.

Dois outros exemplos geralmente citados para argumentar que comunidade de fala e nação não coincidem são os casos anglo-saxônico e dinamarquês-norueguês. Afirma-se que a língua inglesa é usada por duas nações – os ingleses e os americanos – e que isso, por si só, já torna inadmissível procurar o critério da nacionalidade apenas na língua. Na verdade, ingleses e americanos são uma única nação. A inclinação para considerá-los como distintas decorre da suposta exigência de unificação de todas as partes num único Estado para aplicar o princípio da nacionalidade. Será demonstrado, na próxima seção, que isso não é de todo verdade e que, portanto, o critério da nação não deve ser atrelado aos esforços para formar um Estado unificado. O fato de ingleses e americanos pertencerem a países diferentes, de suas políticas nem sempre terem estado em consonância, e de as diferenças entre eles terem os levado à guerra – tudo isso ainda não prova que ingleses e americanos não compõem uma só nação. Ninguém poderia duvidar de que a Inglaterra está ligada aos seus domínios e aos Estados Unidos por um vínculo nacional que mostrará a sua força vinculante em momentos de grande crise política. A [Primeira] Guerra Mundial trouxe provas de que desacordos entre as partes individuais da nação anglo--saxônica só podem surgir quando o todo não parece ameaçado por outras nações.

À primeira vista, parece ainda mais difícil harmonizar o problema dos irlandeses com a teoria linguística da nação. Esse povo já formou uma nação independente, usando a língua celta. No início do século XIX, 80% da população da Irlanda ainda falava céltico, e mais de 50% não entendia nada de inglês. Desde então, essa língua irlandesa perdeu muito terreno. Apenas um pouco mais de seiscentas mil pessoas ainda a utilizam, e raramente encontra-se alguém na Irlanda que não entenda inglês. É claro que também existem esforços para reavivar a língua irlandesa, e generalizar a sua utilização. A verdade, porém, é que muitos dos que estão do lado do movimento político irlandês são da nação inglesa. A oposição entre ambos é de natureza social e religiosa, e não exclusivamente nacional. Assim, pode acontecer de muitos habitantes da Irlanda, que por nacionalidade não são irlandeses, apoiarem esse movimento. Se conseguissem alcançar a autonomia que almejam, não se descarta que uma grande parte da atual população inglesa da Irlanda seja assimilada à nação irlandesa.

O bastante citado exemplo dinamarquês-norueguês também não pode invalidar a afirmação de que a nacionalidade reside na língua. Durante a união política centenária entre a Noruega e a Dinamarca, a antiga língua norueguesa foi completamente substituída pela dinamarquesa; embora ainda existisse de maneira miserável nos numerosos dialetos da população rural. Após a separação, em 1814, foram feitos esforços para criar uma língua nacional única. Mas os esforços direcionados à criação desse padrão com base na antiga língua norueguesa falharam definitivamente. O sucesso abraçou aqueles que procuraram enriquecer o dinamarquês por meio da introdução de expressões e vocabulário dos dialetos noruegueses, embora favoráveis à manutenção da língua. As obras dos grandes escritores noruegueses Ibsen (1828-1906) e Björnson (1832-1910) são escritas nessa língua[39]. Ainda hoje, dinamarqueses e noruegueses formam uma única nação, e politicamente pertencem a dois Estados.

***

---

39. Ibsen zombou dos esforços dos adeptos da língua "norueguesa" independente na pessoa de Huhu em *Peer Gynt* (1867, quarto ato, cena do hospício).

2. Dialeto e Língua Padrão

Nos tempos primitivos, toda migração causava separação não apenas geográfica, mas também intelectual de clãs e tribos. As trocas econômicas ainda não existiam; não havia contato que pudesse trabalhar contra a diferenciação e o surgimento de novos costumes. O dialeto de cada tribo tornava-se cada vez mais diferente daquele que seus ancestrais falavam quando ainda viviam juntos. A fragmentação continuava sem interrupção, e os descendentes não se entendiam mais.

Surgiu, então, dos dois lados, a necessidade de unificação da linguagem. O início do comércio tornava necessário o entendimento entre membros de diferentes tribos, o que era satisfeito quando os intermediários comerciais alcançavam o domínio da língua.

Nos primeiros tempos, quando a troca de mercadorias entre regiões distantes tinha apenas um significado relativamente pequeno, pouco mais do que expressões individuais e famílias de palavras devem ter sido usadas de forma mais geral. As mudanças políticas tiveram que ser muito mais significativas para a unificação dos dialetos. Conquistadores foram surgindo, criando Estados e uniões políticas de todos os tipos. Os líderes de amplos territórios estabeleceram relações pessoais mais próximas; membros de todas as camadas sociais de numerosas tribos foram reunidos no serviço militar. Em parte, independentemente da organização política e militar e, em parte, estreitamente ligado a ela, as instituições religiosas surgiram e se espalharam de uma tribo para outra.

De mãos dadas com os esforços políticos e religiosos pela unificação estão os esforços linguísticos. Em pouco tempo, o dialeto da tribo governante ou da sacerdotal ganha predominância sobre aqueles dos súditos e leigos. Igualmente, a partir dos diferentes dialetos de outros membros do Estado e da religião, forma-se um dialeto misto unificado.

A introdução da escrita fortaleceu a unificação da linguagem. Doutrinas religiosas, canções, leis e registros preservados por escrito dão preponderância ao dialeto em que foram expressos. A fragmentação é mais difícil, pois existe um ideal linguístico pelo qual parece valer a pena lutar, alcançar e imitar. A misteriosa nuvem que rodeia as letras do alfabeto nos tempos primitivos – e que, mesmo hoje, pelo menos em comparação à sua forma impressa, ainda não desapareceu totalmente – aumenta o prestígio do dialeto no qual a escrita é feita.

Do caos dos dialetos surge a linguagem geral: dos governantes e das leis, dos sacerdotes e cantores, da literatura. Torna-se a linguagem das pessoas mais bem posicionadas e mais instruídas, do Estado e da cultura[40]. Aparece, finalmente, como a única correta

---

40. É preciso distinguir entre a língua escrita e a cultural ou padrão. Quando os dialetos possuem uma literatura escrita, não será mais correto negar-lhes a designação de línguas escritas. Todas essas que pretendem expressar os pensamentos humanos oralmente e por escrito e, assim, serem também científicas e técnicas deveriam ser chamadas de línguas

e nobre. Os dialetos dos quais surgiu, a partir desse momento, começam a ser tratados como inferiores. De fato, passam a ser considerados corrupções da linguagem escrita, desprezados no discurso do homem comum.

Na formação de línguas unificadas, as influências políticas e culturais trabalham sempre juntas desde o início. O elemento natural do dialeto popular é que tira sua força daqueles que o falam. Por outro lado, a língua padrão e unificada é produto de salas de estudo e chancelarias. É verdade que também deriva, em última análise, das palavras proferidas pelo homem comum e das criações de poetas e escritores talentosos. Mas é sempre perpassada por mais ou menos pedantismo e artificialidade. A criança aprende o dialeto com sua mãe, o qual pode ser a sua língua materna. Já o idioma padrão é ensinado pelas escolas.

Na luta que emerge entre a língua padrão e o dialeto, este último tem a vantagem de já se apoderar da pessoa nos seus anos mais receptivos. Mas a padrão não assiste impotente. O fato de ser a linguagem geral, de conduzir para além da fragmentação regional ao entendimento com círculos mais amplos, torna-a indispensável ao Estado e à Igreja. É a portadora do patrimônio escrito e a intermediária da cultura. Pode, assim, triunfar sobre o dialeto. Se, no entanto, estiver muito distante ou, com o tempo, se afastar deste

---

padrão. Naturalmente, as fronteiras entre os dois nem sempre podem ser definidas com clareza.

último ao ponto de ser inteligível apenas para pessoas que o aprendem com esforço, então deverá sucumbir. A partir daí, um novo padrão surge. Desse modo, o latim foi substituído pelo italiano, o eslavo eclesiástico pelo russo. No grego moderno, a fala comum talvez triunfe sobre o *katharevousa*[41] do classicismo.

O brilho com que a escola e os gramáticos estão acostumados a cercar a língua padrão, o respeito que prestam às suas regras, e o desprezo que demonstram por quem peca contra elas fazem com que a relação entre a padrão e o dialeto apareça sob uma falsa luz. O dialeto não é uma língua padrão corrompida, mas uma linguagem primitiva. Somente a partir dos dialetos é que um padrão foi formado, independentemente de ter sido de um único ou de uma mistura formada artificialmente a partir de diferentes dialetos, elevada ao *status* de língua padrão.

A questão que não pode surgir de forma alguma, portanto, é se um determinado dialeto pertence a esta ou àquela língua padrão. A relação entre língua padrão e dialeto nem sempre é de associação inequívoca ou mesmo de superioridade e inferioridade, e as circunstâncias da história linguística e da gramática não são as únicas decisivas nesse aspecto. Os desenvolvimentos políticos, econômicos e culturais gerais

---

41. Variação do idioma grego criada no início do século XIX por Adamántios Koraís (1748-1833), o qual rejeitava a influência bizantina na língua grega e era um crítico ácido da ignorância do clero e sua submissão ao Império Otomano. Informação retirada de https://pt.wikipedia.org/wiki/Catarévussa. (N. T.)

do passado e do presente determinam a qual língua padrão os falantes de um determinado dialeto se inclinam. Pode acontecer que, dessa forma, um dialeto unificado se ligue parcialmente a uma, e parcialmente a outra língua padrão.

O processo pelo qual as pessoas que falam um determinado dialeto passam a usar certa língua, a partir de um dado momento – exclusivamente ou junto com o dialeto –, é um caso especial de assimilação da nação. Caracteriza-se especialmente por envolver uma transição para um padrão próximo e gramaticalmente relacionado, sendo esse rumo, via de regra, o único concebível no caso em questão. Em geral, o filho do camponês bávaro não tem outro caminho aberto à cultura senão por meio da língua alemã, embora também possa acontecer, em raros casos particulares, que se torne diretamente francês ou tcheco. Para o baixo-alemão, já existem duas opções: a assimilação ao alemão ou à língua padrão holandesa. Qual dos dois cursos ele seguirá não será decidido por considerações linguísticas ou genealógicas, mas políticas, econômicas e sociais. Hoje não existe mais uma aldeia puramente Plattdeutsch; pelo menos o bilinguismo prevalece em todos os lugares. Se um dos distritos fosse separado da Alemanha e unido aos Países Baixos, com a escola e a língua oficial e judicial alemãs substituídas pelas neerlandesas, então os sujeitos afetados veriam tudo isso como uma violação de sua nação. No entanto, há cem ou duzentos anos, essa separação de uma parte do território alemão poderia ter sido realizada sem dificuldade, e os descendentes daqueles que foram separados naquela época seriam tão bons holandeses como, de fato, são bons alemães.

Na Europa Oriental, onde as escolas e os escritórios ainda não são, nem de longe, tão importantes como no Ocidente, algo desse gênero ainda é possível atualmente. O investigador linguístico será capaz de determinar, da maioria dos dialetos eslavos falados na Alta Hungria, se são mais próximos do eslovaco do que do ucraniano e, talvez, também decidir, em muitos casos na Macedônia, se um determinado dialeto está mais próximo do sérvio ou do búlgaro. No entanto, isso ainda não responde à questão de saber se os que falam esse dialeto são eslovacos ou ucranianos, sérvios ou búlgaros, pois isso não depende apenas das condições linguísticas, mas também políticas, eclesiásticas e sociais. Uma aldeia com um dialeto sem dúvida mais próximo do sérvio pode adotar, com relativa rapidez, a língua cultural búlgara, em maior ou menor grau, se receber uma igreja e uma escola búlgara.

Só assim se pode compreender o extremamente difícil problema ucraniano. A questão de saber se os ucranianos são uma nação independente ou apenas russos que falam um determinado dialeto não faz sentido nesta forma. Se a Ucrânia não tivesse perdido a sua independência política no século XVII para o Grande Estado Russo dos tzares, então provavelmente teria sido desenvolvida uma língua padrão ucraniana separada. Se todos os ucranianos, incluindo os da Galiza, da Bucovina e da Alta Hungria, tivessem ficado sob o domínio dos tzares ainda na primeira metade do século XIX, isso talvez não impediria o desenvolvimento de uma literatura ucraniana separada, que provavelmente não teria uma posição diferente em comparação com o grão-russo do que a do baixo alemão comparada ao alemão. Teria permanecido poesia dialetal sem quaisquer pretensões culturais e políticas particulares. No entanto, o fato de vários milhões de ucranianos estarem sob o domínio austríaco e procurarem a independência religiosa da Rússia criou as condições prévias para a formação de uma língua padrão rutena separada.

Não há dúvida de que o governo austríaco e a Igreja Católica preferiram que os russos austríacos desenvolvessem uma língua separada em vez de adotarem o russo. Nesse sentido, há um fundo de verdade na afirmação dos poloneses de que os rutenos são uma invenção austríaca. A única coisa sobre a qual os poloneses estão errados é quando afirmam que, se esse apoio oficial aos primeiros esforços rutenos tivesse estado ausente, não teria havido qualquer movimento russo na Galiza Oriental. A revolta nacional dos galegos orientais não poderia ter sido reprimida, tal como o despertar de outras novas nações. Se o Estado e a Igreja não tivessem tentado orientá-la para outras direções, provavelmente teria se desenvolvido muito mais fortemente no sentido da Grande Rússia desde o início.

O movimento ucraniano na Galiza promoveu significativamente, pelo menos, os esforços separatistas no sul da Rússia. Talvez até tenha lhes dado vida. As mais recentes convulsões políticas e sociais promoveram tanto o ucranianismo do sul da Rússia que não é totalmente impossível que não possa ser superado pelo grande russianismo. Mas esse não é um problema etnográfico ou linguístico. Não é o grau de relacionamento entre línguas e raças que decidirá se a ucraniana ou a russa vencerá, mas as circunstâncias políticas, econômicas, religiosas e culturais em geral. É facilmente possível, por essa razão, que o resultado nas antigas partes austríacas e húngaras da Ucrânia seja diferente daquele na parte que há muito é russa.

A situação é semelhante na Eslováquia. A independência da língua eslovaca em relação à tcheca é, também, produto de um desenvolvimento, em certo sentido, acidental. Se não tivesse havido diferenças religiosas entre os morávios e os eslovacos, e se a Eslováquia tivesse estado politicamente ligada à Boêmia e à Morávia no mais tardar até o século XVIII, então uma língua escrita e padrão eslovaca separada dificilmente teria evoluído. Por outro lado, se o governo húngaro tivesse dado menos ênfase à magiarização dos eslovacos, e permitido à sua língua maior abrangência na escola e na administração, esta provavelmente teria se desenvolvido mais fortemente, e seria mais resistente ao tcheco[42].

---

42. Ainda poderiam ser citados mais exemplos, incluindo também a língua eslovena. Particular interesse é atribuído aos casos em que algo semelhante foi tentado em menor escala. Assim – de acordo com informações que devo ao eslavicista vienense dr. Norbert Jokl – o governo húngaro tentou,

Em geral, para o linguista pode não parecer impossível traçar fronteiras atribuindo dialetos individuais a línguas específicas. No entanto, a sua decisão não prejudica o curso histórico dos acontecimentos. Fatos políticos e culturais são decisivos. A linguística não consegue explicar por que razão os tchecos e os eslovacos se tornaram duas nações separadas, da mesma forma que não explicaria se os dois, no futuro, se fundissem em uma só nação.

✳✳✳

3. Mudanças Nacionais

Durante muito tempo, as nações foram consideradas categorias imutáveis, e não se percebeu que os povos e as línguas estão sujeitos a grandes mudanças no curso da história. A nação alemã do século X é diferente desta do século XX. Isso é manifesto até mesmo externamente na diferença da língua falada hoje com relação à dos contemporâneos dos otonianos.

Pertencer a uma nação não é uma característica definitiva do indivíduo. Uma pessoa pode

---

no condado de Ung, tornar independentes os dialetos locais eslovacos e rutenos usados ali; fez aparecer jornais nesses dialetos nos quais, para o ruteno, foram utilizadas letras latinas e uma ortografia magiarizante. Mais uma vez, no condado de Zala, foi feito um esforço para tornar independente um dialeto esloveno, o que foi facilitado pelo fato de a população, em contraste com os eslovenos austríacos, ser protestante. Os livros escolares foram publicados nesse idioma. Em Pápa havia um corpo docente especial para a formação de professores dessa língua.

aproximar-se da sua nação ou alienar-se dela; pode até abandoná-la inteiramente e trocá-la por outra.

A assimilação nacional – o que evidentemente deve ser distinguido da mistura e rotação de raças, com as quais sofre certas interações – é um fenômeno cujo significado histórico não pode ser subestimado. Trata-se da manifestação de uma daquelas forças cuja operação molda a história dos povos e dos Estados. Vemos isso agindo em todos os lugares. Se pudéssemos compreendê-la plenamente nas suas condições e na sua essência, teríamos dado um bom passo no caminho que leva à compreensão do desenvolvimento histórico. Em flagrante contraste com essa importância está o desrespeito da ciência histórica e da sociologia, que o ignoraram até agora.

A linguagem serve para relacionar-se com os semelhantes. Quem quiser falar com os seus pares e compreender o que eles dizem deve usar a sua linguagem. Todos, portanto, devem se esforçar para compreender e falar como as pessoas que os rodeiam. Por essa razão, indivíduos e minorias adotam a usada pela maioria. Contudo, é sempre uma pré-condição que ocorram contatos entre os grupos; se esse não for o caso, também não haverá assimilação da nação. Esta prossegue mais rapidamente quanto mais próximos forem os contatos da minoria com a maioria, quanto mais fracos forem dentro da própria minoria e com os seus compatriotas que vivem à distância. Disso segue-se imediatamente que a posição social das diferentes nacionalidades deve ter um significado especial nesse aspecto, pois o contato está mais ou menos ligado ao pertencimento a uma classe. Assim, em meio a um ambiente nacional estrangeiro, classes sociais individuais podem não só preservar os seus próprios costumes e a sua linguagem durante séculos, mas também assimilar outros. Um nobre alemão que imigrou para o leste da Galiza por volta de 1850 não se tornou ruteno, mas polonês; um francês que se estabeleceu em Praga por volta de 1800 não se tornou tcheco, mas alemão. No entanto, o camponês ruteno na Galiza Oriental que, devido à mobilidade social ascendente, se juntou à classe dominante, também se tornou polonês, e o filho do camponês tcheco que ascendeu à burguesia tornou-se alemão[43].

Em uma sociedade organizada por classes ou castas, diferentes nações podem viver lado a lado no mesmo território durante séculos sem perder a sua distinção nacional. A história fornece exemplos suficientes disso. Nas terras bálticas da Livônia, Estônia e Curlândia, em Carníola e no Sul da Estíria, a nobreza alemã manteve-se durante muitas gerações no meio de um povo diferente; a mesma coisa fez a burguesia alemã nas cidades da Boêmia, da Hungria e da Polônia. Outro exemplo são os ciganos. Se faltam contatos sociais entre as nações, se entre elas não existe *connibium* [conúbio/casamento/união] e apenas uma quantidade limitada de *commercium* [comércio]; se

---

43. BAUER, Otto. Die Bedingungen der Nationalen Assimilation. *In: Der Kampf*, v. 5, p. 246.

a mudança de classe ou casta só é possível em raros casos excepcionais, então as condições para a assimilação nacional raramente estão presentes. Assim, os assentamentos agrícolas autônomos dentro de um país habitado por uma população de outra língua conseguiram se manter enquanto as classes foram ligadas ao solo. Contudo, à medida que a ordem econômica liberal pôs de lado todos os vínculos, eliminou os privilégios especiais e deu liberdade de movimento aos trabalhadores, a rígida estratificação nacional foi afrouxada. A mobilidade social ascendente e as migrações causaram rapidamente o desaparecimento das minorias nacionais ou, pelo menos, as empurraram para posições defensivas que só com dificuldade poderiam ser mantidas.

A derrubada das barreiras que impediam a passagem de uma classe para outra, a facilidade de circulação das pessoas, tudo o que tornou o homem moderno livre, facilitou muito o avanço das línguas padrão sobre os dialetos. Como observou um filólogo inglês décadas atrás:

> Onde hoje os tão melhorados meios de transporte e de comunicação sacudiram e misturaram as pessoas de uma forma nunca antes sonhada assinalou o fim dos dialetos locais, dos costumes, das lendas e tradições locais; o apito da ferrovia cantou o canto fúnebre deles. Dentro de alguns anos desaparecerão; daqui a alguns anos será

tarde demais para recolhê-los e, talvez, ainda protegê-los[44].

Hoje, não se pode mais viver, nem mesmo como agricultor ou trabalhador, na Alemanha, sem, pelo menos, compreender a língua padrão do alto alemão e ser capaz, se necessário, de usá-la. As escolas estão dando a sua contribuição para acelerar esse processo.

Bastante distinta da assimilação natural por meio do contato pessoal com pessoas que falam outras línguas é a artificial – desnacionalização pelo Estado ou outra coerção. Como processo social, a assimilação depende de certas condições prévias. Desse modo, os métodos coercivos permanecem impotentes enquanto as pré-condições não estiverem disponíveis ou não tiverem sido criadas. Por vezes, a coerção administrativa pode provocá-las e, assim, indiretamente levar à assimilação. Não pode, entretanto, provocar diretamente a transformação nacional. Se os indivíduos forem colocados num ambiente onde ficam privados do contato com os seus concidadãos, e passarem a depender exclusivamente de relações com estrangeiros, então está preparado o caminho para a sua assimilação. Mas, se só for possível recorrer a medidas compulsórias que não influenciem a linguagem quotidiana, então as tentativas de opressão nacional dificilmente terão qualquer perspectiva de sucesso.

---

44. SOCIN. *Schriftsprache und Dialekte im Deutschen nach Zeugnissen alter und neuer Zeit.* Heilbronn: 1888. p. 501.

Antes do alvorecer da era da democracia moderna, quando as questões nacionais ainda não tinham o significado político que têm hoje – e só por essa razão –, já não poderia haver a questão da violação da nação. Se a Igreja Católica e o Estado dos Habsburgos suprimiram a literatura tcheca no século XVII na Boêmia, foram motivados por considerações religiosas e políticas, não nacionais – eles perseguiram hereges e rebeldes, não a nação tcheca. Só em tempos muito recentes assistimos a tentativas de violação da nação em grande escala.

A Rússia, a Prússia e a Hungria, acima de tudo, têm sido os países clássicos da desnacionalização compulsória. É bem conhecido o sucesso que a russianização, a germanização e a magiarização alcançaram. Depois dessas experiências, o prognóstico que se pode fazer sobre possíveis esforços futuros de polonização ou tchecificação não é favorável.

O Princípio da Nacionalidade na Política

1. Nacionalismo Liberal ou Pacifista

Que a política deve ser nacional é um postulado moderno.

Na maioria dos países da Europa, o Estado monárquico substituiu o sistema de propriedade da Idade Média desde o início dos tempos modernos. A concepção política dessa organização é o interesse do governante. A famosa máxima de Luís XIV, "*L'État c'est moi*" ["O Estado sou eu"], expressa de forma muito breve a concepção que ainda estava viva nas três cortes imperiais europeias até as últimas agitações.

Não é menos claro quando Quesnay, cujas doutrinas já conduzem à nova concepção do Estado, prefacia a sua obra com o lema "*Pauvre paysan, pauvre royaume; pauvre royaume, pauvre roi*"[45]. Não lhe basta

---

[45]. "Camponês pobre, reino pobre; reino pobre, rei pobre". (N. E.)

mostrar que do bem-estar do camponês depende também o do Estado; ele considera necessário mostrar que o rei também só pode ser rico quando o camponês o é. Então, se comprova a necessidade de tomar medidas para aumentar o bem-estar dos camponeses, pois o objeto do Estado é precisamente o governante.

Contra o Estado monárquico surge então, nos séculos XVIII e XIX, a ideia de liberdade. Ela reaviva o pensamento político das repúblicas da Antiguidade e das cidades livres da Idade Média; está relacionada com a hostilidade dos monarcômacos em relação aos governantes; segue o exemplo da Inglaterra, onde a coroa já havia sofrido uma derrota decisiva no século XVII; luta com todo o arsenal da filosofia, do racionalismo, do direito natural e da história; conquista as grandes massas por meio da literatura, que se coloca inteiramente ao seu serviço. A realeza absoluta sucumbe ao ataque do movimento pela liberdade. Em seu lugar, aparece uma monarquia parlamentar aqui, uma república ali.

O Estado monárquico não possui fronteiras naturais. Aumentar a propriedade de sua família é o ideal do governante; ele se esforça para deixar ao seu sucessor mais terras do que herdou de seu pai. Continuar adquirindo posses até encontrar um adversário igual ou mais forte – essa é a luta dos reis. Fundamentalmente, a sua ganância por terras não conhece fronteiras; o comportamento de cada governante e as opiniões dos defensores literários da ideia principesca concordam com isso. Esse princípio ameaça, acima de tudo, a existência de todos os Estados menores e mais fracos – o fato de serem capazes de se manter é atribuído à inveja em relação aos grandes, os quais ansiosamente ficam de vigília para que ninguém se torne demasiado forte. Essa é a concepção do equilíbrio europeu, que forma coligações e as quebra novamente. Sempre que for possível, sem pôr em perigo o equilíbrio, os Estados menores são destruídos. Um exemplo disso é a divisão da Polônia.

Os governantes consideram os países da mesma forma que um proprietário de terras considera as suas florestas, prados e campos. Eles os vendem, trocam (por exemplo, para elastizar fronteiras) e, cada vez que isso ocorre, o domínio sobre os habitantes também é transferido. Nessa perspectiva, as repúblicas aparecem como propriedade sem dono, da qual qualquer um pode se apropriar, se puder. Essa política, por falar nisso, só atingiu o seu ponto alto no século XIX, na Promulgação dos Delegados do Sacro Império Romano (1803), na fundação napoleônica do Estado e nas resoluções do Congresso de Viena.

As terras e os povos, aos olhos dos governantes, não são nada além de objetos dos monarcas: as primeiras constituem a base da soberania, os últimos, os acessórios da propriedade da terra. Das pessoas que vivem na "sua" terra, o governante exige obediência e lealdade; ele as considera praticamente sua propriedade. Esse vínculo que o liga a cada um dos seus súditos deve, no entanto, ser também o único que une os indivíduos numa unidade. O governante absoluto considera perigosa qualquer outra comunidade entre seus súditos, de modo que tenta dissolver todas as relações tradicionais de camaradagem entre eles que não tenham sua origem nas leis promulgadas, e é hostil a toda nova formação de comunidade – por meio de clubes, por exemplo. Ademais, ele também não permitirá que os súditos dos seus diferentes territórios comecem a formar camaradagens dentre aqueles com o mesmo papel. É claro, ao tentar romper todos os laços de classe para transformar os nobres, a burguesia e os camponeses em súditos, o governante atomiza o corpo social e cria a pré-condição para o surgimento de um novo sentimento político. O sujeito que não está habituado a se considerar personagem de um círculo estreito começa a sentir-se um ser humano, um membro da sua nação e um cidadão do Estado e do mundo. Abre-se o caminho para uma nova visão do mundo.

    A teoria liberal do Estado, que é hostil aos governantes, rejeita a sua ganância pela terra, bem como o tráfico de terras. Em primeiro lugar, considera natural que Estado e nação coincidam. Pois assim é na Grã-Bretanha, o modelo da liberdade, e também na França, a terra que classicamente luta pela liberdade. Isso parece tão natural que nenhuma palavra a mais é desperdiçada a esse respeito. Como o Estado e a nação coincidem, e não há necessidade de mudar isso, não há problema.

    O problema das fronteiras estatais apareceu pela primeira vez quando o poder da ideia de liberdade tomou conta da Alemanha e da Itália. Aqui e na Polônia, por trás dos déspotas desprezíveis do presente, existe a grande sombra de um Estado unificado desaparecido. Todos os alemães, poloneses e italianos têm um grande objetivo político em comum: a libertação dos seus povos do domínio dos governantes. Isso, antes de mais nada, dá a eles unidade de pensamento político e, depois, de ação. Além das fronteiras do Estado, guardadas por guardas alfandegários e gendarmes, os povos dão as mãos em unidade. A aliança dos governantes contra a liberdade é confrontada pela união dos povos pela liberdade.

À máxima principesca de submeter ao seu próprio governo a quantidade de terra que puder ser obtida, a doutrina da liberdade responde com o princípio do direito à autodeterminação dos povos, que decorre necessariamente dos direitos do homem[46]. Nenhuma pessoa ou parte de uma população deveria ser mantida contra a sua vontade numa associação estatal que não queira. A totalidade dos que têm mentalidade de liberdade e estão dispostos a formar um Estado aparece como a nação política; pátria passa a ser a designação do país que habitam; patriota torna-se sinônimo de espírito de liberdade[47].

---

46. SOREL. *Nouveaux essais d'histoire et de critique*. Paris: 1898. p. 99.
47. MICHELS. Zur historischen Analyse des Patriotismus. *In: Archiv für Sozialwissenschaft und Sozialpolitik, v.* 36, pp. 38 e 402, 1913.
PRESSENSÉ. L'idée de Patrie. *In: Revue mensuelle de l'École d'Anthropologie de Paris*, Paris, v. 9, p. 91, 1899.

Nesse sentido, os franceses começaram a sentir uma nação quando quebraram o despotismo dos Bourbons ao iniciarem a luta contra a coligação de monarcas que ameaçavam a sua recém-conquistada liberdade. Os alemães e os italianos tornaram-se nacionalistas porque os governantes estrangeiros, unidos na Santa Aliança, impediram-nos de estabelecer um Estado livre. Esse nacionalismo não se dirige contra os estrangeiros, mas contra o déspota que também os subjuga. O ódio dos italianos não é dirigido aos alemães, mas aos Bourbons e aos Habsburgos; o ódio dos poloneses não é dirigido aos alemães ou aos russos, mas ao tzar, ao rei prussiano e ao imperador da Áustria. E é só porque as tropas sobre as quais repousa o domínio dos tiranos são estrangeiras que a luta também assume uma palavra de ordem contra estes.

Mesmo em batalha, os garibaldianos gritavam aos soldados austríacos: "*Passate l'Alpi e tornerem fratelli*"[48,49]. As nações individuais que lutam pela liberdade dão-se maravilhosamente bem umas com as outras. Todos os povos acolhem a luta pela liberdade dos gregos, dos sérvios e dos poloneses. Na "Jovem Europa", os combatentes pela liberdade estão unidos sem distinção de nacionalidade.

---

48. MICHELS, Robert. Elemente zur Entstehungsgeschichte des Imperialismus in Italien. *In: Archiv für Sozialwissenschaft*, v. 34, p. 57, 1912.
49. Em tradução livre: "Retornem através dos Alpes e nos tornaremos irmãos de novo".

Fundamentalmente, o princípio da nacionalidade não levanta a espada contra membros de outras nações. Destina-se a tiranos.

Portanto, acima de tudo, também não há oposição entre as atitudes nacionais e as cosmopolitas[50]. A ideia de liberdade é, ao mesmo tempo, ambas as coisas. É revolucionária, pois quer abolir todas as regras incompatíveis com os seus princípios, mas é também pacifista[51]. Que base ainda poderia existir para a guerra depois que todos os povos forem libertados? É nesse ponto que o liberalismo político concorda com o econômico, que proclama a solidariedade de interesses entre os povos.

É preciso também ter isso em mente se quisermos compreender o internacionalismo original dos partidos socialistas desde Marx (1818-1883). O liberalismo também é cosmopolita na sua luta contra o absolutismo do Estado monárquico. Assim como os governantes se unem para impedir o avanço do novo espírito, também os povos se unem contra eles. Se o *Manifesto Comunista* (1848) apela aos proletários de todos os países para que se unam na luta contra o capitalismo, esse *slogan* decorre logicamente da afirmação a respeito da igualdade da exploração capitalista em todos os países. Não se trata de uma contradição com as exigências liberais do Estado nacional

---

50. SEIPEL. *Nation und Staat*. Viena: 1916. p. 11. Nota de rodapé. MEINECKE, *op. cit.*, p. 19.
51. MICHELS, *op. cit.*, p. 403.

ou com o programa da burguesia – também, nesse sentido, internacional. A ênfase não está nas palavras "todos os países", mas na palavra "proletários". Um pressuposto natural é o de que classes de todos os países com ideias semelhantes e em situação semelhante devem se unir. Se for possível ver algum sentido nesse apelo, é apenas o argumento levantado contra os esforços pseudonacionais que combatem qualquer mudança nas instituições tradicionais como uma violação do caráter nacional legítimo.

As novas ideias políticas de liberdade e igualdade triunfaram primeiro no Ocidente. A Inglaterra e a França tornaram-se os países modelo político para o resto da Europa. Mas, quando os liberais exigiram a tomada de instituições estrangeiras, foi natural que a resistência oferecida pelas antigas potências também fizesse uso da ferramenta da xenofobia. Os conservadores alemães e russos também lutaram contra as ideias de liberdade com o argumento de que eram coisas estrangeiras não adequadas aos seus povos. Aqui, a avaliação nacional é mal utilizada para fins políticos[52]. Não se fala de oposição à nação estrangeira como um todo ou aos seus membros individuais.

No que se refere às relações entre os povos, o princípio da nacionalidade é, antes de mais nada, inteiramente pacífico. Como ideal político, é tão compatível

---

52. SCHULTZE-GAEVERNITZ. *Volkswirtschaftliche Studien aus Russland.* Leipzig: 1899. p. 173.
BAUER, *op. cit.,* p. 138.

com a coexistência pacífica dos povos como o nacionalismo de Herder (1744-1803); enquanto ideal cultural, com o seu cosmopolitismo. Só com o tempo é que o nacionalismo pacífico, hostil apenas aos governantes e não aos povos, se transforma em militarista. Essa mudança, contudo, ocorre apenas no momento em que os fundamentos do Estado moderno, na sua marcha triunfante do Ocidente para o Oriente, alcançam os territórios de população mista.

A importância do princípio da nacionalidade na sua forma pacífica mais antiga torna-se especialmente clara para nós quando consideramos o desenvolvimento do seu segundo postulado. Em primeiro lugar, contém apenas a rejeição da dominação e, portanto, do subjugo estrangeiro. Exige autodeterminação, autonomia. Mas, então, seu conteúdo se expande; e a palavra de ordem passa a ser não apenas liberdade, como também unidade. Além disso, o desejo de unificação é, acima de tudo, bastante pacífico.

Como já mencionado, uma de suas fontes é a memória histórica. Do presente sombrio o olhar se volta para um passado melhor. E esse passado mostra um Estado unificado, não em imagens tão glamorosas para todos os povos como para os alemães e os italianos, mas, ainda assim, suficientemente tentador para a maioria.

A ideia de unificação não é apenas romântica; também é importante em termos de política real. Na unidade, busca-se a força para superar a aliança dos opressores. A unidade oferece aos povos uma maior garantia para a preservação da sua liberdade. E, também aqui, o nacionalismo não entra em conflito com o cosmopolitismo, pois a nação unificada não quer inimizade com os povos vizinhos, mas sim paz e colaboração.

Assim, vemos também que a ideia de unidade não pode exercer o seu poder de destruir e construir Estados onde a liberdade e o autogoverno já prevalecem, e parecem assegurados sem ela. Até hoje, a Suíça praticamente não se sentiu tentada por essa ideia. Quem mostra a menor inclinação para a separação é o povo germano-suíço, e muito compreensivelmente: eles só poderiam ter trocado a liberdade pela subjugação no Estado autoritário alemão. Também os franceses e os italianos em geral sentiram-se tão livres na Suíça que não tiveram qualquer desejo de unificação política com os seus concidadãos.

No entanto, ainda existe uma terceira consideração para o Estado nacional unificado. Sem dúvida, o nível de desenvolvimento da divisão internacional do trabalho que foi hoje alcançado exigiu uma extensa padronização da legislação e dos meios de comunicação e transporte em geral, e essa exigência tornar-se-á mais premente quanto mais a economia continuar a se transformar em mundial.

Quando os contatos econômicos ainda se encontravam em seus estágios iniciais, em geral mal se estendendo para além dos limites de uma aldeia, a divisão da superfície da terra em inúmeros pequenos distritos jurídicos e administrativos era a forma natural de organização política. Além dos interesses militares e de política externa, que nem sempre impulsionaram a unificação e a formação de grandes impérios – e mesmo onde foram eficazes nesse sentido na era do feudalismo, e ainda mais na era do absolutismo, nem sempre conduziram à formação de Estados nacionais –, não havia circunstâncias que exigissem a unificação da lei e da administração. Isso tornou-se uma necessidade apenas à medida que as relações econômicas começaram a se estender para além das fronteiras das províncias, dos países e, finalmente, dos continentes.

O liberalismo, que exige plena liberdade da economia, procura dissolver as dificuldades que a diversidade das instituições políticas apresenta ao desenvolvimento do comércio, separando a economia do Estado. Luta pela maior unificação possível do direito, em última análise, pela unidade jurídica mundial. Mas não acredita que, para atingir esse objetivo, seja necessário criar grandes impérios ou mesmo uma unidade mundial. Insiste na posição que adota para o problema das fronteiras estatais. Os próprios povos podem decidir até que ponto querem harmonizar as suas leis; toda violação de sua vontade é rejeitada por princípio. Assim, um profundo abismo separa o liberalismo das visões que querem forçosamente criar um grande Estado em prol da economia.

No entanto, o realismo político deve ainda lidar primeiro com a existência de Estados e com as dificuldades que colocam à criação de um direito supranacional e à liberdade de transações internacionais. É com inveja, portanto, que os patriotas que vivem em nações fragmentadas em muitos Estados olham para os povos nacionalmente unificados – querem seguir seu exemplo. Olham para as coisas de forma diferente dos doutrinadores liberais.

Na Alemanha da Confederação, a necessidade de unificação da lei e da justiça, dos meios de comunicação e transporte, e de toda a administração foi reconhecida como urgente. Uma Alemanha livre também poderia ter sido criada por meio de revoluções dentro de cada Estado; para tanto, a unificação inicial não teria sido necessária. Aos olhos dos realistas políticos, o argumento a favor do Estado unificado não é apenas a necessidade de estabelecer uma aliança dos oprimidos contra a dos opressores, a fim de alcançarem, em primeiro lugar e de algum modo, a liberdade[53], mas a necessidade adicional de permanecerem unidos a fim de encontrar, na unidade, a força para preservar a liberdade. Mesmo à parte disso, a necessidade do comércio também pressiona. Já não é mais aceitável permitir a fragmentação no direito, nos sistemas monetários, nas comunicações e nos transportes, e em muitos outros aspectos. Em todas essas áreas, os tempos exigem a unificação, mesmo para além das fronteiras nacionais. Os povos já estão começando a fazer os preparativos preliminares para a unidade mundial em todas essas questões.

---

53. Considere Schleswig-Holstein, na margem esquerda do Reno etc.

Não parece óbvio conseguir na Alemanha o que os outros povos já conseguiram – criar um direito civil alemão como precursor do futuro direito mundial, um direito penal alemão como fase preliminar para o direito penal mundial, uma união ferroviária alemã, um sistema monetário alemão, um sistema postal alemão?

É o Estado unificado alemão que deve proporcionar tudo isso. O programa dos homens da liberdade, portanto, não pode se limitar ao "leilão de trinta coroas de governantes" (Freiligrath [1810-1876][54]). Mesmo que apenas pelo estágio de desenvolvimento econômico, deve exigir a unificação.

Assim, a luta por um Estado unificado já abriga o cerne da nova concepção do princípio da nacionalidade, que leva do pacifismo liberal ao militarismo imperialista.

✶✶✶

2. Nacionalismo Militante ou Imperialista

(A) *A Questão da Nacionalidade em Territórios com Populações Mistas*

O Estado monárquico luta incansavelmente pela expansão do seu território e pelo aumento do número de súditos. Por um lado, visa à aquisição de

---

54. Ferdinand Freiligrath, poeta lírico e partidário da democracia.

terras e promove a imigração; por outro lado, impõe sanções mais rigorosas à emigração. Quanto mais terras e mais súditos, mais receitas e mais soldados. Somente no seu tamanho reside a garantia de sua preservação. Os Estados menores correm sempre o risco de ser engolidos pelos maiores.

Para o Estado nacional livre, nenhum desses argumentos se aplica. O liberalismo não conhece conquistas, nem anexações; assim como é indiferente ao Estado em geral, o problema da dimensão também não é importante para ele. Não força ninguém a entrar na estrutura contra a sua vontade. Quem quer emigrar não é impedido. Se uma parte da população quer abandonar o país, o liberalismo não a inibe de fazê-lo. As colônias que quiserem se tornar independentes só precisam fazê-lo. A nação, como estrutura orgânica, não pode ser aumentada nem reduzida por mudanças nos Estados; o mundo como um todo não pode ganhar nem perder com eles.

O liberalismo conseguiu estabelecer-se de modo sustentável apenas na Europa Ocidental e na América. Após um breve período de florescimento na Europa Central e Oriental, foi novamente deslocado. A sua agenda democrática sobrevive somente nos programas e, mais raramente, nas ações dos partidos socialistas. A prática estatal gradualmente perverteu o princípio da nacionalidade pacifista do liberalismo no seu oposto, no princípio da opressão da nacionalidade militante e imperialista. Estabeleceu um novo ideal que reivindica um valor próprio, o da magnitude numérica externa da nação.

Do ponto de vista cosmopolita, a fragmentação da humanidade em diferentes povos deve ser descrita como uma circunstância que causa problemas e custos. Muito trabalho é gasto no aprendizado de línguas estrangeiras e desperdiçado em traduções. Todo avanço cultural seria mais fácil de ser estabelecido e toda interação entre as pessoas seria melhor se houvesse apenas um idioma. Mesmo aqueles que apreciam o imenso valor cultural da diversidade de arranjos materiais e intelectuais, e do desenvolvimento de características individuais e nacionais específicos devem admitir isso, e não podem negar que o progresso da humanidade seria extraordinariamente mais difícil se não existissem, além das pequenas nações que somam apenas algumas centenas de milhares ou poucos milhões de almas, outras maiores também.

Mas mesmo o indivíduo pode experimentar a inconveniência da multiplicidade de línguas. Ele sente isso quando viaja para o exterior, quando lê escritos estrangeiros ou quando quer falar com seus semelhantes ou escrever para eles. O homem comum pode não se importar se a sua nação é numericamente maior ou menor, mas para o trabalhador intelectual isso é de extrema importância. Pois, "para ele, a linguagem é mais do que um mero meio de compreensão nos contatos sociais; é uma de suas principais ferramentas, na verdade, muitas vezes, sua única ferramenta, e que ele dificilmente pode mudar"⁵⁵. É decisivo para o sucesso de uma obra literária que o autor possa fazer-se compreender diretamente por um número maior de pessoas. Ninguém, portanto, deseja mais ardentemente que a sua própria nação tenha um tamanho grande do que o poeta e o escritor erudito, líderes intelectuais das nações. É fácil entender por que podem ser entusiastas do tamanho, mas isso está longe de explicar a popularidade desse ideal.

A longo prazo, esses líderes são incapazes de recomendar quaisquer objetivos à nação que ela mesma não tenha escolhido. E ainda existem outras formas de ampliar o público para escritores: a educação do povo pode ser ampliada, criando muito mais leitores e ouvintes e difundindo a língua nacional no exterior. As nações escandinavas seguiram esse caminho. Elas buscaram conquistas nacionais não no exterior, mas em casa.

Que o Estado nacional pudesse se tornar imperialista; que, negligenciando princípios mais antigos, pudesse ver como objetivo da sua política manter e, depois, aumentar o número de membros da nação, mesmo à custa do direito à autodeterminação dos indivíduos e de povos inteiros e partes de povos – para tal, foram decisivas circunstâncias estranhas ao liberalismo, que se originou no Ocidente, e ao seu

---

55. KAUTSKY. *Nationalität und Internationalität.* Stuttgart: 1908. p. 19.
ROHRBACH, Paul. *Der deutsche Gedanke in der Welt.* Düsseldorf and Leipzig: Karl Robert Langewiesche Verlag, 1912. p. 13.

princípio pacifista de nacionalidade. Foi decisivo o fato de os povos do Oriente não terem áreas de povoamento totalmente distintas, mas viverem localmente misturados em vastos territórios, bem como que essa mistura de povos surgisse sempre como resultado da migração. Esses dois problemas levaram o nacionalismo militante ou imperialista à maturidade.

É de origem alemã, pois os problemas que lhe deram origem vieram à luz da cena histórica, pela primeira vez, quando ele chegou ao solo alemão. Mas não ficou, de modo algum, limitado a ela. Todos os povos que estão em posição de ter alguns dos seus sujeitos expostos à alienação nacional devido a essas circunstâncias seguiram o povo alemão no mesmo caminho, ou irão fazê-lo se a história não encontrar, mais cedo, outra solução para o problema.

Qualquer consideração dos problemas que abordamos deve partir do fato de que as condições sob as quais as pessoas vivem nas diferentes partes da superfície da Terra são distintas. Reconheceremos melhor a importância disso se tentarmos desconsiderá-lo. Se as condições de vida fossem as mesmas, então, de um modo geral, não haveria razão para que os indivíduos e os povos mudassem de local de residência[56].

---

56. Alguém poderia objetar que, mesmo que as condições de vida fossem as mesmas em todos os lugares, teria de haver migrações quando um povo crescesse em tamanho mais rapidamente do que outros, pois então as migrações teriam de ocorrer dos territórios mais densamente povoados para os territórios mais escassamente povoados. A lei malthusiana autoriza-nos a assumir, contudo, que o crescimento da população também depende das condições naturais de vida, de modo que, apenas a partir da

Contudo, o fato de serem desiguais faz com que – para usar as palavras de Ségur (1753-1830)[57] – a narrativa da humanidade seja o esforço dos povos para se deslocarem de territórios piores para viverem em outros melhores. A história mundial é a história das migrações dos povos.

Elas ocorrem tanto sob a forma militar violenta quanto de forma pacífica. A primeira costumava ser a predominante. Os godos, vândalos, lombardos, normandos, hunos, ávaros e tártaros tomaram suas novas casas à força e exterminaram, expulsaram ou subjugaram as populações locais. Depois, passaram a existir duas classes de nacionalidades diferentes no país – os senhores e os subjugados –, que não só se confrontavam política e socialmente, como também eram estranhos entre si em termos de ascendência, cultura e língua. Com o tempo, esses contrastes desapareceram, quer porque os conquistadores foram etnicamente absorvidos pelos conquistados, quer porque os subjugados foram assimilados pelos vencedores. Já se passaram séculos desde que isso ocorreu na Espanha, na Itália, na Gália e na Inglaterra.

Na Europa Oriental, ainda existem vastos territórios onde esse processo de assimilação ainda não começou, ou está apenas na sua fase inicial. Entre os barões bálticos e os seus arrendatários estônios e

---

suposição das mesmas condições externas de vida, segue-se a igualdade de aumento da população.
57. Conde Louis Philippe de Ségur (1753–1830), político e historiador francês. (N. T.)

letões, entre os nobres magiares (ou magiarizados) da Hungria e os camponeses e trabalhadores agrícolas eslavos ou romenos, entre os cidadãos alemães das cidades da Morávia e os proletários tchecos, entre os proprietários italianos da Dalmácia e os camponeses e lavradores eslavos, ainda hoje persiste o profundo abismo das diferenças nacionais.

A teoria do Estado e da liberdade moderna, desenvolvida na Europa Ocidental, nada conhece sobre essas condições. O problema da população mista não existe para ela, e a formação das nações é um processo histórico concluído. Hoje em dia, os franceses e os ingleses já não recebem quaisquer elementos estrangeiros em seus países; estes vivem em áreas de colonização fechadas. Por outro lado, se imigrantes vierem até eles, serão assimilados de maneira fácil e sem dificuldades. A aplicação do princípio da nacionalidade em solo inglês e francês na Europa não provocaria fricções entre nacionalidades (mas as coisas são diferentes nas colônias e nos Estados Unidos). Assim, também poderia surgir a opinião de que a plena implementação desse princípio asseguraria a paz eterna. Porque, uma vez que, de acordo com a visão liberal, as guerras surgem apenas por meio da cobiça de conquista dos reis, não haverá mais guerras, dado que cada povo será constituído como um Estado separado. O antigo princípio da nacionalidade é pacífico, não quer guerra entre os povos e acredita que não existe razão para tal.

Então, de repente, descobre-se que o mundo não mostra em todos os lugares a mesma face que no Tâmisa e no Sena. Os movimentos do ano de 1848 levantaram, pela primeira vez, o véu que o despotismo havia espalhado sobre a mistura de povos no império dos Habsburgos; os movimentos revolucionários que mais tarde eclodiram na Rússia, Macedônia e Albânia, na Pérsia e na China, revelaram também as mesmas dificuldades. Enquanto o absolutismo do Estado monárquico oprimisse a todos da mesma forma, essas questões não poderiam ser reconhecidas. Agora, porém, mal começa a luta pela liberdade, eles surgem ameaçadoramente[58].

Fazia sentido trabalhar para a sua solução utilizando os meios tradicionais da doutrina ocidental da liberdade. O princípio da maioria, quer seja aplicado sob a forma de referendo ou outra, foi considerado adequado para resolver todas as dificuldades. Essa é a resposta da democracia. Mas seria tal solução concebível e possível? Poderia ter estabelecido a paz aqui [na Alemanha]?

A ideia básica do liberalismo e da democracia é a harmonia de interesses de todas as partes de uma nação, e depois de todas as nações. Dado que, quando devidamente compreendida por todos os setores da população, conduz aos mesmos objetivos e exigências políticas, a decisão sobre questões políticas

---

58. BERNATZIK. *Die Ausgestaltung des Nationalgefühls im 19. Jahrhundert*. Hanover: 1912. p. 24.

pode ser deixada ao voto de todo o povo. Pode ser que a maioria erre, mas só por meio dos erros que ela própria cometeu, dos quais as consequências ela própria sofre, é que um povo pode alcançar o discernimento e tornar-se politicamente maduro. Os erros, uma vez cometidos, não serão repetidos; as pessoas reconhecerão onde, de verdade, o melhor pode ser encontrado.

A teoria liberal nega que existam interesses especiais de classes ou grupos particulares que se opõem ao bem comum. Portanto, só consegue ver justiça nas decisões da maioria – os erros cometidos vingam-se de todos, tanto daqueles que os apoiaram como da minoria vencida, que também deve pagar por não ter compreendido como conquistar a maioria para o seu lado.

Contudo, assim que se admite a possibilidade, na verdade a necessidade, de interesses genuinamente opostos, o princípio democrático também perde a sua validade como princípio "justo". Se o marxismo e a social-democracia veem uma oposição irreconciliável de interesses de classes em todo lado, então devem, logicamente, rejeitar o princípio democrático. Isso ficou esquecido por muito tempo, uma vez que ele perseguia não apenas objetivos socialistas como também democráticos entre os dois povos dos quais foi capaz de atrair o maior número de seguidores, os alemães e os russos. Mas isso é apenas uma coincidência histórica, resultado de circunstâncias bastante específicas que acabaram ocorrendo ao mesmo tempo.

Os marxistas lutaram pelo direito de voto, pela liberdade de imprensa, pelo direito de formar associações e de reunião, desde que não fossem o partido no poder. Nos lugares onde chegaram ao poder, nada fizeram mais rapidamente do que abolir essas liberdades[59]. Isso é inteiramente consistente com o comportamento da Igreja, que atua democraticamente onde quer que outros governem, mas, onde ela própria governa, não quer nada com a democracia. Para o marxista, uma decisão da maioria nunca pode ser "justa" como é para o liberalismo; para ele é sempre apenas a expressão da vontade de uma determinada classe. Mesmo dessa perspectiva, o socialismo e a democracia são, portanto, contrários e inconciliáveis; o termo social-democrata contém uma *contradictio in adjecto*[60]. Para o marxista, só o triunfo do proletariado, a meta preliminar e o fim da evolução histórica são bons; todo o resto é ruim.

Tal como os marxistas, os nacionalistas também negam a doutrina da harmonia de todos os interesses. Afirmam que existem oposições irreconciliáveis entre os povos; aqui, nunca se pode deixar que as coisas dependam da decisão da maioria quando existe a possibilidade de opor-se a ela.

---

59. BUCHARIN. *Das Programm der Kommunisten: Bolschewiki*. Vienna: 1919. p. 23.
60. *Contradictio in adjecto* (latim) trata-se de uma inconsistência lógica entre um substantivo e seu adjetivo modificador: "círculo quadrado", "atividade inerte", "fogo gelado" e "preços controlados ou não mercantis". (N. T.)

A democracia procura primeiro resolver as dificuldades políticas que impedem o estabelecimento de um Estado nacional em territórios com populações nacionalmente mistas, utilizando, para tanto, meios que provaram ser eficazes em países nacionalmente unificados. A maioria deve decidir; a minoria deve ceder. Isso mostra, porém, que ela não vê o problema, que não tem qualquer ideia de onde reside a dificuldade. No entanto, a confiança na correção e no poder curador do princípio da maioria era tão forte que, por muito tempo, as pessoas sequer quiseram admitir que nada pode ser conseguido com ele. O fracasso evidente sempre foi atribuído a outras causas. Houve escritores e políticos que outorgaram a turbulência nacional na Áustria ao fato de ainda não haver democracia no seu território; se democraticamente governado, todos os atritos entre os seus povos desapareceriam. A verdade é justamente o oposto. As lutas nacionais só podem surgir no terreno da liberdade; onde todos os povos estão subjugados – como na Áustria antes de Março de 1848 – não pode haver dissensões entre eles[61]. A violência das lutas entre as nacionalidades crescia à medida que a velha Áustria se aproximava da democracia. A dissolução do Estado não as eliminou de forma alguma; serão levadas adiante, só que de forma mais amarga nos novos

---

61. Por essa razão, os escritores antidemocráticos e eclesiásticos também recomendam o regresso ao absolutismo dos governantes e do papa como meio de evitar lutas nacionais.

Estados, onde as maiorias confrontam as minorias sem a mediação do poder autoritário, o que atenua muito a truculência.

Para reconhecer as razões mais profundas do fracasso da democracia nas lutas nacionais da época, é necessário, antes de tudo, procurar clareza sobre a essência do governo democrático.

Democracia é autodeterminação, autonomia, autogoverno. Mesmo em uma democracia, o cidadão submete-se às leis e obedece às autoridades estatais e aos funcionários públicos. Mas as normas foram promulgadas com a sua participação; os detentores do poder oficial assumiram cargos com sua concordância indireta ou direta. As leis podem ser revogadas ou alteradas, os titulares de cargos podem ser destituídos se a maioria dos cidadãos assim o desejar. Essa é a essência da democracia; é por isso que os sujeitos se sentem livres.

Aquele que é obrigado a obedecer a leis sobre cuja promulgação não tem influência, aquele que tem de suportar um governo em cuja formação não pode tomar parte, não é livre no sentido político, não tem direitos políticos, mesmo que protegido na sua esfera privada de garantias[62]. Isso não significa que todas as minorias num Estado democrático não sejam politicamente livres. As minorias podem tornar-se maioria, e essa possibilidade influencia a sua posição e a forma

---

62. É claro que frequentemente os direitos civis também podem ser perdidos devido à impotência política.

como as maiorias devem se comportar em relação a elas. Os partidos maioritários precisam sempre ter cuidado para que as suas ações não fortaleçam a minoria nem lhes ofereçam a oportunidade de chegar ao poder. Pois os pensamentos e programas da minoria afetam todo o povo como entidade política, quer sejam ou não capazes de se afirmar. A minoria é o partido derrotado, mas, na luta entre os partidos, teve a possibilidade de vencer – e, em regra, mantém a esperança de fazê-lo e tornar-se maioria.

Os membros das minorias nacionais que não ocupam uma posição de governo por privilégio especial não são, no entanto, politicamente livres. A sua atividade nunca poderá conduzir ao sucesso, pois os meios de influência política sobre os seus semelhantes, as palavras faladas e escritas, estão vinculados à nacionalidade. Nas grandes discussões das quais decorrem as decisões políticas, os cidadãos estrangeiros permanecem à parte como espectadores mudos. Eles são negociados junto com outros, mas não participam das negociações. O alemão em Praga deve pagar taxas municipais; ele também é afetado por todos os decretos da comunidade, mas fica de lado quando a luta política se intensifica pelo controle da comunidade. O que deseja e exige nessa comunidade é uma questão indiferente para os seus concidadãos tchecos. Ele não tem meios de influenciar nada, a menos que abandone os costumes especiais do seu povo, adapte-se aos tchecos, aprenda a sua língua e adote as suas maneiras de pensar e sentir. Enquanto não fizer isso, enquanto permanecer dentro do seu círculo de língua e cultura herdadas, estará excluído de toda eficácia política. Embora também possa formalmente, de acordo com a letra da lei, ser um cidadão com plenos direitos; embora possa, devido à sua posição social, pertencer às classes politicamente privilegiadas, na verdade, não tem direitos políticos: é um cidadão de segunda-classe, um pária, porque governado por outros sem ter participação nas decisões do governo.

As ideias políticas que criam e destroem partidos, que constroem e destroem Estados não estão mais vinculadas à nacionalidade do que qualquer outro fenômeno cultural. Tal como as artísticas e científicas, são propriedade comum de todas as nações; nenhuma pode escapar à sua influência. No entanto, cada uma desenvolve correntes de ideias à sua maneira própria, e as assimila de forma diferente. Com cada povo encontra-se um caráter nacional diferente e uma constelação diferente de circunstâncias.

A ideia do Romantismo era internacional, mas cada nação a desenvolveu de um modo particular, preencheu-a com um conteúdo particular e fez dela algo diferente. Falamos, portanto, com razão, do Romantismo alemão como uma tendência particular na arte que podemos contrastar com o dos franceses ou dos russos. Não é diferente com as ideias políticas. O socialismo tinha que se tornar algo diferente na Alemanha, algo diferente em França, algo diferente na Rússia. Em todos os lugares, de fato, acabou se encontrando com uma forma particular de pensamento e sentimento político, com outro desenvolvimento social e histórico – em suma, com outras pessoas e outras condições.

Reconhecemos agora a razão pela qual as minorias nacionais que detêm o poder político devido a privilégios especiais se agarram a eles e à posição dominante de forma incomparavelmente mais tenaz do que outros grupos privilegiados. Uma classe dominante que não seja de nacionalidade diferente daquela dos governados ainda retém, mesmo que seja derrubada, uma influência política maior do que aquela que lhe seria atribuída de acordo com o número dos seus membros entre os novos governantes. Pelo menos mantém a oportunidade de lutar novamente pelo poder como partido de oposição nas novas condições, de defender as suas ideias políticas e de conduzir a novas vitórias.

Os conservadores ingleses sempre celebraram uma ressurreição política, não importando quantas vezes foram privados dos seus privilégios por meio de reformas. As dinastias francesas não perderam qualquer perspectiva de reconquistar a coroa com o destronamento. Conseguiram formar partidos poderosos que trabalharam pela restauração; e, se os seus esforços não levaram ao sucesso durante a Terceira República, isso deveu-se à intransigência e à miséria pessoal do pretendente da época, e não ao fato de tais esforços serem completamente inúteis. Os governantes de nacionalidade estrangeira, contudo, uma vez tendo saído de cena, nunca poderão recuperar o poder, a menos que tenham a ajuda de armas estrangeiras e, o que é muito mais importante, assim que deixam de detê-lo, não só ficam privados dos seus privilégios, como completamente impotentes de uma perspectiva política. Eles não só são incapazes de manter uma influência correspondente ao seu número, mas, como membros de uma nacionalidade estrangeira, não têm qualquer possibilidade de ser politicamente ativos ou de ter influência sobre outros. Pois as ideias políticas que agora chegaram ao poder pertencem a um círculo cultural que lhes é estranho; são pensadas, faladas e escritas numa língua que não compreendem. Eles próprios, no entanto, não estão em posição de fazer sentir as suas opiniões políticas nesse ambiente. De governantes, eles não se tornam cidadãos com direitos iguais, mas párias impotentes que não têm voz quando assuntos que lhes dizem respeito estão sendo debatidos. Se – sem levar em conta as objeções teóricas e antiquadas que possam ser levantadas contra ele – quisermos ver um princípio da democracia moderna no antigo postulado das propriedades, *nil de nobis sine nobis*[63], também vemos que não pode ser implementado para minorias nacionais. São governados; não participam do governo; estão politicamente subjugados. O seu "tratamento" por parte da maioria nacional talvez seja bom; eles podem permanecer na posse

---

63. Nada que nos diga respeito sem nós. (N. E.)

de numerosos privilégios não políticos e até mesmo de alguns políticos; no entanto, mantêm a sensação de oprimidos só porque assim são "tratados", e não estão autorizados a participar.

Os grandes proprietários alemães nas terras da coroa austríaca, que tinham maioria no parlamento estatal eslavo, apesar do seu direito privilegiado de voto – que lhes garantia uma representação especial na câmara e no comitê provinciais – sentiam que as suas ideias políticas eram oprimidas, uma vez que sofriam oposição de uma maioria cujo pensamento político não conseguiam influenciar. Pela mesma razão, os titulares de cargos e proprietários alemães que tinham um privilégio eleitoral que lhes assegurava um terço dos assentos no conselho municipais de maioria eslava, ainda assim se sentiam oprimidos.

Não menos politicamente impotentes são as minorias nacionais que nunca tiveram poder político. Elas precisam ser especialmente mencionadas, tanto quanto precisam os membros de nações sem história que viveram como inferiores políticos durante séculos sob governantes estrangeiros, e como imigrantes em áreas de colonização no exterior. Circunstâncias acidentais podem conferir-lhes temporariamente a possibilidade de influência; no longo prazo, isso está fora de questão. Se não quiserem permanecer sem expressão política, devem adaptar o seu pensamento ao do seu ambiente, e renunciar às suas características nacionais especiais e à sua língua.

Em territórios poliglotas, portanto, a introdução de uma constituição democrática não é, de forma alguma, sinônimo de implemento da autonomia democrática. O governo da maioria significa algo bastante diferente do que em territórios nacionalmente uniformes. Para uma parte do povo, não se trata de um governo popular, mas estrangeiro[64].

Quando as minorias nacionais resistem às instituições democráticas, quando, de acordo com as circunstâncias, preferem o absolutismo monárquico, um regime autoritário ou uma constituição oligárquica, fazem-no porque sabem muito bem que, para eles, democracia é sinônimo de submissão ao governo de outros. Isso se aplica em todos os lugares e, até agora, em todos os momentos.

O exemplo frequentemente citado da Suíça não se aplica aqui. Dada a situação nacional, a administração local democrática só é possível sem atritos porque a migração interna entre nações individuais tem sido irrelevante há muito tempo. Se, digamos, as migrações de suíços franceses para o Leste conduzissem a minorias nacionais estrangeiras mais fortes nos cantões alemães, então a paz já teria desaparecido há muito tempo.

Para todos os defensores da democracia, para todos aqueles que só veem a solução política no

---

64. Quanto ao fato de o princípio da maioria parecer aplicável apenas quando se trata de resolução de diferenças dentro de uma massa homogénea, conforme:
SIMMEL. *Soziologie*. Leipzig: 1908.

autodomínio e no autogoverno de um povo, isso deve causar grande aflição. Os democratas alemães da Áustria e os poucos sinceros que o povo magiar contava entre si estavam nessa situação. Eram eles que procuravam novas formas de democracia que também a tornassem possível em países poliglotas.

Além disso, as pessoas tendem a recomendar a representação proporcional como uma solução para os defeitos do sistema de maioria. No entanto, para territórios nacionalmente mistos, não é uma saída para essas dificuldades. Um sistema de representação proporcional é aplicável apenas a eleições, mas não a decisões sobre atos legislativos, administrativos e judiciais. Por um lado, ela impossibilita que um partido seja menos representado, por meio de manipulações e artifícios políticos, do que corresponderia à sua força; por outro lado, assegura à minoria uma fala nos órgãos de representantes eleitos, e oferece-lhe a possibilidade de exercer uma fiscalização sobre a maioria e fazer ouvir a sua própria voz.

Nada disso funciona para uma minoria nacional. Por constituírem uma verdadeira minoria entre o povo, nunca poderão esperar obter uma maioria no órgão representativo por meio da proporcionalidade. Resta-lhes, portanto, apenas a segunda relevância. Mas a mera possibilidade de alguns assentos tem pouco valor; mesmo quando os seus delegados podem sentar-se e opinar nas deliberações, discursos e decisões, a minoria continua excluída da participação na vida política. Ela só participa politicamente, no verdadeiro sentido da palavra, se a sua voz for ouvida, porque tem perspectivas de assumir o comando em algum momento. Para a minoria nacional, contudo, isso está descartado.

Desde o início, as atividades dos seus representantes limitam-se a críticas infrutíferas. As palavras que proferem não têm significado porque não podem conduzir a nenhum objetivo político. Na contagem de votos, os seus só podem ser decisivos quando questões sem importância nacional estão na agenda. Em todas as outras – grande parte delas –, a maioria nacional opõe-se a eles, unida como uma falange. Para perceber isso, basta pensar nos papéis que os dinamarqueses, poloneses e alsacianos desempenharam no parlamento alemão; e nos croatas, no parlamento húngaro; ou na posição que os alemães ocuparam na legislatura provincial da Boêmia.

Se as coisas fossem diferentes na Câmara dos Deputados austríaca, considerando que nenhuma nação tinha maioria absoluta, se fosse possível que a "delegação" de cada uma se tornasse parte da maioria – bem, isso não prova nada, porque a Áustria era um Estado autoritário em que, não o parlamento, mas o governo tinha todas as cartas. Precisamente a Câmara dos Deputados austríaca, onde a formação dos partidos foi condicionada, sobretudo, pelas tensões entre as nacionalidades, mostrou quão pouco é possível uma colaboração parlamentar de diferentes povos.

É, portanto, compreensível que o princípio da representação proporcional também não possa ser considerado como um meio útil para superar as dificuldades que decorrem da coexistência entre diferentes nações. Onde quer que tenha sido introduzido, a experiência mostrou que é reconhecidamente bastante útil para determinados fins, elimina muitos atritos, mas que está longe de ser o remédio para disputas nacionais como defendem os utópicos bem-intencionados.

Na Áustria, o país clássico da luta pela nacionalidade, surgiu, na primeira década do século XX, uma proposta para superar as dificuldades nacionais por meio da introdução da autonomia com base no princípio da personalidade. Essas propostas, que partiram dos sociais-democratas Karl Renner (1870-1950)[65] e Otto Bauer (1881-1938)[66], previam a transformação do Estado autoritário da Áustria em um Estado popular democrático. A legislação e a administração como um todo, e a dos distritos autônomos não deveriam se estender aos assuntos controversos em âmbito nacional, mas ser tratados nas administrações locais pelos próprios membros das nações, organizados de acordo com o princípio da personalidade, sobre os quais os conselhos nacionais deveriam, então, constituir a autoridade máxima de cada nação. As principais questões que devem ser consideradas controversas são a educação e o cultivo da arte e da ciência.

---

65. RENNER. *Das Selbstbestimmungsrecht der Nationen in seiner Anwendung auf Österreich*. Viena: 1918.
Também encontrado em vários escritos mais antigos do mesmo autor.
66. BAUER, *op. cit.*, p. 324.

Não tratamos da importância que o programa de autonomia nacional teve no desenvolvimento histórico dos programas de nacionalidade dos germano-austríacos nem dos pressupostos básicos a partir dos quais procedeu. Devemos apenas enfrentar a questão de saber se esse programa poderia ter fornecido uma solução satisfatória para a dificuldade fundamental que surge da coexistência de diferentes povos. A resposta é claramente negativa. Como antes, permanecem os fatos que excluem uma minoria nacional da participação no poder; apesar de a letra da lei os convidar a participar no governo, não lhes permite co-governar, apenas ser governados.

Desde o início, é completamente impensável dividir todas as questões por nacionalidade. É impossível, numa cidade com nacionalidades mistas, criar duas forças policiais, por exemplo, uma alemã e uma tcheca, cada uma das quais só poderia atuar contra membros da sua própria nacionalidade. É impossível criar uma administração ferroviária dupla num país bilingue, uma apenas sob o controle dos alemães e a segunda, apenas dos tchecos. Contudo, se isso não for feito, as dificuldades acima mencionadas permanecerão. O tratamento dos problemas políticos diretamente relacionados à língua não é tudo o que causa dificuldades nacionais; pelo contrário, estas permeiam toda a vida pública.

A autonomia nacional teria oferecido às minorias a oportunidade de administrar e de organizar o seu sistema escolar de forma independente. No entanto, só até certo ponto – mesmo sem implementar esse programa, embora à sua própria custa. Permitiria um direito especial de tributação para esses fins e, por outro lado, tê-los-ia aliviado do fardo de contribuírem para as instituições de outras nacionalidades. Só isso, porém, não vale tanto como pensavam os autores do programa.

A posição que a minoria nacional obteria com a concessão da autonomia nacional seria próxima das colónias privilegiadas de estrangeiros que o Estado corporativo e, depois, o monárquico estabeleceram com base nos modelos legados pelo referido modelo, talvez como a posição dos saxões na Transilvânia. Isso não satisfaria a democracia moderna. De um modo geral, toda a linha de pensamento sobre a autonomia nacional remete mais para as condições medievais do sistema de propriedades do que para as condições da democracia moderna. Dada a impossibilidade de criá-la num Estado multinacional, os seus defensores, do mesmo modo que os democratas rejeitaram o monárquico, tiveram necessariamente que recorrer aos ideais do sistema de propriedades.

Se quisermos ver um modelo de autonomia nacional em certos problemas da organização das igrejas minoritária, pode-se dizer que é uma comparação superficial. Esquece-se que, uma vez que a força da fé já não pode, como outrora, determinar todo o estilo de vida do indivíduo, não existe mais, entre os membros de diferentes igrejas, a impossibilidade de entendimento político que verificamos entre povos distintos devido a diferenças de linguagem e das resultantes em estilos de pensamento e de perspectiva.

O princípio da personalidade não pode trazer nenhuma solução para as dificuldades apresentadas pelo nosso problema, porque se entrega a um autoengano extremo a respeito do alcance das questões em disputa. Se apenas os assuntos linguísticos no sentido mais estrito fossem o objeto da luta nacional, então poderíamos pensar em preparar o caminho para a paz entre os povos por meio de um tratamento especial para elas.

Mas a luta nacional não se limita, de modo algum, às escolas e instituições educacionais, nem à língua oficial dos tribunais e das autoridades. Abrange toda a vida política, incluindo aquilo que, como acreditam Renner e muitos outros com ele, estabelece um vínculo unificador em torno das nações – o chamado aspecto econômico. É surpreendente que justamente os austríacos não tenham conseguido reconhecer isso, pois viam diariamente como tudo se tornou um pomo de discórdia nacional – a construção de estradas e as reformas fiscais, as licenças bancárias e os recursos públicos, as tarifas e as exposições aduaneiras, as fábricas e os hospitais; acima de tudo, as questões puramente políticas.

Todas os assuntos de política externa são objeto de luta no Estado multinacional, e isso nunca se manifestou tão claramente na Áustria-Hungria como durante a [Primeira] Guerra Mundial. Cada relato que vinha do campo de batalha era recebido de forma diferente pelas variadas nacionalidades: alguns comemoravam enquanto outros lamentavam; alguns ficavam abatidos, e outros, felizes. Todos esses pontos são controvérsias da nacionalidade e, se não incluídas na solução da questão, então essa solução simplesmente não estará completa.

O problema que a questão nacional apresenta é justamente que o Estado e a administração são inevitavelmente construídos sob uma base territorial do atual estágio de desenvolvimento econômico e, portanto, devem inevitavelmente abranger os membros de diferentes nacionalidades em territórios de línguas mistas.

Os grandes Estados multinacionais – Rússia, Áustria, Hungria e Turquia – entraram em colapso. Mas isso também não é uma solução para o problema constitucional nos territórios poliglotas. A dissolução do Estado multinacional elimina muitas complicações supérfluas, porque separa as áreas em que vivem os membros de um povo como um todo[67]. Com a dissolução da Áustria, a questão nacional para o interior da Boêmia, para a Galiza Ocidental e para a maior parte de Carníola foi resolvida. Mas, como antes, continua a existir nas cidades e aldeias alemãs isoladas, espalhadas pelo território de língua checa

---

67. O abuso dos territórios compactamente colonizados pelos alemães na Boêmia é aqui desconsiderado; a questão nacional seria solucionável aqui, só que as pessoas não querem resolver.

da Boêmia, na Morávia, na Galiza Oriental, no distrito de Gottschee [Kočevje] etc.

Nos territórios poliglotas, a aplicação do princípio da maioria não conduz à liberdade de todos, mas ao seu domínio sobre a minoria. A situação não fica melhor pelo fato de, com uma consciência interior da sua injustiça, esforçar-se para assimilar à força as minorias em âmbito nacional. Essa atitude, é claro, também implica – como observou um inteligente escritor – uma expressão do princípio da nacionalidade, um reconhecimento da exigência de que as fronteiras do Estado não deveriam se estender para além das fronteiras dos povos[68]. Ainda assim, os atormentados esperam pelo Teseu que vencerá esse Procusto moderno.

Contudo, é preciso encontrar uma maneira de sair dessas dificuldades. Não se trata apenas de pequenas minorias (por exemplo, de remanescentes de movimentos migratórios que há muito se estagnaram), como tenderíamos a pensar se avaliássemos essa situação apenas do ponto de vista de algumas cidades alemãs na Morávia ou Hungria, ou das colônias italianas na costa leste do Adriático. As grandes migrações dos povos da atualidade aumentaram a importância de todas essas questões. Todos os dias, novos movimentos criam territórios poliglotas; e aquilo que há algumas décadas só era visível na Áustria tornou-se um problema mundial, embora sob outro formato.

---

68. KJELLÉN, *op. cit.*, p. 131.

A catástrofe da [Primeira] Guerra Mundial mostrou a que abismo esse problema conduziu a humanidade. E todos os rios de sangue derramados não aproximaram o problema sequer um milímetro da solução. Nos territórios poliglotas, a democracia parece ser opressiva para a minoria. Onde existe apenas a escolha entre oprimir ou ser oprimido, facilmente se decide pela primeira opção. O nacionalismo liberal dá lugar ao imperialismo antidemocrático militante.

(B) O PROBLEMA DA MIGRAÇÃO E O NACIONALISMO

A diversidade de condições de vida nas diferentes partes da superfície terrestre desencadeia migrações de indivíduos e de povos inteiros. Se a economia mundial fosse controlada por decreto de uma autoridade que examinasse e organizasse tudo do modo mais apropriado, então apenas seriam utilizadas condições de produção absolutamente mais favoráveis. Em nenhum lugar uma mina ou um campo menos produtivo estaria em uso se outros melhores estivessem disponíveis em outros locais. Antes de um local ser utilizado para exploração, é necessário considerar se não existem outros mais produtivos. E mesmo aqueles em uso seriam imediatamente descartados se fossem encontrados outros cujo rendimento fosse tão maior que um lucro adicional seria alcançado com o abandono das antigas e a introdução das novas fontes, mesmo se considerarmos a perda inevitável do capital investido naquelas, inúteis. Dado que os trabalhadores são forçados a se estabelecer nos locais de produção ou nas suas imediações, as consequências para as condições de fixação seguem-se automaticamente.

Condições naturais de produção não são, de forma alguma, imutáveis. No decorrer da história, passaram por grandes transformações. As mudanças podem ocorrer na própria natureza – por exemplo climáticas, catástrofes vulcânicas e outros eventos naturais. Há as que ocorrem sob influência da atividade humana – por exemplo o esgotamento das minas e da fertilidade do solo. Mais importantes, porém, são aquelas do conhecimento humano, que derrubam as visões tradicionais sobre produtividade dos fatores de produção. Novas necessidades são despertadas tanto pelo desenvolvimento do caráter humano quanto porque a descoberta de outros materiais ou forças as estimularam. Enxergam-se possibilidades até então desconhecidas, seja por meio da descoberta e uso de forças naturais até então ignoradas, seja por meio de avanços na tecnologia de produção que permitem aproveitar o que antes era inutilizável ou menos utilizável. Segue-se disso que não seria suficiente que o líder da economia mundial determinasse em definitivo os locais de produção; ele teria que fazer adequações constantes de acordo com a mudança das circunstâncias, cada uma acompanhada do reassentamento de trabalhadores.

O que aconteceria no socialismo mundial ideal por ordem do diretor-geral da economia mundial é alcançado à proposição da economia mundial livre pelo reinado da concorrência. Os empreendimentos menos produtivos sucumbem aos mais produtivos. A produção primária e a indústria migram de locais com condições de menor rendimento para locais com condições mais rentáveis e, com elas, trabalhadores e capitais na medida em que sejam móveis. O resultado para o movimento dos povos é, portanto, o mesmo em ambos os casos: o fluxo populacional vai dos territórios menos férteis para os mais férteis.

Essa é a lei básica das migrações. Aplica-se, da mesma forma, à economia socialista e à economia mundial livre; é idêntica à lei sob cuja influência a distribuição da população ocorre em cada pequeno território isolado do mundo exterior. É sempre assim, embora a sua eficácia possa ser perturbada, em maior ou menor grau, por fatores extraeconômicos – por exemplo, pela ignorância das condições, por sentimentos que nos habituamos a chamar de amor à pátria ou pela influência de alguma força externa que impede a migração.

A lei da migração e da localização nos permite formar um conceito exato de superpopulação relativa. O mundo ou mesmo um país isolado do qual a emigração é impossível deve ser considerado absolutamente sobrepovoado quando o nível ideal de população – aquele ponto além do qual um aumento significaria a diminuição de bem-estar – é excedido[69].

---

69. WICKSELL. *Vorlesungen über Nationalökonomie auf Grundlage des Marginalprinzipes.* 1 v. Jena: 1913. p. 50.

Um país é relativamente sobrepovoado onde, devido ao grande tamanho da população, o trabalho deve ser realizado em condições menos favoráveis do que em outros lugares, de modo que, *ceteris paribus*, a mesma aplicação de capital e de trabalho produz retornos mais baixos. Com plena liberdade de circulação de pessoas e bens, os territórios cederiam o seu excedente populacional a outros lugares até que a desproporção desaparecesse.

Os princípios da liberdade, que gradualmente foram ganhando terreno em todos os lugares desde o século XVIII, trouxeram a possibilidade de circulação. A crescente segurança jurídica facilita o trânsito de capitais, a melhoria das instalações de transporte e a instalação em lugares longe dos pontos de consumo. Isso coincide – não por acaso – com uma grande revolução em toda a tecnologia de produção e com a inclusão de toda a superfície terrestre no comércio mundial. O mundo se aproxima gradualmente de uma condição de livre circulação de indivíduos e bens de capital. Inicia-se um grande movimento migratório. Milhões de pessoas deixaram a Europa no século XIX para encontrar novos lares no Novo Mundo e, por vezes, também no Velho. Não menos importante é a migração dos meios de produção: a exportação de capitais. O capital e o trabalho deslocam-se de territórios com condições menos favoráveis para outros mais favoráveis.

Agora, porém – como resultado de um processo histórico do passado –, a Terra está dividida entre as nações. Cada nação possui áreas definidas, habitadas exclusiva ou predominantemente pelos seus próprios membros. Apenas uma parte desses territórios acomoda exatamente a população que, em conformidade com as condições de produção, também tem plena liberdade de circulação, de modo que não ocorre nem entrada nem saída de sujeitos. Os restantes estão povoados de tal forma que, sob plena liberdade de circulação, teriam que desistir ou receber população.

As migrações, desse modo, conduzem membros de algumas nações para os territórios de outras, dando origem a conflitos particularmente graves entre os povos.

Nesse contexto, não estamos pensando em conflitos decorrentes dos efeitos secundários puramente econômicos das migrações. Nos territórios de emigração, esta aumenta a faixa salarial. Nos de imigração, reduz. Esse é um efeito secundário necessário do fluxo de trabalhadores, e não, como a doutrina social-democrata quer que se acredite, uma consequência acidental do fato de os emigrantes provirem de territórios de baixa cultura e menores salários. A motivação do emigrante é justamente, devido à relativa sobrepopulação, não conseguir obter um salário mais elevado na sua antiga pátria. Se essa razão fosse eliminada, se não houvesse diferença na produtividade do trabalho entre a Galiza e Massachusetts, então nenhum galego migraria. Se quisermos elevar os territórios europeus de emigração ao nível de desenvolvimento dos Estados orientais da União, então não há outra coisa a fazer senão deixar a emigração prosseguir até o ponto em que a relativa sobrepopulação dos primeiros e a relativa subpopulação dos últimos tenham desaparecido. É evidente que os trabalhadores americanos lamentam essa imigração da mesma forma que os empregadores europeus sentem a emigração. Mas os *junkers* a leste do Elba não pensam diferentemente sobre o êxodo rural quando o seu inquilino vai para a Alemanha Ocidental ou para a América; o trabalhador sindicalizado da Renânia está tão perturbado pela imigração das terras a leste do Elba quanto os membros de um sindicato da Pensilvânia. Em um caso, existe a possibilidade de proibir a emigração e a imigração – ou pelo menos de impedi-las. Ao mesmo tempo, no outro, tais medidas poderiam ser pensadas por, no máximo, poucos excêntricos nascidos alguns séculos tarde demais, e devem ser atribuídas ao fato de prejudicarem outros interesses além dos individuais de migração internacional.

Os emigrantes que se estabelecem em territórios anteriormente desabitados também conseguem preservar e cultivar ainda mais as suas características. O isolamento espacial pode levar os imigrantes a desenvolverem, ao longo do tempo, uma nacionalidade nova e independente. De qualquer forma, o desenvolvimento dessa independência foi mais fácil numa época em que os transportes e as comunicações ainda enfrentavam grandes dificuldades, e quando a transmissão escrita dos bens culturais nacionais era fortemente dificultada pela limitada difusão da alfabetização. Com o atual desenvolvimento dos meios de transporte e comunicação, com o grau relativamente elevado de educação popular e a ampla difusão dos monumentos da literatura, essa cisão nacional e a formação de novas culturas ficaram muito mais difíceis. A tendência dos tempos aponta para a convergência das culturas de povos que vivem distantes uns dos outros, se não até mesmo para uma fusão de nações. O vínculo de língua e cultura comuns que liga a Inglaterra aos seus domínios distantes e aos Estados Unidos da América – que, em breve, serão politicamente independentes há quase um século e meio – tornou-se não mais frouxo, mas mais estreito. Um povo que hoje envia colonos para um território desabitado pode contar com a preservação do caráter nacional por parte dos emigrantes.

Contudo, se a emigração for dirigida para territórios já habitados, então várias possibilidades passam a ser concebíveis. Pode ser que os imigrantes cheguem em tão grande número ou possuam tal superioridade em sua constituição física, moral ou intelectual que desloquem inteiramente os habitantes originais – como os índios das pradarias foram deslocados pelos "caras-pálidas" e levados à destruição – ou, pelo menos, alcancem o domínio no seu novo país – como talvez tenha sido o caso dos chineses nos Estados ocidentais da União se a legislação não tivesse restringido a sua imigração a tempo, ou dos imigrantes europeus na América do Norte e na

Austrália futuramente. As circunstâncias são diferentes se a imigração ocorre para um país cujos habitantes são superiores aos imigrantes em termos de número e organização cultural e política. Então são os imigrantes que, cedo ou tarde, terão de adotar a nacionalidade da maioria[70].

Graças às grandes descobertas desde o final da Idade Média, toda a superfície da Terra tornou-se conhecida pelos europeus. Agora, todas as opiniões tradicionais sobre a habitabilidade tiveram que mudar gradualmente. O Novo Mundo, com as suas excelentes condições de produção, atrairia colonos da antiga, e agora relativamente sobrepovoada, Europa. No início, é claro, apenas os aventureiros e os descontentes politicamente se mudavam para longe em busca de um novo lar. Os relatos dos seus sucessos atraíram cada vez mais indivíduos até que, finalmente, no século XIX, após a melhoria dos meios de transporte marítimo e o levantamento das restrições à liberdade de circulação na Europa, milhões de pessoas passaram a migrar.

Este não é o lugar para examinar como é que todas as áreas adequadas para colonização de povos europeus brancos foram ocupadas por ingleses, espanhóis e portugueses. O resultado deve ser suficiente para nós: as melhores partes da superfície da Terra

---

70. A assimilação é promovida se os imigrantes não vierem todos de uma vez, de modo que o processo de assimilação entre os primeiros imigrantes já esteja concluído ou pelo menos já esteja em andamento quando os recém-chegados chegarem.

habitáveis por brancos tornaram-se propriedade nacional inglesa e, isso, nem os espanhóis e portugueses na América, e dificilmente também os holandeses na África do Sul e os franceses no Canadá, levam em consideração. E essa consequência é extremamente importante: tornou, os anglo-saxões, a nação mais numerosa entre os povos civilizados brancos. Unindo-se ao fato de os ingleses possuírem a maior frota mercante do mundo e de administrarem as melhores áreas da zona quente como senhores políticos, levou a que a Terra hoje tivesse uma face inglesa. A língua inglesa e a cultura inglesa deixaram a sua marca nos nossos tempos.

Para a Inglaterra, isso significa, acima de tudo, que aqueles que deixam a ilha da Grã-Bretanha devido à sua relativa sobrepopulação podem, quase sempre, se estabelecer em territórios onde a língua e a cultura inglesas prevalecem. Quando um britânico vai para o estrangeiro, seja para o Canadá, ou para os Estados Unidos, ou para a África do Sul, ou para a Austrália, ele deixa de ser britânico, mas não deixa de ser anglo-saxônico. É verdade que os ingleses, até muito recentemente, não apreciavam essa situação e sequer prestavam especial atenção à emigração; enfrentavam os domínios e os Estados Unidos com indiferença, frieza e até hostilidade. Sob a influência dos esforços da Alemanha dirigidos contra eles, começaram a procurar relações econômicas e políticas mais estreitas, primeiro com os domínios e depois com os Estados Unidos. É igualmente verdade que, durante muito tempo, as outras nações – que tiveram menos sucesso na aquisição de possessões ultramarinas – prestaram tão pouca atenção a esse desenvolvimento dos assuntos como os próprios ingleses e os invejaram mais pelas suas ricas colônias tropicais, por seu comércio, colônias portuárias, e navegação, indústria e comércio do que pela posse de territórios de colonização, menos apreciados.

Só quando o fluxo de emigrantes, inicialmente originados em abundância da Inglaterra, começou a receber mais alimentos de outras áreas europeias é que as demais passaram a se preocupar com o destino nacional dos emigrantes. Percebeu-se que, enquanto os ingleses conseguiam preservar a sua língua materna, a cultura, os costumes nacionais e dos seus pais em sua nova pátria, os demais emigrantes europeus no exterior gradualmente iam deixando de ser holandeses, suecos, noruegueses etc., e se adaptando à nacionalidade do seu entorno. Essa alienação era inevitável, e ocorria mais rapidamente aqui, mais lentamente ali, mas nunca deixava de ocorrer. Os emigrantes – o mais tardar na terceira geração, a maioria já na segunda, e não raramente na primeira – tornavam-se membros da cultura anglo-saxônica. Os nacionalistas que exaltavam a grandeza da sua nação viam isso com tristeza, mas parecia-lhes que nada poderia ser feito a respeito. Fundaram associações que estabeleciam escolas, bibliotecas e jornais para os colonos a fim de impedir a alienação dos emigrantes; mas não conseguiram muito com isso.

Não havia qualquer ilusão de que as razões que levaram ao movimento eram de caráter irrefutavelmente econômicas, e que a emigração como tal não poderia ser evitada. Só um poeta como Freiligrath poderia perguntar aos emigrantes:

> Oh sprecht! warum zogt ihr von dannen?
> Das Neckartal hat Wein und Korn.
> [Ah, fale! Por que vocês indo embora estão?
> O vale do Neckar tem vinho e grão.]

O estadista e o economista sabiam muito bem que havia mais vinho e mais cereais no exterior do que em casa.

Ainda no início do século XIX, dificilmente se poderia imaginar a importância desse problema. A teoria do comércio exterior de Ricardo (1772-1823) ainda se baseava no pressuposto de que a livre circulação de capital e trabalho existe apenas dentro das fronteiras de um país, onde todas as diferenças locais nas taxas de lucro e salarial são compensadas pelos movimentos de capitais e de trabalhadores. O mesmo não acontece com a comparação de vários países. Há uma falta de liberdade de circulação, o que acabaria por fazer com que o capital e a mão de obra fluíssem do país que oferecia condições de produção menos favoráveis para aquele com meios mais favoráveis. Uma série de fatores emocionais ("que lamentaria ver enfraquecidos", o patriota e político Ricardo intervém aqui na exposição do teórico) contradizem isso. O capital e os trabalhadores permanecem no país, apesar de, com isso, sofrerem uma redução nos rendimentos, e voltam-se para os ramos de produção que têm, mesmo que não absolutamente, condições ainda relativamente mais favoráveis[71]. A base da teoria do comércio livre é o fato de o capital e o trabalho não atravessarem as fronteiras nacionais por razões não econômicas, mesmo que isso pareça vantajoso pelo prisma econômico. Isso pode ter sido, em grande parte, verdade nos dias de Ricardo, mas há muito tempo já deixou de sê-lo.

Se o pressuposto básico da hipótese sobre os efeitos do livre comércio cair, então a teoria propriamente dita desmoronará com ele. Não há razão para procurar uma diferença fundamental entre os efeitos da livre circulação nos comércios interno e no externo. Se a mobilidade do capital e do trabalho difere internamente apenas em grau entre Estados, então a teoria econômica também não pode fazer qualquer distinção fundamental entre os dois. Em vez disso, deve necessariamente chegar à conclusão de que o livre comércio tem uma tendência inerente a atrair forças de trabalho e capital para locais com condições naturais de produção mais favoráveis, sem levar em conta as fronteiras políticas e nacionais. Em última análise, portanto, deve levar a uma mudança nas condições de povoamento em toda a superfície da Terra – fluxo de capital e trabalho de países com

---

[71]. MCCULLOGH (ed.). *Principles of Political Economy and Taxation in The Works of D. Ricardo*. 2 ed. Londres: 1852. p. 76.

condições de produção menos favoráveis para países com condições mais favoráveis.

A teoria do livre comércio assim modificada, tal como a de Ricardo, também chega à conclusão de que, do ponto de vista puramente econômico, não há nada contra o livre comércio e tudo contra o protecionismo. Mas uma vez que conduz a resultados bastante diferentes no que diz respeito ao efeito do livre comércio nas transferências locais de capital e trabalho, oferece um ponto de partida bastante diferente para examinar as razões extraeconômicas contrárias ao sistema de proteção.

Se nos ativermos à suposição de Ricardo de que o capital e o trabalho não são impelidos a se deslocar para o estrangeiro, mesmo em condições de produção mais favoráveis, então as mesmas aplicações de capital e trabalho conduzem a resultados diferentes em cada país. Existem nações mais ricas e mais pobres. As intervenções de política comercial não podem mudar nada a esse respeito. Elas não podem tornar mais ricos os mais pobres. O protecionismo das mais ricas, contudo, parece completamente sem sentido. Se abandonarmos essa suposição de Ricardo, então veremos prevalecer, em todo o mundo, uma tendência para equalizar a taxa de ganhos de capital e de salários. Em última análise, não existem nações mais pobres e mais ricas, apenas países mais e menos densamente povoados e cultivados.

Não pode haver dúvida de que Ricardo e a sua escola não teriam proposto outra coisa senão uma política de comércio livre, mesmo que não fossem capazes de ignorar a constatação de que as tarifas protetoras não eram a forma de sair dessas dificuldades. Para a Inglaterra, porém, esse problema nunca existiu. A sua rica posse de territórios para colonização faz com que a emigração pareça nacionalmente indiferente. Os emigrantes britânicos podem manter o seu caráter nacional mesmo longe – deixam de ser ingleses e escoceses, e continuam a ser anglo-saxões – e a guerra mostrou, mais uma vez, o que isso significa politicamente.

Para o povo alemão, porém, as coisas são diferentes. Por razões que remontam há muito tempo, esta nação não tem à sua disposição territórios para povoamento onde os emigrantes possam preservar as suas características. A Alemanha está relativamente sobrepovoada; mais cedo ou mais tarde, terá que desistir do seu excedente populacional, e, se por uma razão ou outra, não puder ou não quiser fazê-lo, então o nível de vida dos alemães terá de sofrer. Se, no entanto, os alemães emigrarem, então perderão a sua etnia, se não na primeira geração, na segunda, terceira ou, no máximo, na quarta.

Esse foi o problema que a política alemã enfrentou após o estabelecimento do Império Hohenzollern. O povo lidou com uma daquelas grandes decisões que uma nação não tem que frequentemente tomar. Foi desastroso que a solução para esse grande problema se tornasse urgente antes que outro, não menos relevante, fosse resolvido: o estabelecimento do Estado nacional alemão. Mesmo que apenas para compreender uma questão dessa importância e dessa gravidade histórica em todo o seu escopo, seria necessária uma geração que pudesse decidir o seu destino sem medo e livremente. Isso, porém, não foi permitido ao povo alemão do Grande Império Prussiano, súdito dos vinte e dois governantes federados. Também em questões como essas, o povo não tomou o seu destino nas próprias mãos – deixou a decisão mais importante para os generais e diplomatas e seguiu cegamente seus líderes, sem perceber que estava sendo levado ao abismo. O fim foi a derrota.

Já no início da década de 1830, a Alemanha tinha começado a se preocupar com o problema da emigração. Por vezes, os próprios emigrantes fizeram a tentativa frustrada de estabelecer um Estado alemão na América do Norte. Em outras, os alemães em casa tentaram assumir o controle da organização da emigração. Não é surpreendente que esses esforços não levaram ao sucesso. Como poderia a tentativa de estabelecer um novo Estado ter sucesso para os alemães, os quais, no seu próprio país, não foram sequer capazes de transformar a lamentável multiplicidade de várias dezenas de principados patrimoniais, com os seus enclaves, as suas filiações hereditárias e as suas leis de família, em um Estado nacional? Como poderiam os alemães encontrar forças para se afirmar no mundo entre os ianques e os crioulos[72],

---

72. Descendente de europeus nascido nas antigas colônias europeias. Informação retirada de https://dicionario.priberam.org/crioulo. (N. T.)

quando em casa nem sequer foram capazes de pôr fim ao governo ridículo dos tronos em miniatura dos governantes de Rusin e de Schwarzburg? Onde deve o sujeito alemão obter o discernimento exigido pela grande política, uma vez que foi negado a ele, em casa, "aplicar as ações do chefe de Estado à escala de sua visão limitada?"[73]

Em meados da década de 1870, o problema da emigração adquiriu tal relevância que a sua solução já não podia ser adiada. O importante não era que a emigração continuasse a crescer. Segundo dados dos Estados Unidos, a imigração de alemães para lá (excluindo austríacos) aumentou de 6.761, na década de 1821 a 1830, para 822.007, na década de 1861 a 1870. Entretanto, logo após 1874, ocorreu um declínio – embora, a princípio, apenas temporário. Muito mais importante foi o fato de se ter tornado cada vez mais claro que as condições de produção na Alemanha eram tão desfavoráveis para a agricultura e para os ramos mais importantes da indústria que a concorrência com países estrangeiros já não era possível. A extensão da rede ferroviária na Europa Oriental e o desenvolvimento da navegação marítima e fluvial tornaram possível importar produtos agrícolas para a Alemanha em quantidades tais e a preços tão baixos que a continuação da existência da maior parte

---

73. Conforme o decreto de 15 de janeiro de 1838 do Ministro do Interior da Prússia, v. Rochow, reimpresso no *Gesammelte Schriften* de Prince-Smith (1880, v. 3, p. 230).

das unidades agrícolas estava seriamente ameaçada. Trata-se de um país importador de centeio desde a década de 1850, e de trigo desde 1875. Várias indústrias, especialmente a do ferro, da mesma forma tiveram de enfrentar dificuldades crescentes.

É claro onde estão as causas, mesmo que as pessoas da época tenham sentido isso apenas vagamente. A superioridade das condições naturais de produção dos estrangeiros tornou-se ainda mais evidente à medida que o desenvolvimento contínuo dos meios de transporte barateava as taxas de frete. Tentou-se explicar a menor capacidade competitiva de outra forma e, como é típico da discussão dos problemas de política econômica na Alemanha ao longo das últimas décadas, os sujeitos preocuparam-se predominantemente com questões secundárias não essenciais, ignorando completamente a grande importância dos princípios do problema.

Se tivessem reconhecido o significado fundamental desses pontos, e compreendido a interligação mais profunda das coisas, teriam que dizer que a Alemanha estava relativamente sobrepovoada e que, para restaurar uma distribuição da população por toda a superfície da Terra correspondente às condições da produção, parte dos alemães teria que emigrar. Quem não partilhasse das preocupações da política nacional sobre um declínio no tamanho da população – ou mesmo sobre o fim do seu crescimento – teria ficado satisfeito com essa avaliação. Em qualquer caso, consolar-se-ia com o fato de que ramos individuais de produção se deslocariam parcialmente para o exterior, de tal forma que os empresários alemães abririam negócios no exterior e sua renda seria consumida no Reich Alemão – aumentaria a liberdade e alimentaria do povo.

O patriota que vê o seu ideal no grande número de indivíduos teria que reconhecer para si mesmo que o seu objetivo não poderia ser alcançado sem uma redução da qualidade de vida da nação, a menos que fosse criada a possibilidade, por meio da aquisição de colônias para povoamento, de reter parte do excedente dentro do país, apesar de sua emigração do país natal. Ele teria então que concentrar todas as suas forças na aquisição de terras para assentamentos. Em meados da década de 1870 – e mesmo na década seguinte –, as condições ainda não eram tais que não fosse possível atingir esse objetivo. Em todo caso, só poderia ter sido alcançado em aliança com a Inglaterra. Naquela época, e durante muito tempo depois, este país ainda era perturbado por uma grande preocupação: o medo de que suas possessões indianas pudessem ser seriamente ameaçadas pela Rússia. Por isso, era necessário um aliado que estivesse em posição de manter a Rússia sob controle. Somente o Reich Alemão poderia ter feito isso; era forte o suficiente para garantir a posse da Índia por parte da Inglaterra e a Rússia jamais pensaria em atacar aquela colônia enquanto não estivesse segura na sua fronteira ocidental com a Alemanha[74]. A Inglaterra poderia ter dado uma grande compensação por essa garantia, e certamente a teria dado. Talvez tivesse cedido à Alemanha as suas extensas possessões sul-africanas que, naquele momento, tinham apenas uma colônia anglo-saxônica muito reduzida.

Talvez também tivesse ajudado a Alemanha a obter um território maior para colonização no Brasil, na Argentina ou no oeste do Canadá. Afinal, se isso poderia ser alcançado é, pelo menos, duvidoso[75].

Mas é certo que, se naquela altura tivesse conseguido algo nesse sentido, só poderia tê-lo feito em aliança com a Inglaterra. O Grande Império Prussiano dos *junkers*, a leste do Elba, contudo, não queria nenhuma aliança com a Inglaterra liberal. Por razões de política interna, a Liga dos Três Imperadores [Alemanha, Áustria-Hungria e Rússia], continuação da Santa Aliança[76], parecia ser a única união adequada na qual poderia entrar. Quando finalmente se mostrou

---

74. Para afastar qualquer mal-entendido, note-se expressamente que não há aqui qualquer intenção de tomar uma posição sobre a questão que foi muito discutida na Alemanha – se a orientação "ocidental" ou "oriental" da política alemã deveria ser preferida. Ambas tinham uma mentalidade imperialista, ou seja, a questão era se a Alemanha deveria atacar a Rússia ou a Inglaterra. Caso tivesse unido forças com a segunda, adotando uma estratégia defensiva contra a Rússia, a guerra nunca teria ocorrido.
75. Mas note-se que a Inglaterra, até à eclosão da [Primeira] Guerra Mundial, fez repetidas tentativas de estabelecer negociações pacíficas com a Alemanha e estava pronta a comprar a paz, mesmo ao preço de ceder algumas terras.
76. A liga pós-napoleônica dos soberanos da Rússia, Prússia e Áustria. (N. T.)

insustentável e o Império Alemão, confrontado com a necessidade de escolher um de lados na disputa entre Rússia e Áustria-Hungria, decidiu unir forças com a Áustria, Bismarck ainda procurava repetidamente manter uma relação amigável com a Rússia. Desse modo, a oportunidade de adquirir um grande território para colonização permaneceu não aproveitada.

Em vez de procurar, em aliança com a Inglaterra, negociar uma colônia para assentamento, o Império Alemão fez a transição para tarifas protecionistas a partir de 1879. Como sempre acontece nos grandes momentos decisivos da política, não se enxergou nem o significado mais profundo do problema nem o da nova política adotada. Para os liberais, a tarifa protecionista parecia um retrocesso temporário a um sistema ultrapassado. Os praticantes do realismo político, essa miscelânea de cinismo, insensatez e egoísmo flagrantes, avaliaram a política meramente do ponto de vista dos seus próprios interesses, como um aumento no rendimento dos proprietários de terras e empresários. Os sociais-democratas trouxeram à tona as suas memórias desbotadas de Ricardo; a adesão doutrinária ao ensinamento marxista impediu-os de adquirir um conhecimento mais profundo das coisas, o que não teria sido difícil com tal líder. Só muito mais tarde e, ainda assim, apenas de forma hesitante, é que os indivíduos passaram a compreender o grande significado daquela reviravolta política – e não só para o povo alemão, mas para todos os outros[77].

O que havia de mais notável na política tarifária protecionista do Império Alemão era a falta de qualquer justificação mais profunda. Para o realista político, estava suficientemente explicado pela obtenção de uma maioria no parlamento. Qualquer fundamento teórico para a teoria tarifária protecionista, entretanto, parecia muito ruim. O apelo à teoria de List de uma tarifa para a indústria nascente simplesmente não resistiu. Não constitui uma refutação do argumento do livre comércio afirmar que o sistema de proteção coloca em uso forças produtivas ociosas. O fato de não passarem a ser utilizadas indiscriminadamente só confirma que o seu uso é menos produtivo do que o das forças em seu lugar.

A tarifa da indústria nascente também não pode ser economicamente justificada. As antigas têm vantagem sobre as jovens em muitos aspectos, e o surgimento dessas será considerado produtivo do ponto de vista geral apenas quando a sua menor produtividade for compensada por um crescimento posterior. Entretanto, então, os novos empreendimentos não são apenas produtivos do ponto de vista econômico,

---

77. Quando Lensch (*Drei Jahre Weltrevolution,* 1917, p. 28) designa a mudança na política comercial de 1879 como um dos fundamentos mais profundos da revolução mundial de hoje, então certamente devemos concordar com ele, mas por motivos bem diferentes do que aqueles que ele aduz. Tendo em conta os acontecimentos ocorridos nesse ínterim, já não vale a pena refutar as suas futuras discussões.

mas também lucrativos do ponto de vista privado; eles seriam trazidos à existência mesmo sem financiamento. Toda empresa recém-criada espera esses custos iniciais que deverão ser cobrados mais tarde. Em contrapartida, é indefensável citar o fato de quase todos os Estados terem apoiado a ascensão da indústria por meio de tarifas protetoras e outras medidas protecionistas. Permanece em aberto a questão de saber se o desenvolvimento de indústrias viáveis teria prosseguido mesmo sem tal incentivo. Dentro dos territórios nacionais, as mudanças de localização ocorrem sem qualquer ajuda externa. Onde antes não as tinham, vemos surgir indústrias que não só se mantêm com sucesso ao lado daquelas dos territórios industriais mais antigos, mas que, não raramente, as expulsam completamente do mercado.

Nenhuma das tarifas alemãs, aliás, poderia ser chamada de tarifa da indústria nascente – nem sobre os cereais, nem sobre o ferro, nem qualquer uma das várias centenas de outras tarifas protecionistas podem receber esse nome. E List jamais defendeu nada além das tarifas da indústria nascente – ele era fundamentalmente um defensor do livre comércio.

Além disso, o estabelecimento de uma teoria tarifária protetora nunca sequer foi tentado na Alemanha[78]. As discussões prolixas e contraditórias sobre

---

78. Schuller, em *Schutzzoll und Freihandel* (1905), apresenta uma teoria da fixação, a favor da tarifa protecionista.
MISES. Vom Ziel der Handelspolitik. *In: Archiv für Sozialwissenschaft und Sozialpolitik.* 42 v. 1916/1917. p. 562.

a necessidade de proteger todo o trabalho nacional e uma tarifa abrangente não podem reivindicar esse nome. Elas, certamente, indicam a direção na qual se devem procurar as razões para a política tarifária; contudo não podiam ser adequadas para examinar a questão de saber se os objetivos pretendidos também poderiam realmente ser alcançados por esses meios justamente porque renunciavam antecipadamente a qualquer linha de pensamento econômico, e eram orientadas puramente pela política de poder.

Dos argumentos dos defensores das tarifas protecionistas, devemos, em primeiro lugar, deixar de lado o militar – ou, como se costuma dizer agora, o da "economia de guerra" – relativamente à autarquia em caso de batalhas. Será discutido mais tarde. Todos os outros argumentos partem do fato de que as condições naturais para grandes e importantes ramos de produção são mais desfavoráveis na Alemanha do que em outros territórios, e que as desvantagens naturais devem ser compensadas por tarifas protetoras para que a produção tenha lugar. Para a agricultura, só poderia ser uma questão de manter o mercado interno. Para a indústria, apenas de manter os externos, objetivo que só poderia ser alcançado por meio do *dumping* [venda a preços baixos] por parte de ramos de produção cartelizados sob a proteção de tarifas. Sendo um país relativamente sobrepovoado que

---

PHILIPPOVICH. *Grundriss der politischen Ökonomie*. 2 v. 1ª parte. 7. ed. Tübingen: 1914. p. 359.

trabalhava em condições mais desfavoráveis do que os estrangeiros numa série de ramos, teve que optar por exportar bens ou pessoas. Decidiu pelo primeiro. Contudo, ignorou o fato de que só é possível se competir com condições de produção mais favoráveis, isto é, se, apesar dos custos mais elevados, os produtos acompanharem os preços baratos dos países que produzem a custos mais baixos. Isso significa, no entanto, pressionar para baixo os salários dos trabalhadores e o nível de vida de todo o povo.

Durante anos, as pessoas na Alemanha puderam se deixar levar por ilusões extremas a esse respeito. Para compreender essa interligação de coisas, teríamos que pensar em termos econômicos, e não de estatismo e de política de poder. Mas, a certa altura, no entanto, acabou ficando evidente a todos, com uma lógica irrefutável, que o sistema tarifário protetor acabaria fracassando ao final. Alguém poderia se enganar sobre prejudicar a prosperidade relativa do povo alemão enquanto ainda se pudesse observar um crescimento absoluto da riqueza nacional. Mas os mais atentos à evolução econômica mundial não deixaram de expressar as suas preocupações sobre o desenvolvimento futuro do comércio externo alemão. O que aconteceria às exportações de produtos de base se uma indústria independente se desenvolvesse nos países que ainda formavam o mercado, e estivessem em condições mais favoráveis?[79]

A partir dessa situação, acabou se desenvolvendo no povo alemão o desejo por grandes possessões para colonização e territórios tropicais que pudessem fornecer matérias-primas à Alemanha. Porque a Inglaterra impediu a realização dessas intenções, porque ela tinha amplos territórios à sua disposição nos quais os alemães poderiam ter se estabelecido e porque possuía grandes colônias tropicais, surgiu o desejo de atacar o país e derrotá-lo na guerra. Essa foi a ideia que levou à construção da frota de batalha alemã.

A Inglaterra reconheceu o perigo a tempo. Primeiro, visou a um acordo pacífico com a Alemanha, disposta a pagar um preço alto por isso. Quando essa intenção foi frustrada devido à resistência da política alemã, ela preparou-se em conformidade. Estava firmemente determinada a não esperar até que a Alemanha tivesse uma frota superior à sua. Pretendendo travar a guerra mais cedo, recrutou aliados contra ela. Quando a Alemanha entrou em guerra com a Rússia e a França em 1914 por causa de assuntos dos Balcãs, a Inglaterra também se envolveu e lutou. Sabia que, no caso de uma vitória alemã, teria de enfrentá-la sozinha dentro de alguns anos. A frota de batalha alemã deveria enfrentar a Inglaterra antes de alcançar superioridade sobre esta, pois os ingleses sabiam

---

79. Conforme, de uma vasta literatura, Wagner, *Agrar- und Industriestaat* (2. ed.).

que os navios alemães não seriam usados para outra coisa a não ser atacar sua frota e sua costa. O pretexto com que a Alemanha procurou esconder as intenções últimas que tinha ao organizar-se foi o de que precisava de uma frota poderosa para proteger o seu próprio comércio marítimo. Os ingleses sabiam o que fazer com isso. Antigamente, quando ainda havia piratas, navios mercantes nos mares ameaçados precisavam da proteção de cruzadores. Desde o estabelecimento da segurança no mar (aproximadamente desde 1860) isso já não era necessário. A construção de uma frota de combate que só pudesse ser utilizada em águas europeias não poderia ser explicada pelo desejo de proteger o comércio.

Também é facilmente compreensível por que, desde o início, quase todos os Estados do mundo simpatizaram com a Inglaterra contra a Alemanha – a maioria tinha que temer a fome colonial dela. Apenas algumas nações da Europa estavam em uma situação semelhante, na medida em que só poderiam alimentar a sua população nos seus próprios territórios em condições menos favoráveis do que as encontradas no resto do mundo. A essas pertencem, em primeiro lugar, os italianos e os tchecos – e o fato de essas duas nações também estarem ao lado dos adversários da Alemanha e da Áustria foi obra desta última[80].

---

80. O fato de o Japão e a China também estarem contra nós deve ser atribuído à desastrosa política de Chiao-chou. [Na época da guerra de 1914-18, tanto a China quanto o Japão nutriam ressentimentos em relação à Alemanha. Depois de dois missionários alemães terem sido

A guerra foi travada, e nós a perdemos. A economia alemã foi completamente arrasada pela longa "economia de guerra"; além disso, terá que suportar pesados encargos de reparações. Mas as repercussões sobre sua posição econômica global devem parecer muito piores do que todas essas consequências imediatas. Ela pagou pelo fornecimento de matérias-primas das quais depende, em parte, por meio da exportação de produtos manufaturados e, em parte, por meio dos rendimentos das suas empresas estrangeiras e capitais estrangeiros. Isso já não será mais possível no futuro. Durante a guerra, os ativos estrangeiros dos alemães foram expropriados ou utilizados no pagamento da importação de diversos bens. A exportação de produtos manufaturados, porém, encontrará dificuldades extremas. Muitos mercados de vendas foram perdidos e não será fácil reconquistá-los.

A guerra também não criou nenhuma situação nova, apenas acelerou um desenvolvimento que teria ocorrido sem ela – o obstáculo ao comércio deu vida a novas indústrias nos antigos mercados – que teriam surgido mais tarde, mesmo sem o combate. Agora, uma vez que estão presentes e operando em

---

mortos em 1897 por uma multidão na cidade portuária de Chiao-chou, a Alemanha enviou a sua marinha, capturou Chiao-chou e impôs à China um arrendamento de 99 anos para o porto e a baía. Pouco depois de o Japão ter adquirido a península de Liaodong, com os portos de Dairen e Port Arthur, ao derrotar a China na Guerra Sino-Japonesa de 1894-1895, ele foi forçado pela Alemanha, Rússia e França a devolvê-la à China.]

condições mais favoráveis do que as empresas alemãs, representarão uma forte concorrência às exportações. O povo alemão será obrigado a reduzir o seu consumo. Terá que trabalhar por valores mais baixos, isto é, viver pior do que outros povos. Todo o nível da cultura alemã ficará esmagado – afinal, cultura é riqueza. Nunca houve cultura sem prosperidade e abastança.

É verdade que a emigração ainda permaneceria aberta. Mas os habitantes dos territórios não querem admitir quaisquer imigrantes alemães. Eles temem ser superados em número, temem a pressão que a imigração exerceria sobre os salários. Ainda muito antes da guerra, Wagner (1835-1917) já se referia ao fato de que, com exceção dos judeus, apenas o povo alemão,

> que está alastrado por quase toda a superfície terrestre, fragmentado entre tantos povos, com indivíduos espalhados entre outros povos civilizados e nações. Muitas vezes, constituem um elemento muito capaz, até mesmo uma espécie de fertilizante cultural, embora raramente estejam em posições de liderança, mais frequentemente são homens e mulheres em posições médias a inferiores[81].

Ele acrescentou que a "diáspora alemã" não era muito mais popular, embora mais respeitada, do que a dos judeus e armênios e é, muitas vezes, sujeita a uma antipatia igualmente forte por parte da

---
81. WAGNER, *op. cit.*, p. 81.

população nativa. Como serão as coisas agora, depois da guerra? Podemos avaliar plenamente os danos que o afastamento dos princípios da política liberal causou ao povo alemão. Quão completamente diferentes seriam hoje as posições da Alemanha e da Áustria se não tivessem empreendido o fatídico regresso a tarifas protecionistas! É claro que o tamanho da população não seria tão grande como é hoje, mas um número menor poderia viver e trabalhar em condições tão favoráveis como as dos outros países do mundo. O povo alemão seria mais rico e feliz do que é hoje; não teria inimigos nem invejosos. Fome e anarquia – esse é o resultado de políticas protecionistas.

O resultado do imperialismo alemão, que mergulhou o povo em uma miséria amarga e o transformou num pária, mostra que aqueles cuja liderança seguiu na última geração não estavam no caminho certo. Nem fama, nem honra, nem riqueza, nem felicidade seriam encontradas nesse caminho. As ideias liberais (pré-Revolução Francesa) de 1789 não teriam levado o povo alemão à posição que hoje ocupa. Os homens do Iluminismo, atualmente recriminados pela falta de sentimento de Estado[82], não compreenderam melhor o que é bom para o povo alemão e para o mundo inteiro?

---

82. SPRENGEL. *Das Staatsbewusstsein in der deutschen Dichtung seit Heinrich von Kleist.* Leipzig: 1918. p. 8.

Mais claramente do que todas as teorias poderiam fazer, o curso da história mostra que o patriotismo corretamente compreendido leva ao cosmopolitismo, que o bem-estar de um povo não reside na derrubada de outros, mas na colaboração pacífica. Tudo o que o povo alemão possuía, a sua cultura intelectual e material, foi sacrificado inutilmente a um fantasma, para benefício de ninguém e para seu próprio prejuízo.

Um povo que acredita em si mesmo e no seu futuro, um povo que pretende suscitar o sentimento seguro de que os seus membros estão ligados uns aos outros não apenas pela coincidência de nascimento, mas também pela posse comum de uma cultura sobretudo valiosa, e que pertence a cada um deles, seria necessariamente capaz de suportar com indiferença o trânsito de sujeitos para outras nações. Um povo consciente do seu próprio valor abster-se-á de deter à força aqueles que quisessem se afastar e de incorporar à força na comunidade nacional aqueles que não se juntassem a ela por sua própria vontade. Permitir que o apelo da própria cultura se prove na livre concorrência com outras nações é a única coisa digna de uma nação orgulhosa – já seria uma verdadeira política nacional e cultural. E isso não requer meios de poder e governo político.

O fato de povos favorecidos pelo destino possuírem vastos territórios de colonização não poderia fornecer uma razão válida para a adoção de uma política diferente. É verdade que essas possessões não foram tomadas com discursos gentis, e só podemos pensar com horror e raiva nos temíveis assassinatos em massa que prepararam a base para muitos dos assentamentos coloniais que hoje florescem. Mas todas as outras páginas da história mundial também foram escritas com sangue, e nada é mais tolo do que os esforços para justificar o imperialismo de hoje – com todas as suas brutalidades – apontando para as atrocidades de gerações há muito passadas. É preciso que se reconheça que o tempo das expedições de conquista já passou e que hoje, pelo menos, não é mais aceitável usar a força contra os povos da raça branca. Quem quisesse contradizer esse princípio do direito político mundial moderno, reflexo das ideias liberais da época do Iluminismo, teria de se opor a todos os outros povos do mundo. Foi um erro fatal tentar uma nova divisão da Terra com canhões e couraçados.

Os povos que sofrem de relativa superpopulação nos seus países de origem já não podem utilizar hoje os meios de socorro que eram comuns na época das migrações. A sua exigência deve ser a plena liberdade de emigração e imigração, e a livre circulação de capitais. Só assim poderão alcançar as condições econômicas mais favoráveis para os seus concidadãos.

É claro que o conflito entre as nações pelo Estado e pelo governo não pode desaparecer completamente dos territórios poliglotas, mas irá se tornar menos grave à medida que as funções do Estado forem sendo restringidas e a liberdade do indivíduo ampliada. Quem deseja a paz entre os povos deve combater o estatismo.

(C) *A RAÍZES DO IMPERIALISMO*

É hábito procurar as raízes do imperialismo moderno no desejo de territórios para assentamentos e colônias para exploração. Essa interpretação o representa como uma necessidade econômica. Podemos ver melhor que essa interpretação é inadequada se considerarmos a forma como o liberalismo se posiciona sobre o mesmo problema. A sua máxima é liberdade de movimento. Ao mesmo tempo, mostra-se avesso a todos os empreendimentos coloniais. A escola liberal provou, de modo irrefutável, que o livre comércio, e apenas ele, parece justificado do ponto de vista puramente econômico, que só ele garante os melhores cuidados para todos e a maior produção ao menor custo.

Esse dogma liberal também não pode ser abalado pela afirmação – cuja correção queremos deixar em aberto – de que há povos que não estão preparados para o autogoverno, e nunca estarão. Essas raças inferiores teriam que ser politicamente governadas pelas superiores sem que isso, de forma alguma, restringisse a liberdade econômica. Foi assim que os ingleses encararam, durante muito tempo, o seu domínio na Índia. Assim foi concebido o Estado Livre do Congo: porta aberta para a atividade econômica de todas as nações em livre concorrência tanto com os membros da raça dominante quanto com os nativos. Que a prática da política colonial se desvie desse ideal; que novamente veja os nativos como um meio, e não como um fim por direito próprio; que ela – sobretudo os franceses, com seu sistema de assimilação da política comercial – exclua dos territórios coloniais todos os que não pertencem à nação dominante, é apenas uma consequência das linhas de pensamento imperialistas. Mas de onde vem isso? Podemos encontrar uma motivação individualista para o imperialismo. Diz respeito às condições dos territórios com população mista. Aí, as consequências da aplicação do próprio princípio democrático conduziriam inevitavelmente a um nacionalismo militante e agressivo. E a situação não é diferente nos lugares para onde o fluxo de imigração se dirige hoje. Nesses, o problema das línguas misturadas surge reiteradamente, assim como o nacionalismo imperialista. Assim, na América e na Austrália, vemos crescerem os esforços para restringir a imigração indesejada de cidadãos estrangeiros, esforços que surgiram do medo de sermos dominados por eles em nosso próprio país. Ao mesmo tempo, surgiu o medo de que os imigrantes de origem estrangeira já não pudessem ser completamente assimilados.

Sem dúvida, foi a partir desse ponto que o renascimento do pensamento imperialista veio à luz e o seu espírito gradualmente foi minando toda a estrutura de pensamento liberalista até que, finalmente, substituiu a justificativa individualista da qual se originou por uma base coletivista. A ideia do liberalismo baseia-se na liberdade do indivíduo; rejeita qualquer dominação de uma parte do povo sobre o resto; não conhece povos senhores nem subjugados – assim como não distingue senhores e servos dentro da própria nação. Já para o imperialismo plenamente desenvolvido, o indivíduo não tem valor senão como membro do todo, soldado de um exército. Para o liberalismo, o número de compatriotas não é uma questão excessivamente importante, diferente do imperialismo, que se esforça pela grandeza numérica da nação. Para realizar conquistas e mantê-las é preciso vantagem militar, e a sua importância depende sempre do número de combatentes que se tem disponíveis. Alcançar e manter uma grande população torna-se, assim, um objetivo especial da política. O democrata luta por um Estado nacional unificado porque acredita ser essa a vontade da nação. O imperialista quer um Estado tão grande quanto possível, e não se importa se isso corresponde ao desejo dos povos[83].

O Estado popular imperialista pouco difere do antigo monárquico na sua concepção de governo e fronteiras. Tal como o último, não conhece outros limites para a expansão do seu domínio além daqueles traçados pela oposição de um poder igualmente

---

[83]. Temos visto como a luta pelo Estado nacional unificado origina-se do desejo dos povos. O imperialismo interpreta a questão de outra forma. Para ele, a ideia do Estado unificado é um título legal para as anexações. Assim, os pan-alemães queriam anexar os cantões alemães da Suíça e até mesmo dos Países Baixos contra a vontade destes.

forte. Até mesmo a sua sede por conquistas é ilimitado. Não quer ouvir nada sobre o direito dos povos. Se "precisar" de um território, então simplesmente o toma e, sempre que possível, exige que os subjugados considerem isso justo e razoável. Os povos estrangeiros não são, aos seus olhos, sujeitos, mas objetos de política. Exatamente como o Estado monárquico pensava, são coisas que pertencem ao país onde vivem. É por isso que expressões que se acreditava esquecidas reaparecem no discurso imperialista moderno. Fala-se novamente sobre "fronteiras geográficas"[84], sobre a necessidade de usar um pedaço de terra como "zona tampão"; limites são novamente suavizados, e territórios estão sendo trocados e vendidos por dinheiro.

Essas doutrinas são comuns a todos os povos hoje. Os ingleses, franceses e americanos que marcharam para combater o imperialismo não são menos imperialistas do que os alemães. É claro que diferem da Alemanha de antes de novembro de 1918

---

84. A resposta do princípio da nacionalidade à teoria das fronteiras geográficas naturais foi dada por Arndt quando ele explicou que "a fronteira natural mais válida é feita pela linguagem" (*Der Rhein. Deutschlands Strom aber nicht Deutschlands Grenze*, 1813, p. 7). Depois, foi apropriadamente formulada por J. Grimm quando ele fala da "lei natural [...] que nem os rios nem as montanhas constituem as fronteiras dos povos e que, para um povo que se moveu sobre montanhas e rios, só a sua própria língua pode estabelecer a fronteira" (*op. cit.*, p. 557). Como se consegue derivar do princípio da nacionalidade a exigência de anexação dos territórios "dos povos pequenos e inviáveis, especificamente daqueles incapazes de terem o seu próprio Estado" pode ser visto em Hasse (*Deutsche Politik*. 1 v. 3ª parte. Munique: 1906. p. 393).

num ponto importante: enquanto os outros levaram os seus esforços imperialistas apenas contra os povos dos trópicos e subtrópicos, e trataram aqueles da raça branca em conformidade com os princípios da democracia moderna, os alemães, precisamente devido à sua posição nos territórios poliglotas da Europa, dirigiram a sua política imperialista também contra os europeus[85]. As grandes potências coloniais na Europa e na América aderiram ao princípio democrático-pacifista da nacionalidade e apenas seguiram com o imperialismo em relação aos africanos e asiáticos. Não entraram, portanto, em conflito com o princípio da nacionalidade dos povos brancos, como fizeram os alemães, que também tentaram expandir seu imperialismo em toda a Europa.

Para justificar a aplicação da lógica imperialista na Europa, a teoria alemã viu-se obrigada a combater o princípio da nacionalidade e a substituí-lo pela doutrina do Estado consorciado. Diz-se que os países pequenos já não têm qualquer justificativa para a sua existência hoje em dia, que são muito fracos para formar um território econômico independente. Supõe-se, portanto, que necessariamente devem procurar ligações com os maiores, a fim de formarem uma "comunidade econômica e protecionista"[86].

---

85. Somente ao impedir a imigração é que o imperialismo por parte dos anglo-saxões opera também contra os brancos.
86. NAUMANN. *Mitteleuropa*. Berlin: Georg Reimer, 1915. p. 164.
MEREDITH (trad.). *Central Europe*. Nova York: Knopf, 1917. p. 179.

Se isso significa apenas que os Estados pequenos dificilmente são capazes de oferecer resistência suficiente à sede de conquista dos seus vizinhos mais poderosos, bem, ninguém pode contradizer isso. Eles não podem, de fato, competir com os grandes no campo de batalha; na hipótese de uma guerra entre eles e qualquer potência, sucumbirão – a menos que chegue ajuda externa. E essa colaboração raramente falta. É fornecida por maiores e menores, não por solidariedade ou por princípio, mas perseguindo seus próprios interesses.

Na verdade, vemos que os Estados pequenos se mantiveram durante séculos tão bem como as grandes potências. O desenrolar da [Primeira] Guerra Mundial mostra que, mesmo hoje em dia, em última análise, eles nem sempre se revelam os mais fracos. Mesmo se tentarmos persuadi-los a juntar-se a um maior através de ameaças, ou os forçarmos a submeter-se pela força das armas, isso não é prova da afirmação de que "o tempo está trabalhando contra as pequenas soberanias dos Estados"[87]. Essa frase não é menos verdadeira ou falsa hoje do que foi nos dias de Alexandre, *o Grande*, de Tamerlão (1336-1405) ou de Napoleão. As ideias políticas dos tempos modernos

---

MITSCHERLICH. *Nationalstaat und Nationalwirtschaft und ihre Zukunft*. Leipzig: 1916. p. 26.
Sobre outros escritores da mesma orientação, conforme:
ZURLINDEN. *Der Weltkreig. Vorläufige Orientierung von einem schweizerischen Standpunkt aus*. 1 v. Zurich: 1917. p. 393.
87. RENNER. *Österreichs Erneuerung*. 3 v. Viena: 1916. p. 65.

fazem com que a existência de uma nação pequena pareça hoje mais segura do que nos séculos anteriores. O fato de as Potências Centrais terem obtido vitórias militares sobre uma série de pequenas durante a [Primeira] Guerra Mundial não nos dá, de forma alguma, o direito de declarar que "um Estado de pequena escala" está hoje tão obsoleto como uma siderúrgica de pequena escala. Quando Renner, referindo-se às vitórias militares das tropas alemãs e austríacas sobre os sérvios, pensa que se pode descartar o princípio da nacionalidade com a expressão marxista "as condições materiais do Estado estão em rebelião contra seu ideal – um conflito conceitual que, na prática, tem uma consequência trágica para as pessoas e para o Estado"[88], ele está, portanto, ignorando o fato de que a fraqueza militar também poderia ser ruinosa para os pequenos há milhares de anos.

A afirmação de que todos os pequenos sobreviveram é ainda apoiada por Naumann (1860-1919), Renner e seus seguidores quando dizem que um Estado deve, pelo menos, possuir território suficiente para uma economia autossuficiente. Que isso não é verdade já está claro pelo que foi dito acima. O ponto de vista da autossuficiência econômica não pode ser mencionado na construção do Estado numa época em que a divisão do trabalho abrange vastas extensões de terra – continentes inteiros, o mundo inteiro. Não faz diferença se os habitantes de um país

---

88. *Ibid.*, p. 66.

satisfazem as suas necessidades direta ou indiretamente por meio da produção interna; o que importa é apenas que eles possam fazê-lo. Quando Renner confrontou as nações austríacas individuais que lutavam pela independência política com a questão de onde obteriam este ou aquele artigo depois de terem sido separadas do Estado austro-húngaro, essa foi uma pergunta absurda. Mesmo quando a estrutura estatal era unificada, eles não obtiveram esses bens de graça, mas apenas em troca de algo de valor equivalente, que não aumenta se a comunidade política se desintegrar. Essa objeção só teria sentido se vivêssemos numa época em que o comércio entre Estados fosse impossível.

A dimensão do território, portanto, não importa, mas saber se o Estado é viável quando a sua população é pequena. Deve-se, agora, notar que os custos de muitas atividades estatais são maiores nos pequenos do que nos grandes. Os Estados anões, dos quais ainda temos alguns na Europa – como Liechtenstein, Andorra e Mônaco –, só podem organizar os seus sistemas judiciais por níveis de jurisdição, por exemplo, se estiverem ligados a um vizinho. É claro que seria financeiramente bastante impossível para um tal Estado estabelecer um sistema judicial tão abrangente como aquele que um maior disponibiliza aos seus cidadãos, por exemplo, por meio da criação de tribunais de recurso. Pode-se dizer que, desse ponto de vista, aqueles com menos pessoas do que as unidades administrativas dos maiores são viáveis apenas em casos excepcionais – quando têm populações especialmente ricas. Os Estados menores para os quais essa pré-condição não se aplica terão, por razões financeiras, que ligar as suas administrações a um fronteiriço maior[89]. Nações de populações tão pequenas, que não satisfazem essas condições, não existem e não podem existir, uma vez que o desenvolvimento de uma língua padrão independente pressupõe, afinal, a existência de várias centenas de milhares de falantes.

Quando Naumann, Renner e os seus numerosos discípulos recomendaram aos pequenos povos europeus uma aliança com a Europa Central sob liderança alemã, entenderam completamente mal a essência tarifária protecionista. Por motivos políticos ou militares, uma aliança com a nação alemã que garantisse a independência a todos os participantes poderia ser desejável para as pequenas nações da Europa Oriental e do Sudeste. Sob nenhuma circunstância, porém, um acordo exclusivamente útil aos interesses alemães poderia parecer-lhes bem-vindo. E essa era a única coisa que os defensores da Europa Central tinham em mente – uma aliança que permitisse à Alemanha competir militarmente com as grandes potências mundiais pelas possessões coloniais, das quais as vantagens poderiam ter beneficiado apenas

---

89. Conforme também o discurso de Bismarck na sessão da Câmara dos Deputados de 11 de dezembro de 1867 sobre o tratado de adesão da Prússia ao principado de Waldeck-Pyrmont (*Fürst Bismarcks Reden*, editado por Stein, 3 v., p. 235).

a nação alemã. Além disso, conceberam o império mundial da Europa Central como uma comunidade tarifária protetora. É justamente isso que todas essas nações menores não querem – ser meros mercados para produtos industriais alemães, renunciar ao desenvolvimento das indústrias internas e obter os bens produzidos na Alemanha, mais baratos. Pensava-se que o aumento dos preços dos insumos agrícolas, que estava inevitavelmente fadado a ocorrer em consequência da incorporação no território tarifário da Europa Central, seria, por si só, atraente para as nações predominantemente agrárias, as quais se procurava incorporar ao império da Europa Central. Esqueceu-se, contudo, de que esse argumento só poderia impressionar aqueles sem formação nenhuma em economia.

Não se pode negar que a Romênia, por exemplo, teria registado um aumento nos preços dos produtos agrícolas se aderisse a uma comunidade aduaneira germano-austríaco-húngara. No entanto, ignora-se que, por outro lado, os custos dos industriais teriam aumentado, uma vez que, a partir de então, o país teria que pagar os valores internos alemães mais elevados. Se não incorporada a uma comunidade aduaneira com a Alemanha, pagaria os preços mais baixos no mercado mundial. O que perderia ao aderir à comunidade aduaneira era mais do que ganharia. Hoje, a Romênia é um país relativamente subpovoado ou, pelo menos, ainda não sobrepovoado, e isso significa que a maior parte dos seus produtos de exportação pode, presentemente e num futuro previsível, ser exportada sem qualquer *dumping*. Ela não tem empresas de produção primária, mas apenas algumas indústrias cuja localização natural não existiria. Isso é diferente na Alemanha, que trabalha em condições menos favoráveis do que no estrangeiro, especialmente nos setores de produção mais importantes.

A forma de pensar imperialista, que afirma estar ajudando o desenvolvimento econômico moderno a atingir a sua condição legítima, está, na verdade, dominada pela economia de escambo e pelos preconceitos feudais. Na era da economia global, é absolutamente absurdo apresentar a demanda pela criação de grandes territórios econômicos autárquicos como meramente econômica. Em tempos de paz, é indiferente se alguém produz alimentos e matérias-primas em casa ou, por motivos econômicos, os obtém no estrangeiro em troca de algo que produziu. Quando um governante medieval adquiria uma região onde o minério era extraído, ele tinha o direito de chamar essa mina de sua. Mas, se um Estado moderno anexa uma propriedade mineira, elas ainda não se tornaram propriedade dos seus cidadãos. Eles devem comprar os seus produtos transferindo o fruto do seu próprio trabalho, tal como fizeram até agora, e o fato de terem ocorrido mudanças na ordem política não tem qualquer influência na sua propriedade. Se o governante está feliz com a anexação de uma nova província, se está orgulhoso do tamanho do seu reino, isso é facilmente compreensível. Mas se o homem comum está feliz porque o "nosso" reino se tornou maior, porque "nós" adquirimos uma nova província, essa é uma alegria que não surge da satisfação das necessidades econômicas.

Em termos de política econômica, o imperialismo não chegou ao nível de desenvolvimento alcançado em 1914. Quando os hunos devastaram a Europa assassinando e queimando, prejudicaram os inimigos com seu lastro de destruição, mas não a si próprios. Porém, quando tropas alemãs destruíram minas e fábricas de carvão, também pioraram o abastecimento do consumidor. O fato de o carvão e vários produtos manufaturados só poderem ser produzidos, no futuro, em quantidades menores, ou somente com custos mais elevados será sentido por todos os envolvidos nas transações econômicas mundiais.

Contudo, uma vez reconhecido isso, apenas o argumento militar poderá ser invocado a favor da política de expansão nacional. A nação deve ser numerosa para fornecer muitos soldados, necessários para adquirir terras onde outros possam ser criados. Esse é o círculo do qual o modo de pensar imperialista não escapa.

(D) *Pacifismo*

Entusiastas e filantropos há muito têm promovido a ideia de uma paz geral e eterna. Da miséria e da angústia que as guerras trouxeram aos indivíduos e aos povos, surgiu o profundo desejo de uma trégua que nunca mais deveria ser perturbada. Os utópicos pintam as vantagens do Estado sem guerra com as cores mais magníficas, e apelam aos países para que se unam numa aliança permanente, que deverá abranger o mundo inteiro. Apelam à nobreza de imperadores e reis; invocam mandamentos divinos e prometem fama imortal a quem realizar seus ideais, que superará em muito até mesmo a dos grandes heróis de guerra.

A história ignorou essas propostas, que nunca foram outra coisa senão curiosidades literárias que ninguém levava a sério. Os poderosos jamais pensaram em renunciar ao seu poder ou subordinar os seus interesses àqueles da humanidade, como exigiam os ingênuos entusiastas.

O pacifismo da filosofia iluminista baseada no direito natural, no liberalismo econômico e na democracia política, que se desenvolveu desde o século XVIII, deve ser julgado de forma completamente diferente desse outro mais antigo, fulcrado em considerações gerais de humanidade e no medo do derramamento de sangue. Ele não surge de um sentimento que exorta o indivíduo e o Estado a renunciarem à busca dos seus interesses terrenos por desejo de glória ou pela esperança de recompensa no Além, nem constitui um postulado separado, sem ligação orgânica com outras exigências morais. Pelo contrário, ele nasce como uma necessidade lógica de todo o sistema de vida social.

Qualquer um que, do ponto de vista utilitário, rejeite o domínio de alguns sobre outros e exija o pleno direito à autodeterminação dos indivíduos e dos povos também rejeitou a guerra. Qualquer um que tenha feito, da harmonia dos interesses corretamente compreendidos de todas as classes dentro de um povo e de todas os povos entre si, a base da sua visão do mundo, já não consegue encontrar qualquer justificativa racional para travar uma guerra. Aquele para quem mesmo as tarifas protecionistas e as proibições comerciais aparecem como medidas prejudiciais a todos pode compreender, ainda menos, de que modo a guerra pode ser vista como algo diferente de um destruidor, de um aniquilador, de um mal que afeta a todos, tanto vencedores como vencidos. O pacifismo liberal apela à paz porque considera a guerra inútil. Essa é uma visão compreensível apenas do ponto de vista da doutrina do livre comércio, tal como desenvolvida na teoria clássica de Hume (1711-1776), Smith (1723-1790) e Ricardo. Quem quiser preparar uma paz duradoura deve, como Bentham (1748-1832), ser comerciante livre e democrata, deve trabalhar com determinação para a remoção de todo o domínio político sobre as colônias por parte de metrópoles e lutar pela plena liberdade de circulação de pessoas e bens[90]. Pois essas, e nenhuma outra, são as pré-condições da paz eterna. Se quisermos alcançá-la, então devemos nos livrar da possibilidade de conflitos entre os povos. Apenas as

---

90. BENTHAM. *Grundsätze für ein zukünftiges Völkerrecht und für einen dauernden Frieden*. Halle: 1915. p. 100.

ideias do liberalismo e da democracia têm o poder de fazer isso[91].

Uma vez abandonado esse ponto de vista, não se pode apresentar argumentos sólidos contra a guerra e os conflitos. Se defendermos a opinião de que existem antagonismos irreconciliáveis entre as classes individuais da sociedade, os quais não podem ser resolvidos exceto pela ação violenta de uma sobre outras, se acreditarmos que nenhuma relação é possível entre nações, exceto aquela em que um ganha o que os outros perdem, então devemos admitir que as revoluções internas e as guerras externas não podem ser evitadas.

O socialista marxista rejeita a guerra externa porque vê o inimigo não nas nações estrangeiras, mas nas classes que têm posses da sua própria nação. O imperialista nacionalista rejeita a revolução porque está convencido da comunhão de interesses de todos os setores do povo na luta contra o inimigo estrangeiro. Nenhum deles se opõe fundamentalmente à intervenção armada, nenhum deles se opõe ao derramamento de sangue como os liberais, que só sancionam a guerra defensiva. Nada, portanto, é de tão mau gosto para os socialistas marxistas como irar-se com a guerra, nada

---

91. Hoje as pessoas conseguiram responsabilizar o liberalismo pela eclosão da [Primeira]Guerra Mundial. Compare-se, por outro lado, Bernstein (*Sozialdemokratische Völkerpolitik*, 1917, p. 170), que menciona a estreita ligação do livre comércio com o movimento pela paz. Spann (op. cit., p. 137), um oponente do pacifismo, enfatiza expressamente a "aversão e o medo da guerra que hoje caracterizam a comunidade capitalista".

é de tão mau gosto para os chauvinistas como questionar a revolução por razões filantrópicas sobre o sangue inocentemente derramado no processo. *Quis tulerit Gracchos de seditione querentes*⁹²?

O liberalismo rejeita a guerra agressiva não por motivos filantrópicos, mas do ponto de vista da utilidade. Rejeita-a porque considera a vitória prejudicial, e não quer conquistas porque as vê como um meio inadequado para alcançar os objetivos últimos pelos quais se esforça. Não por meio da guerra e da vitória, mas apenas do trabalho, um povo pode criar as pré--condições para o bem-estar dos seus concidadãos. As nações conquistadoras finalmente perecem– seja porque são aniquiladas por outras mais fortes, seja porque a classe dominante é culturalmente oprimida pelos subjugados.

Os povos germânicos já conquistaram o mundo uma vez, e foram derrotados. Os ostrogodos e vândalos do Leste caíram lutando. Os visigodos, francos e lombardos, normandos e varangianos permaneceram vitoriosos na batalha, mas foram culturalmente derrotados pelos subjugados. Os vencedores adotaram a linguagem dos derrotados e foram absorvidos por eles. Um ou outro é o destino de todos os povos governantes. Os proprietários morrem, os rudes resistem; como expressa o refrão da *Bride of Messina* [Noiva de Messina] (Friedrich Schiller [1759-1805], 1803): "Os conquistadores estrangeiros vêm e vão, e

---

92. "Quem poderia suportar a reclamação dos Gracos de sedição?". (N. E.)

nós obedecemos, mas permanecemos em pé". No longo prazo, a espada não se mostra o meio mais adequado para expandir um povo. Essa é a "impotência da vitória" de que fala Hegel (1770-1831)[93].

O pacifismo filantrópico quer eliminar a guerra sem abordar as suas causas.

---

93. HEGEL. *Werke.* 9 v. 3. ed. Berlim: 1848. p. 540.

Alguém poderia levantar a questão de saber em que consiste realmente a distinção entre pacifismo e militarismo, uma vez que o pacifista também não é fundamentalmente a favor da manutenção da paz a qualquer preço. Sob certas condições, ele prefere a guerra a um estado de paz insuportável; e, inversamente, também o militarista não quer travar uma guerra perpétua, mas apenas restaurar uma condição definida que considera desejável. Ambos supostamente estão, portanto, em oposição fundamental à passividade absoluta de renúncia à vida que o Evangelho proclama e que muitas seitas cristãs praticam; entre os dois, entretanto, existe apenas uma diferença de grau. Todavia, na verdade, o contraste é tão grande que se torna fundamental. Reside, por um lado, na avaliação da dimensão e da dificuldade do obstáculo que nos impede de alcançar a paz e, por outro, na avaliação das desvantagens relacionadas com o conflito. O pacifismo acredita que estamos impedidos de alcançar a paz eterna apenas por uma tênue divisão cuja remoção deve conduzir imediatamente ao estado de paz, enquanto o militarismo estabelece objetivos tão remotos para si mesmo que não se pode esperar a sua realização num futuro previsível, de modo que uma longa era da guerra ainda está por vir. O liberalismo acreditava que a paz eterna poderia ser estabelecida de forma duradoura apenas pela abolição do absolutismo monárquico. O militarismo alemão, no entanto, era claro sobre o fato de que alcançar e manter a supremacia alemã que se procurava implicaria continuamente guerras durante um longo período de tempo. Além disso, o pacifismo está sempre atento aos danos e desvantagens da guerra, enquanto o militarismo os considera insignificantes. Daí decorre, então, no pacifismo, a sua preferência declarada pelo estado de paz, e, no militarismo, a sua constante glorificação da guerra e, na sua forma socialista, da revolução. Uma outra distinção fundamental entre pacifismo e militarismo é possível de acordo com as suas posições sobre a teoria do poder. O militarismo vê a base do governo no poder material (Lassalle, Lasson); o liberalismo, no poder da mente (Hume).

Foi proposto que as disputas surgidas entre os povos fossem resolvidas por tribunais de arbitragem. Tal como a autoajuda já não é permitida nas relações entre indivíduos, nas quais, salvo casos excepcionais, a pessoa lesada só tem o direito de recorrer aos tribunais, o mesmo deve acontecer nas relações entre as nações. Aqui também a violência teria que dar lugar à justiça. Supostamente, não é mais difícil resolver disputas entre nações de forma pacífica do que entre indivíduos de uma nação. Os adversários da arbitragem não deveriam ser julgados de forma diferente dos senhores feudais e rufiões medievais, que também resistiram tanto quanto podiam à jurisdição do Estado. Essa aversão deve simplesmente ser abolida. Se isso tivesse sido implementado há anos, então a [Primeira] Guerra Mundial, com todas as suas tristes consequências, poderia ter sido evitada.

Outros defensores da arbitragem entre Estados vão menos longe nas suas exigências. Desejam a sua introdução obrigatória, pelo menos num futuro próximo, mas não para todos os litígios – apenas para aqueles que não afetam nem a honra nem as condições de existência das nações, isto é, apenas para os casos menores. Para os outros, o antigo método de decisão no campo de batalha ainda poderia ser mantido.

É um erro presumir que isso reduziria o número de guerras. Já há muitas décadas, essas só são possíveis por razões significativas. Isso prescinde a fundamentação com exemplos históricos ou uma explicação extensa. Os Estados monárquicos travavam guerras sempre que os interesses dos governantes, que procuravam expandir o seu poder, exigiam. Nos cálculos dele e dos seus conselheiros, a batalha era um meio como qualquer outro. Isentos de qualquer consideração sentimental pelas vidas humanas colocadas em risco, eles friamente pesavam as vantagens e desvantagens da intervenção militar tal como um jogador de xadrez considera as suas jogadas. O caminho dos reis passava literalmente por cima de cadáveres.

As guerras talvez não tenham começado, como se costuma dizer, por "razões triviais". Sua causa foi sempre a mesma: a ganância dos governantes. O que superficialmente parecia ser a motivação, era apenas um pretexto. Lembremos, por exemplo, das guerras da Silésia de Frederico, *o Grande*.

A era da democracia não conhece mais guerras de gabinete. Mesmo as três potências imperiais europeias, últimos representantes da velha ideia de Estado absolutista, já não possuíam o poder de instigá-las há muito tempo. A oposição democrática interna já era forte demais para isso. A partir do momento em que o triunfo da ideia liberal de Estado trouxe à tona o princípio da nacionalidade, as guerras só passaram a ser possíveis por razões nacionais. Isso não poderia ser mudado nem pelo fato de o liberalismo ter sido rapidamente ameaçado pelo sério avanço do socialismo, nem pelo fato de as antigas potências militares ainda permanecerem no comando na Europa Central e Oriental. Esse é um sucesso do pensamento liberal que nada pode apagar e que não deve ser esquecido por ninguém que se proponha a insultar o liberalismo e o Iluminismo.

Se agora se deve escolher o procedimento de arbitragem para litígios menos importantes que surgem nas relações entre as nações, ou se a sua resolução deve ser deixada para negociações entre as partes é uma questão que nos interessa menos aqui, por mais importante que possa ser. A única coisa que precisa ser salientada é que todos os acordos discutidos nos últimos anos parecem adequados apenas para a resolução de litígios menos relevantes, e que até agora todas as tentativas de expandir ainda mais o âmbito da arbitragem internacional falharam.

Se alguém afirma que quaisquer disputas entre os povos podem simplesmente ser resolvidas por meio desses tribunais, de modo que a opção pela guerra possa ser totalmente eliminada, então deve-se notar o fato de que toda administração da justiça pressupõe primeiro a existência de uma lei reconhecida de forma geral e, depois, a possibilidade de aplicar os princípios jurídicos ao caso individual. Nenhuma das duas situações se aplica às disputas de que falamos. Todas as tentativas de criar um direito internacional por meio do qual todas as querelas entre as nações pudessem ser decididas fracassaram.

Há cem anos, a Santa Aliança tentou alçar o princípio da legitimidade ao âmbito internacional. As propriedades dos governantes daquela época deveriam ser protegidas e garantidas tanto contra os outros como também, de acordo com o pensamento político da época, as exigências dos súditos revolucionários. As causas do fracasso dessa tentativa não precisam ser investigadas detalhadamente; elas são óbvias. No entanto, hoje parece haver um desejo real de renovar a mesma tentativa e de tentar criar uma "Santa Aliança" na Liga das Nações de Wilson. Que hoje não sejam os governantes, mas as nações, que garantam as suas posses, é uma distinção que não afeta a essência da questão. O aspecto crucial é que os direitos de propriedade sejam assegurados. Tal como há cem anos, mais uma vez a divisão do mundo se presume eterna e final. Contudo, não será mais duradoura do que a anterior e trará, não menos do que aquela, sangue e miséria à humanidade.

Dado que o princípio da legitimidade, tal como entendido pela Santa Aliança, já estava abalado, o liberalismo proclamou um novo para regular as relações entre as nações. O princípio da nacionalidade parecia significar o fim de todas as disputas; supunha-se ser a norma pela qual todos os conflitos deveriam ser pacificamente resolvidos. A Liga das Nações de Versalhes também adota esse postulado, mas apenas para os países da Europa. Ao fazê-lo, ignora o fato de que a sua aplicação, onde quer que os membros de diferentes povos vivam juntos, inflama ainda mais as disputas. Mais grave é o fato de a Liga não reconhecer a liberdade de circulação de pessoas, e de os Estados Unidos e a Austrália ainda serem autorizados a bloquearem imigrantes indesejados.

Uma "Liga de Nações" dura enquanto tiver o poder de reprimir os seus adversários; seu prestígio e a efetividade dos seus princípios baseiam-se na força à qual os desfavorecidos devem se submeter, e que nunca reconhecerão como um direito. Alemães, italianos, tchecos, japoneses, chineses e outros povos jamais poderão considerar justo que a imensurável riqueza fundiária da América do Norte, da Austrália e das Índias Orientais continue a ser propriedade exclusiva da nação anglo-saxônica, e que os franceses sejam autorizados a cercar milhões de quilômetros quadrados das melhores terras como um parque privado.

A doutrina socialista espera o estabelecimento da paz eterna por meio da concretização do socialismo. Diz Otto Bauer:

> Aquelas migrações de indivíduos, que são dominadas pelas leis que governam cegamente a concorrência capitalista e estão quase totalmente isentas da aplicação de regras deliberadas, então acabam. Em seu lugar, entra a regulação deliberada das migrações pela comunidade socialista. Irão trazer imigrantes para locais onde um maior número de pessoas trabalhando aumenta a produtividade do trabalho; irão induzir parte da população a emigrar onde a terra proporciona rendimentos decrescentes a um número crescente de pessoas. Ao regular conscientemente a emigração e a imigração pela sociedade, o poder sobre as suas fronteiras linguísticas cai nas mãos de cada nação. Isso significa que as migrações sociais contra a

vontade da nação já não podem violar repetidamente o princípio da nacionalidade[94].

Podemos imaginar a concretização do socialismo de duas maneiras. Primeiro, na sua mais elevada realização como um Estado socialista mundial. Neste, o gabinete responsável pelo controle total da produção irá determinar a localização de cada unidade e, assim, regular as migrações de trabalhadores. Acabará cumprindo as mesmas tarefas que cabem à concorrência em uma economia livre – algo que ainda não foi nem remotamente implementado. Transplantará trabalhadores dos territórios com condições menos favoráveis para aqueles mais favoráveis. Isso significa, porém, que problemas de nacionalidade continuarão a surgir na comunidade socialista mundial. Se a produção de fiação e de ferro for reduzida na Alemanha e expandida nos Estados Unidos, então os trabalhadores alemães terão que ser realocados para a área de assentamento anglo-saxônica. São precisamente esses reassentamentos que, como diz Bauer, violam o princípio da nacionalidade contra a vontade da nação repetidas vezes – e não apenas na ordem econômica capitalista, como ele pensa, mas também na socialista. O fato de, na ordem econômica liberal, serem dominados pelas leis que "governam cegamente" a concorrência

---

94. BAUER, *op. cit.*, p. 515.

capitalista e, na socialista serem "deliberadamente" geridos pela sociedade, é irrelevante.

Se a regulação deliberada das migrações de trabalhadores for guiada pelo ponto de vista racional da eficiência econômica pura – que também Bauer e todos os marxistas tomam como certo – então deverá levar ao mesmo resultado que a livre concorrência: os trabalhadores, independentemente das condições nacionais de fixação historicamente herdadas, serão reassentados onde são necessários para a exploração das condições de produção mais favoráveis. É aí, porém, que reside a raiz de todos os atritos nacionais.

Seria bastante utópico assumir que as migrações que ultrapassam as fronteiras dos territórios nacionais de colonização não levariam aos mesmos conflitos na comunidade socialista como o fazem na comunidade livre. Se quisermos conceber a socialista como não democrática, então tal suposição é admissível, pois, como vimos, todos os atritos nacionais só surgem sob a democracia. O socialismo mundial, concebido como um império mundial de servidão geral dos povos, também traria a paz nacional.

Contudo, a concretização do socialismo também é possível de outra forma que não por meio de um Estado mundial. Podemos imaginar uma série de sistemas políticos socialistas independentes – talvez países nacionalmente unificados – existindo lado a lado sem que haja uma gestão comum da produção mundial. As comunidades individuais, que são, então, proprietárias dos meios naturais de produção localizados nos seus territórios, estão ligadas entre si apenas pela troca de bens. Num socialismo desse tipo, os antagonismos nacionais serão não apenas atenuados em comparação à situação na ordem econômica liberal, como também consideravelmente exacerbados. O problema da migração não perderia nada da sua capacidade de criar conflitos entre as nações. Os Estados individuais poderiam não bloquear completamente a imigração, mas negariam aos imigrantes a oportunidade de se estabelecer como residentes e obter uma parte integral dos rendimentos da produção nacional. Surgiria uma espécie de sistema internacional de trabalhadores migrantes.

Dado que cada uma dessas comunidades socialistas teria acesso ao fruto dos recursos naturais encontrados no seu próprio território, de modo que o rendimento dos membros de cada região individual seria diferente em tamanho – maior para algumas nações, menor para outras –, as pessoas resistiriam ao influxo de nações estrangeiras apenas por essa razão. Na ordem econômica liberal, é possível que indivíduos de todas as nações adquiram a propriedade privada dos meios de produção de todo o mundo, de modo que, por exemplo, os alemães também assegurem parte dos recursos terrestres da Índia e, por outro lado, o capital alemão se desloque para este país a fim de ajudar a explorar as condições mais favoráveis que lá existem. Numa ordem socialista, esse tipo de coisa não seria possível uma vez que a soberania política e a exploração econômica devem coincidir.

Os povos europeus seriam excluídos da possibilidade de ter propriedades em continentes estrangeiros e teriam que suportar o fato de que as imensuráveis riquezas dos territórios ultramarinos revertem apenas em benefício dos habitantes locais; teriam que observar enquanto parte dessa riqueza fundiária permanece inexplorada porque o capital para a sua utilização não pode ser obtido.

Todo o pacifismo que não está baseado em uma ordem econômica liberal construída sobre a propriedade privada dos meios de produção permanece sempre utópico. Qualquer um que quiser a paz entre as nações deve procurar limitar, ao máximo, o Estado e a sua influência.

Não é por acaso que as ideias básicas do imperialismo atual já podem ser encontradas nos escritos de dois pais do socialismo alemão e moderno, a saber, nas obras de Engels (1920-1895) e Rodbertus (1805-1875). A visão estatista de um socialista deixa óbvio que um país não deve se permitir ficar limitado por razões geográficas e comerciais[95]. A questão do acesso ao mar – que sempre orientou a política de conquista russa na Europa e na Ásia, dominou o comportamento dos Estados alemães e austríacos em relação a Trieste, do Estado húngaro em relação aos eslavos do sul, e que levou às infames teorias do "corredor" para as quais se quer sacrificar a cidade alemã de Danzig – não existe para o liberal. Ele não

---

95. RODBERTUS. *Schriften*. Wirth (ed.). 4 v. Berlin: 1899. p. 282.

consegue compreender como as pessoas podem ser usadas como um "corredor", uma vez que assume, desde o início, a posição de que indivíduos e povos nunca deveriam servir como meios – sempre como fins – e porque ele nunca considera seres humanos como bens que pertencem à terra na qual vivem. O comerciante livre, que defende a total liberdade de circulação, não consegue compreender que tipo de vantagem isso oferece a um povo se este puder encaminhar os seus produtos de exportação até a costa através do seu próprio território.

Se a velha Rússia czarista tivesse adquirido um porto marítimo norueguês e um corredor através da Escandinávia até ele, não poderia ter encurtado a distância entre as partes individuais do interior russo e o mar. O que a economia russa considera desvantajoso é que os locais de produção estejam localizados longe dos portos e, portanto, carecem das vantagens que a facilidade do transporte marítimo de mercadorias garante. Nada disso mudaria com a aquisição de um porto marítimo escandinavo; se o livre comércio prevalecer, é totalmente indiferente se os mais próximos são administrados por funcionários russos ou não. O imperialismo precisa deles porque precisa de bases navais, porque quer travar guerras econômicas. Precisa deles não para usá-los, mas para excluir os demais de fazê-lo. A economia não estatista de livre comércio do Estado não reconhece esse tipo de argumento.

Rodbertus e Engels manifestam-se, ambos, opondo-se às reivindicações políticas dos povos não germânicos da Áustria. Engels censura os pan-eslavistas por não terem compreendido que os alemães e magiares, no momento em que as grandes monarquias se tornaram realmente uma necessidade histórica na Europa, "reuniram todas essas nações pequenas, estagnadas e impotentes num grande império e, assim, as tornaram capazes de participar de um desenvolvimento histórico ao qual elas, se deixadas sozinhas, teriam permanecido completamente alheias". Ele admite que tal império não pode ser alcançado

> sem esmagar violentamente muitas das delicadas flores de uma nação. Mas, sem violência e impiedade, nada se consegue na história; e se Alexandre, César (100-44 a.C.) e Napoleão tivessem possuído a mesma capacidade de compaixão a que o pan-eslavismo agora apela para o bem dos seus decaídos, o que então teria sido da história? E os persas, os celtas e os alemães cristãos não têm o mesmo valor que os tchecos e o povo de Ogulin e Siret?[96]

Essas frases poderiam facilmente ter vindo de um escritor pangermânico ou, *mutatis mutandis*, de um chauvinista tcheco ou polonês. Engels continua:

> Agora, porém, como resultado do enorme progresso da indústria, do comércio e das comunicações, a centralização política tornou-se uma necessidade muito mais premente do que nos séculos

---

96. MEHRING. *Aus dem literarischen Nachlass von Marx, Engels und Lassalle.* 3 v. Stuttgart: 1902. p. 255.

XV e XVI. O que ainda precisa ser centralizado torna-se centralizado. E, agora, os pan-eslavistas vêm e exigem que devemos "libertar" esses eslavos meio germanizados, que devemos desfazer uma centralização que é imposta a eles por todos os seus interesses materiais?[97]

Em essência, isso nada mais é do que a doutrina de Renner sobre a tendência à concentração na vida política e sobre a necessidade econômica do Estado multinacional. Vemos que os marxistas ortodoxos cometeram uma injustiça ao acusá-lo de heresia como um "revisionista".

O caminho para a paz eterna não passa pelo fortalecimento do Estado e do poder central, como o socialismo almeja. Quanto maior o espaço que um país ocupa na vida dos indivíduos, e quanto mais importante a política se torna para eles, mais áreas de atrito são criadas em territórios com população mista. Limitar ao mínimo o poder do Estado, como procurava fazer o liberalismo, aliviaria consideravelmente os antagonismos entre diferentes nações que vivem lado a lado no mesmo território. A única verdadeira autonomia nacional é a liberdade do indivíduo em relação ao Estado e à sociedade. A "nacionalização" da vida e da economia pelo Estado conduz inevitavelmente à luta das nações.

A plena liberdade de circulação de pessoas e bens, a proteção mais abrangente da propriedade e

---

97. *Ibid.*

da liberdade de cada indivíduo, a eliminação de toda compulsão estatal no sistema escolar – em suma, a aplicação mais exata e completa das ideias de 1789 – são os pré-requisitos para um Estado pacífico. Quando as guerras pararem, "então a paz emergiu das forças internas dos seres, então as pessoas, especificamente os sujeitos livres, tornaram-se pacíficas"[98].
Nunca estivemos tão longe desse ideal como hoje.

✻✻✻

3. Sobre a História da Democracia Alemã

(a) *Prússia*

Um dos fenômenos mais notáveis dos últimos cem anos é o fato de as ideias políticas modernas de liberdade e autogoverno terem sido incapazes de obter aceitação entre o povo alemão, ao mesmo tempo em que se afirmaram em quase todo o mundo. Em toda a parte, a democracia conseguiu superar o antigo Estado monárquico, e as forças revolucionárias triunfaram em todos os lugares. Somente na Alemanha, na Áustria e na Rússia a revolução democrática foi repetidamente derrotada. Embora todas as nações da Europa e da América tenham vivido uma era de liberalismo na política constitucional e econômica, na Alemanha e na Áustria apenas discretos sucessos

---

98. HUMBOLDT. *Ideen zu einem Versuch, die Grenzen der Wirksamkeit des Staats zu bestimmen*. Berlim, p. 66.

foram concedidos ao liberalismo. Na esfera política, o antigo Estado monárquico, tal como representado na sua forma mais pura na constituição da Prússia sob Frederico, *o Grande*, teve que fazer algumas concessões, mas estava longe de se transformar em uma monarquia parlamentar – talvez do tipo inglês ou italiano. Como resultado dos grandes movimentos políticos do século XIX, surgiu o Estado autoritário.

A democracia, tal como a vemos implementada em quase toda a parte no início do século XX, assenta-se na identidade dos governantes e dos governados, do Estado e do povo. Nenhum governo é possível contra a vontade da maioria. Nela, o governo e os governados, o Estado e o povo, são um só.

Não é assim no autoritarismo. Por um lado, estão os elementos preservadores, que consideram a si mesmos, e apenas a si mesmos, como o Estado – o governo emerge deles e se identifica com eles. Do outro lado, está o povo, que aparece como objeto, e não sujeito, das ações governamentais; que se dirige ao Estado, por vezes de modo suplicante e, por vezes, exigente, mas que nunca se identifica com ele. Essa antítese encontrou a sua expressão mais eloquente na linguagem do antigo parlamentarismo austríaco, por meio do contraste entre as "demandas do Estado" e as "do povo". O primeiro significava o que o Estado queria e o segundo, o que o povo queria a partir do orçamento. Os representantes tentavam aprovar as necessidades do Estado aprovando as das pessoas – por vezes, dos partidos políticos ou apenas dos deputados – para serem recompensados. Essas oposições nunca poderiam ter sido compreendidas por um político inglês ou francês – ele não teria conseguido entender como algo seria necessário para o Estado sem ser, ao mesmo tempo, para o povo, e vice-versa.

A oposição entre governo e povo, que caracteriza o Estado autoritário, não é exatamente idêntica àquela entre realeza e povo, que caracteriza o monárquico; menos ainda é idêntica ao encontro entre o monarca e as propriedades no antigo Estado corporativo. Todas estas formas dualistas partilham uma característica no contraste com a democracia moderna e a sua unidade fundamental, governo e governados.

Não faltaram tentativas de explicar a origem e os fundamentos dessa peculiaridade da história alemã. A maneira mais fácil de fazê-lo foi, para aqueles escritores que acreditavam que o Estado autoritário era o resultado de um tipo especial de espírito, tentar retratar o popular democrático como "não alemão" e não apropriado à alma do povo alemão[99]. Então, mais uma vez, ensaiaram uma explicação sobre a posição política especial da Alemanha. Um país que parece estar tão ameaçado por inimigos externos, como supostamente estava, não pode tolerar internamente uma constituição orientada para a liberdade. "A medida de liberdade política que pode ser permitida nas instituições governamentais deve ser razoável e

---

99. Max Weber apresentou uma crítica destrutiva a essas teorias em *Parlament und Regierung im neugeordneten Deutschland* (1918).

inversamente proporcional à pressão político-militar que exerce sobre as fronteiras do Estado"[100].

Que deve existir uma ligação íntima entre a posição política e a constituição de um povo, isso precisa ser admitido sem mais demora. É surpreendente a razão pela qual foram feitos esforços para utilizar apenas a situação da política externa, e não da interna, para explicar a conjuntura constitucional. No que se segue, será observado o procedimento inverso. Será feita uma tentativa de explicar a tão discutida peculiaridade da vida constitucional alemã pelas condições políticas internas, a saber, pela posição dos alemães da Prússia e da Áustria nos territórios poliglotas.

Quando os súditos alemães começaram a despertar do seu sono político de séculos, encontraram a sua pátria despedaçada e as propriedades distribuídas entre um número de famílias cuja impotência no exterior era apenas mal disfarçada pela cruel tirania interna. Apenas dois governantes territoriais eram fortes o suficiente para se manter de pé; os seus meios de poder baseavam-se, contudo, não na sua posição alemã, mas nas suas possessões fora da Alemanha. Para a Áustria, essa afirmação não necessita de qualquer justificativa adicional; o fato nunca foi contestado. Para a Prússia, é diferente. Frequentemente ignora-se o fato de que a posição da Prússia na

---

[100]. Conforme Hintze na obra coletiva *Deutschland und der Weltkrieg* (1915, p. 6). Uma crítica penetrante sobre essas opiniões, que se baseia numa proposição do historiador inglês Seeley, aparece em Preuss, *Obrigkeitsstaat und grossdeutscher Gedanke* (1916, p. 7).

Alemanha e na Europa sempre permaneceu insegura até que a Casa de Hohenzollern construiu um território estatal maior e fechado, primeiro pela anexação da Silésia – na época metade eslava – e, depois conquistando Posen e a Prússia Ocidental. Aqueles atos da Prússia, nos quais se baseava a sua posição de poder – a participação na vitória sobre o sistema napoleônico, na derrota da revolução de 1848 e na guerra de 1866 – não poderiam ter sido realizados sem os súditos não alemães das suas províncias orientais.

O aumento de terras alemãs provocado pelas batalhas de 1813 a 1866, travadas com a ajuda dos seus súditos não alemães não deslocou, de forma alguma, o centro de gravidade do Estado prussiano do leste para o oeste. De todo modo, como antes, a preservação inalterada das suas possessões a leste do Elba permaneceu uma condição de existência para a Prússia.

O pensamento político do espírito alemão, que foi amadurecendo lentamente para a vida pública, não poderia ser modelado em nenhum dos Estados existentes naquele solo. O que o patriota viu diante dele foram apenas escombros da antiga glória imperial e da administração vergonhosa e desleixada dos pequenos principados. O caminho para o Estado alemão só poderia passar pela destruição desses pequenos déspotas. Todos concordaram com isso. E o que, porém, deveria acontecer com as duas potências alemãs, a Alemanha e a Áustria?

A dificuldade inerente ao problema pode ser melhor reconhecida a partir de uma comparação com a Itália, onde as condições eram bem semelhantes. O Estado nacional moderno enfrentou a oposição de várias pequenas dominações e da grande potência da Áustria. Os italianos teriam resolvido esse problema rapidamente, mas provavelmente nunca o teriam feito se tivessem sido deixados à sua própria sorte. E a Áustria não só detinha diretamente a uma grande parte da Itália, como também protegia a soberania dos governantes individuais nos territórios restantes. Sem a intervenção da Áustria, Joachim Murat ou o general Pepe (1783-1855) já teriam, provavelmente há muito tempo, estabelecido um Estado nacional italiano. Mas os italianos tiveram que esperar até que as relações da Áustria com as outras potências lhes oferecessem a oportunidade de alcançar o seu objetivo.

A Itália deve a sua liberdade e unidade à ajuda francesa e prussiana e, num certo sentido, também inglesa; e tornar o Trento uma parte do reino da Itália requereu a ajuda do mundo inteiro. Os próprios italianos perderam todas as batalhas travadas contra a Áustria.

Na Alemanha, as condições eram diferentes. Como o povo conseguiria vencer a Áustria e a Prússia, duas poderosas monarquias militares? Não se podia contar com a ajuda estrangeira, tal como foi concedida em Itália. O mais natural teria sido provavelmente se o ideal nacionalista tivesse se espalhado entre os alemães na Prússia e na Áustria, justificando a luta por uma Alemanha unificada. Se os alemães, de longe a maioria no exército prussiano e o elemento mais importante no austríaco, tivessem provado ser alemães tal como os magiares provaram ser magiares em 1849, então, da desordem da revolução de 1848, teria surgido um Reich Alemão livre e unido desde o Cinturão até o Etsch. Os elementos não alemães nos exércitos da Áustria e da Prússia, dificilmente, estariam em posição de montar uma resistência bem-sucedida ao ataque de todo o povo unido.

Os alemães na Áustria e na Prússia, contudo, também eram opositores ou, pelo menos, apoiadores condicionais dos esforços pela unificação – e esse foi o aspecto decisivo. Não foi, como diz a lenda, por causa do doutrinarismo, do idealismo e da ignorância professoral que os esforços dos homens da Igreja de Paulo naufragaram, mas sim porque a maioria do povo estava apenas parcialmente comprometida com a causa. O que desejavam não era apenas o Estado alemão mas também, e ao mesmo tempo, o austríaco ou prussiano – isso para não mencionar aqueles que, na verdade, se consideravam apenas austríacos ou prussianos e, de modo algum, alemães.

Nós, que hoje estamos habituados a ver o prussiano puro e o austríaco puro apenas nas figuras do conservador do leste do Elba e do clerical alpino; nós, que no apelo à Prússia ou à Áustria só conseguimos ver os pretextos dos inimigos do Estado nacional; só com dificuldade podemos conceder até mesmo a mera boa-fé aos patriotas preto e amarelo e preto e branco daquela época. Isso não só representa uma grave injustiça para com os homens sobre cujo esforço honesto não deveria haver dúvida; essa falta de perspectiva histórica também bloqueia o nosso caminho para o conhecimento dos acontecimentos mais importantes da história alemã.

Todo alemão conhece a passagem de *Dichtung und Wahrheit*[101] [De Minha Vida: Poesia e Verdade] (1811-1833), de Goethe, na qual o poeta, já idoso, retrata a profunda impressão que a figura de Frederico, *o Grande*, causou em seus contemporâneos[102]. É verdade que também o Estado dos Hohenzollerns, ao qual a historiografia da corte prussiana elogiou como a implementação de todas as utopias, não foi nem um pouco melhor do que a dos outros; e Frederico Guilherme I ou Frederico II não eram déspotas menos odiosos do que qualquer senhor de Württemberg ou de Hesse. Mas uma coisa distinguia Brandemburgo-Prússia dos outros territórios: o Estado não era ridículo, sua política era decisiva, segura e lutava pelo poder. Poderia ser odiado, poderia ser temido, mas jamais ignorado.

Se os pensamentos políticos, mesmo dos alemães não prussianos, secretamente se desviaram em direção à Prússia saindo dos limites da sua existência política, se mesmo os estrangeiros não julgaram esse Estado de forma totalmente negativa, não seria de admirar que os primórdios do pensamento político nas terras prussianas tenham se apegado mais

---

101. Encontramos a seguinte edição nacional: GOETHE, Johann Wolfgang Von. De Minha Vida: Poesia e Verdade. Editora Unesp: São Paulo, 2017. (N.E.)
102. A crítica que Mehring (*Die Lessing-Legende*, 1909, p. 12.) faz não enfraquece a força dessa passagem como evidência das opiniões de Goethe.

frequentemente a ela – a qual, com todos os seus defeitos, ainda tinha a vantagem da existência real – do que ao sonho de um Estado alemão, desmascarado todos os dias pela miséria do Sacro Império Romano? Foi assim que se formou na Prússia uma consciência estatal. E esses sentimentos foram partilhados não apenas pelos defensores assalariados do aparelho de Estado e seus beneficiários, mas também por homens de sentimentos indubitavelmente democráticos como Waldeck[103] e centenas de milhares de pessoas como ele.

É comum ver a questão alemã descrita de modo muito restrito, como a oposição entre a Grande Alemanha e a Pequena Alemanha. Na realidade, o problema era maior e mais amplo. Em primeiro lugar, havia o abismo que se abriu entre o sentimento nacionalista alemão e a consciência de Estado austríaca e prussiana.

O Estado unificado alemão só poderia ter sido construído sobre as ruínas dos principados alemães. Quem quisesse construí-lo, portanto, primeiro teria que erradicar os sentimentos que lutavam para preservar os Estados prussiano e austríaco. Em Março de 1848, isso parecia fácil de se conseguir. Naquela altura, seria de esperar que os democratas prussianos e austríacos, confrontados com a necessidade de tomar uma decisão, se unissem, mesmo que talvez após lutas internas, ao lado de uma grande e unificada

---

103. OPPENHEIM. *Benedikt Franz Leo Waldeck*. Berlin: 1880. p. 41.

Alemanha. No entanto, em ambos, a democracia foi derrotada mais cedo do que se poderia imaginar. O seu domínio durou apenas algumas semanas em Viena e Berlim. Depois, o Estado autoritário entrou em cena e puxou as rédeas com força. Qual foi a causa? A reviravolta ocorreu de modo extraordinariamente rápido. Logo após a vitória completa da democracia em março, o poder do novo espírito começou a desmoronar. Passado pouco tempo, o exército prussiano, liderado pelo seu governante que recentemente havia fugido do país, já poderia tomar a ofensiva contra a revolução.

Deveria haver um acordo geral de que a posição das províncias orientais da Prússia foi decisiva neste caso[104]. Se isso for mantido em mente, não será muito difícil compreender com clareza as causas da mudança. À Leste, os alemães estavam em minoria no meio de uma população de língua estrangeira numericamente superior. Eles tinham que temer, como resultado da implementação e aplicação de princípios democráticos, a perda da posição de governo que anteriormente ocupavam. Teriam se tornado uma minoria que jamais esperaria adquirir poder, teriam que provar a falta de direitos políticos que é o destino das minorias de nacionalidade estrangeira.

Os alemães das províncias da Prússia, Posen e Silésia não esperavam nada de bom da democracia. Isso, no entanto, determinou a atitude dos alemães da Prússia como um todo, pois aqueles dos territórios

---

104. BISMARCK. *Gedanken und Erinnerungen*. 1 v. Stuttgart: 1898. p. 56.

poliglotas tinham uma importância política muito maior da que corresponderia ao seu número. Eles incluíam quase todos os membros das camadas mais altas da população dessas províncias – os funcionários públicos, professores, comerciantes, proprietários de terras e grandes industriais. Nas camadas superiores dos alemães da Prússia, os membros das fronteiras ameaçadas formavam, portanto, uma proporção numericamente muito maior do que os habitantes fronteiriços no total da população alemã da Prússia. A massa unificada de habitantes das zonas fronteiriças juntou-se aos partidos que apoiavam a preservação do Estado, conferindo-lhes a vantagem. A ideia do Estado alemão não conseguia conquistar qualquer poder sobre os súditos não alemães da Prússia, e os próprios alemães temiam a democracia, o que foi a tragédia dessa ideia na Alemanha.

Aqui residem as raízes da peculiar constituição da mentalidade política do povo alemão. Foi a sua posição ameaçada nas fronteiras que fez com que o ideal de democracia na Alemanha desaparecesse rapidamente e os súditos da Prússia, após uma curta lua de mel com a revolução, regressassem penitentemente ao militarismo. Eles sabiam agora o que os esperava na democracia. Por mais que detestassem o despotismo de Potsdam, tinham que se submeter a ele se não quisessem cair sob o domínio dos poloneses e dos lituanos. A partir de então, passaram a ser fiéis guardiões do Estado autoritário. Com a ajuda deles, o militarismo prussiano triunfou sobre os homens da liberdade. Todas as questões políticas passaram a ser julgadas exclusivamente do ponto de vista da situação no Leste. Foi o que determinou a fraca posição dos liberais prussianos no conflito constitucional e foi o que levou a Prússia a procurar a amizade russa enquanto puderam – e, assim, frustrou a aliança natural com a Inglaterra.

Ocorria agora ao Estado autoritário prussiano passar a aplicar os métodos que havia utilizado para conquistar e manter a sua posição na Alemanha também à solução do maior problema nacional alemão. Na Alemanha, as armas dos *junkers* triunfaram, eles esmagaram a burguesia, eliminaram a influência dos Habsburgos e elevaram os Hohenzollerns a um patamar acima dos governantes pequenos e médios. O poder militar prussiano reprimiu os elementos não alemães nas províncias eslavas orientais da Prússia, no norte de Schleswig e na Alsácia-Lorena. O forte esplendor do militarismo brilhou nas vitórias conquistadas em três guerras. Assim como usou seu poder para esmagar tudo o que tentasse atrapalhar seu caminho, também acreditava que deveria usar a força armada para resolver os problemas que surgissem. Pelo poder das armas, a posição duramente pressionada dos Habsburgos e dos alemães na monarquia do Danúbio deveria ser sustentada, e conquistas feitas no Oriente, no Ocidente e no exterior.

A teoria do Estado liberal há muito expôs o erro desse raciocínio. Os teóricos e praticantes da política deveriam ter se lembrado das famosas declarações de Hume de que todo o poder se baseia no controle sobre as mentes. Cada governo é sempre apenas uma minoria que pode governar a maioria porque esta convenceu-se da legitimidade dos governantes ou porque considera o seu governo desejável aos seus próprios interesses[105]. Eles, então, não poderiam ter ignorado o fato de que o Estado autoritário alemão, mesmo na Alemanha, baseava-se, em última análise, não no poder das baionetas, mas precisamente numa disposição particular da mente alemã, condicionada pela colonização no Leste. Não deveriam ter se deixado enganar pensando que a derrota do liberalismo alemão se devia apenas ao fato de que as condições dessa colonização eram tais que o domínio da democracia naquele país teria levado à expulsão dos alemães e à sua privação de direitos, daí se criando uma predisposição voltada para as correntes antidemocráticas em amplos círculos do povo alemão. Deveriam ter reconhecido que o Estado autoritário alemão, como qualquer outro, não se baseava em vitórias das armas, mas do espírito, conquistadas pela mentalidade dinástico-autoritária sobre a liberal. Essas relações não poderiam ser mais mal interpretadas do que o foram pela escola de realistas políticos que negava a influência de todas as correntes intelectuais na vida das nações, e que queria atribuir tudo às "relações reais de poder".

---

105. HUME. Of the First Principles of Government. *In: Essays*. p. 29.

Quando Bismarck disse que os seus sucessos dependiam apenas do poder do exército prussiano, e que sentia apenas escárnio e desprezo pelos ideais pró-liberais da Igreja de São Paulo, ele ignorou o fato de que o poder do Estado prussiano também se baseava em ideias, embora opostas, e que teria entrado imediatamente em colapso se o pensamento liberal tivesse penetrado no exército prussiano mais profundamente do que realmente o fez. Os círculos que se esforçavam ansiosamente para manter o "espírito moderno de desmoralização" afastado do exército estavam mais bem informados a esse respeito.

O Estado autoritário prussiano não poderia derrotar o mundo. Tal vitória teria sido alcançada por uma nação irremediavelmente minoritária apenas por meio de ideias, da opinião pública; nunca com armas. O Estado autoritário alemão, cheio de desprezo ilimitado pela imprensa e por toda a "literatura", rechaçou as ideias como meio de luta. Para os seus adversários, porém, a lógica democrática era a propaganda. Só no meio da guerra, quando já era tarde demais, é que se reconheceu na Alemanha o poder que havia nessa divulgação, e como é inútil lutar contra o espírito usando uma espada.

Se o povo alemão considerasse injusta a distribuição de áreas de assentamento, deveria ter procurado converter a opinião pública do mundo, que não via essa injustiça. Se isso teria sido possível, já é outra história. Não é totalmente improvável que pudessem ter sido encontrados aliados com os quais muito, talvez até tudo, poderia ter sido alcançado. É certo, porém, que o início da luta de uma nação de 80 milhões de habitantes contra todo o resto do mundo seria inútil se não com o abalo do espírito. Não com armas, mas apenas com o espírito, uma minoria pode superar a maioria. A verdadeira política prática é apenas aquela que sabe colocar ideias a seu serviço.

(B) *ÁUSTRIA*

A interpretação teleológica da história, pela qual todos os fatos aparecem como a realização de certos propósitos definidos para o desenvolvimento humano, atribuiu várias tarefas ao Estado dos Habsburgos no Danúbio, o qual manteve a sua posição entre as potências europeias durante quatrocentos anos. Algumas vezes, foi o escudo do Ocidente contra a ameaça do islã; outras, a fortaleza e refúgio do catolicismo contra os hereges. Há quem quisesse vê-lo como o apoio do elemento conservador em geral; outros, como o Estado convocado pelo seu caráter nacionalmente policromático a promover a paz entre os povos a título de exemplo[106]. Vê-se que as tarefas eram múltiplas; de acordo com os assuntos políticos, as pessoas ora favoreciam uma ou outra interpretação. A história segue seu curso, porém, sem levar em conta tais fantasias. Os governantes e os povos

---

106. Um compêndio das várias tarefas que as pessoas procuraram atribuir à Áustria é fornecido por Seipel (*op. cit.*, p. 18).

preocupam-se muito pouco com o que a filosofia lhes diz ser sua missão.

A historiografia causal não procura a "missão" ou a "ideia" que as nações e os Estados devem realizar; procura o conceito político de Estado, que o forma a partir de povos e partes de povos. O conceito político que esteve subjacente a quase todas as estruturas dos últimos séculos da Idade Média e dos primeiros séculos dos tempos modernos foi o domínio monárquico. O Estado existia para o bem do rei e de sua casa. Isso se aplica aos Habsburgos desde Fernando que, como imperador, foi chamado de Primeiro, até Fernando que, como imperador austríaco, foi o único com esse nome, assim como se aplica a todos os outros Estados da época. Nesse aspecto, o austríaco não era diferente dos outros do seu tempo. As terras hereditárias de Leopoldo I não eram fundamentalmente nada além do Estado de Luís XIV ou de Pedro, *o Grande* (1672-1725). Depois vieram outros tempos. O Estado monárquico sucumbiu ao ataque do movimento pela liberdade e, em seu lugar, apareceu o nacional livre. O princípio da nacionalidade tornou-se o portador da coesão e do conceito de Estado. Nem todos poderiam participar desse desenvolvimento sem alterar a sua extensão geográfica, e muitos tiveram que se submeter a mudanças em seu território. Para a monarquia do Danúbio, contudo, significava a negação do seu direito de existir.

Os clarividentes patriotas italianos pronunciaram a sentença de morte ao Estado da Casa de

Habsburgo-Lorena em 1815. Em 1848, já havia homens que partilhavam dessa opinião entre todos os povos que formavam o Império e, por mais de uma geração, qualquer um facilmente diria que toda a juventude pensante da monarquia – talvez com exceção de parte dos alemães alpinos educados em escolas católicas – era hostil ao Estado. Todos os não alemães aguardavam ansiosamente o dia que teriam liberdade e o seu próprio Estado nacional. Eles se esforçaram para sair da situação de "casados".

Muitos fizeram concessões; viram com olhos atentos como estavam as coisas na Europa e no mundo; não tiveram ilusões sobre os obstáculos que inicialmente impossibilitavam a realização dos seus ideais. Estavam prontos para ser modestos em suas reivindicações. Resignaram-se, então, à existência provisória dos Estados austríaco e húngaro. Além do mais, usaram a monarquia dual como contra-ataque em seu próprio jogo. Os poloneses, os eslavos do sul, os ucranianos e, num certo sentido, também os tchecos, procuraram usar o peso desse grande Estado, ainda poderoso, para servir aos seus próprios fins. Os críticos superficiais procuraram concluir, a partir disso, que esses povos tinham se reconciliado com a existência do Estado, e que até o desejavam. Nada estava mais errado.

O Irredentismo nunca desapareceu seriamente do programa de qualquer dos partidos não alemães. Tolerava-se que os círculos oficiais não mostrassem abertamente os objetivos últimos de suas aspirações nacionais em Viena. Em casa, porém, as pessoas não pensavam nem falavam de outra coisa senão da libertação e do abandono do jugo da dinastia estrangeira, ao mesmo tempo que se observava as barreiras impostas pelos parágrafos referentes à alta traição da lei penal. Os ministros tchecos e poloneses, e mesmo os numerosos generais eslavos do Sul, nunca esqueceram que eram filhos de povos subjugados; nas suas posições na corte, eles nunca se sentiram outra coisa senão pioneiros do movimento pela liberdade que queria afastar-se desse Estado.

Apenas os alemães assumiram uma posição diferente em relação ao Estado dos Habsburgos. É verdade que também houve um movimento na Áustria, mesmo que não se possa interpretar nesse sentido todos os aplausos aos Hohenzollern ou a Bismarck nas celebrações de solstício, nas mesas de estudantes e nas reuniões de eleitores. Mas, apesar do fato de os governos austríacos, nos últimos quarenta anos de existência do Império, terem sido, com algumas exceções transitórias, mais ou menos antialemães, e terem feito, muitas vezes de forma draconiana, declarações relativamente inofensivas dos sentimentos nacionais alemães – enquanto discursos e ações muito mais contundentes das outras nacionalidades gozavam de tolerância benevolente entre os alemães –, os partidos de apoio ao Estado sempre mantiveram a vantagem. Até aos últimos dias do Império, os alemães sentiram-se os verdadeiros portadores da ideia de Estado – os cidadãos de um Estado alemão. Isso era ilusão, imaturidade política? É certo que uma grande parte – na verdade, a maior parte –, do povo alemão na Áustria era, e hoje ainda é, politicamente atrasada. Mas essa explicação não pode ser suficiente para nós. Não estamos satisfeitos com a suposição de que os alemães são politicamente inferiores por natureza; justamente procuramos as causas que os levaram a marchar politicamente atrás dos rutenos e dos sérvios. Perguntamo-nos como aconteceu que todos os outros povos que habitavam o Estado imperial aceitaram de bom grado as ideias modernas de liberdade e independência nacional, mas os germano-austríacos acabaram se identificando tanto com o Estado dos Habsburgos a ponto de, para o bem da sua continuação, incorrer prontamente nos imensos sacrifícios de bens e sangue que uma guerra de mais de quatro anos lhes impôs.

Foram escritores alemães que apresentaram a teoria de que o Estado dual austro-húngaro não era uma construção artificial, como anunciava a doutrina mal orientada pelo princípio da nacionalidade, mas antes uma unidade geográfica natural. A arbitrariedade de tais interpretações não necessitava, evidentemente, de nenhuma refutação especial. Com esse método se pode muito bem provar que a Hungria e a Boêmia tiveram de formar um Estado quanto o oposto. O que é uma "unidade geográfica", o que são fronteiras "naturais"? Ninguém sabe dizer bem. Com esse método, Napoleão I defendeu a reivindicação da França sobre a Holanda, porque a Holanda era um depósito aluvial de rios franceses. Valendo-se do mesmo método, os escritores austríacos procuraram, antes do cumprimento dos esforços italianos pela unidade, apoiar o direito da Áustria às terras baixas da Alta Itália[107]. Se os alemães defenderam o Estado dos Habsburgos, certamente não o fizeram por entusiasmo pelas doutrinas geográficas e pelos mapas lindamente arredondados[108].

Outra interpretação é a do Estado como um território econômico, defendida sobretudo por Renner, o qual, além disso, também considerou válida a interpretação geográfica. Para ele, o Estado é uma "comunidade econômica", um "território econômico organizado"; e estes não devem ser despedaçados, razão pela qual tentar abalar as possessões do Império austro-húngaro seria um começo tolo[109]. Mas os povos não alemães da Áustria não gostaram desse território econômico unificado e não se deixaram influenciar por esses argumentos. Por que os alemães, precisamente aqueles da Áustria, criaram tais doutrinas, as

---

107. Hoje, os tchecos aplicam essa teoria para justificar a anexação da Boêmia alemã.
108. No original em alemão: *Wenn die Deutschen für Habsburgs Staat eingetreten sind, so haben sie es gewiß nicht aus Begeisterung für geographische Doktrinen und für schön abgerundete Landkartenbilder getan.* p. 90
109. Conforme Renner (1917); por outro lado, Mises (*op. cit.*, p. 579). Durante a redação deste ensaio, apenas o primeiro volume de *Österreichs Erneuerung* estava disponível para mim. Consultar também:
JUSTUS, *op. cit.*
LEDEER. Zeitgemässe Wandlungen der Sozialistischen Idee und Theorie. *In: Archiv für Sozialwissenschaft.* 45 v. 1918/1919. p. 261.

quais deveriam provar a necessidade desse Estado e, por vezes, até considerá-las certas? O fato de os alemães, de certo modo, sempre terem algo a favor do Estado austríaco – embora não fosse de todo alemão e, à sua própria conveniência, oprimisse os alemães da mesma forma ou até mais do que os seus outros povos – é algo que devemos tentar compreender com base no mesmo princípio, que explica o desenvolvimento do espírito político prussiano-alemão de conservadorismo e militarismo.

O pensamento político dos alemães na Áustria sofreu com a dupla atitude em relação aos Estados alemão e austríaco. Depois de terem despertado do sono secular no qual a Contrarreforma os tinha afundado e quando começaram, na segunda metade do século XVIII, a timidamente se preocupar com as questões públicas, os alemães na Áustria voltaram os seus pensamentos também para o Reich; e muitas pessoas corajosas sonhavam, mesmo antes de Março de 1848, com um Estado alemão unificado. Mas nunca deixaram claro para si mesmos que tinham que escolher entre ser alemães ou austríacos, e que não podiam desejar o Estado alemão e o austríaco ao mesmo tempo. Eles não viam, ou não queriam ver, que uma Alemanha livre só seria possível se a Áustria fosse destruída primeiro, e que a Áustria só poderia resistir se retirasse parte dos seus melhores filhos do Reich Alemão. Não enxergaram que os objetivos que procuravam eram incompatíveis, e que o que queriam era um absurdo. Não tinham consciência de sua indiferença, da indiferença que causou toda a lamentável indecisão de sua política, e que trouxe o fracasso a todos e a tudo que empreenderam.

Desde [a Batalha de] Königgrätz (1866) tornou-se moda no Norte da Alemanha duvidar do espírito alemão dos germano-austríacos. Como as pessoas facilmente igualavam-no ao alemão do Reich – fiéis ao modo de pensar estatista geralmente predominante, também identificavam todos os austríacos com a política da corte de Viena –, não foi difícil encontrar uma base para essa interpretação. No entanto, estava completamente errada.

Os alemães da Áustria jamais esqueceram a sua etnia. Nem mesmo nos primeiros anos que seguiram à derrota na campanha da Boêmia perderam o sentimento de pertencimento aos alemães do outro lado dos postos de fronteira pretos e amarelos, nem por um segundo. Eram alemães e queriam continuar assim; e muito menos deveriam ser responsabilizados, por aqueles que subordinaram a ideia alemã à ideia prussiana, porque também pretendiam ser, ao mesmo tempo, austríacos.

Não menos errada, porém, é a opinião difundida nos círculos da corte austríaca de que os germano-austríacos não levavam a sério o seu austrianismo. Os historiadores de orientação católica lamentaram tristemente o declínio da velha Áustria, aquele Estado monárquico que tinha sido o protetor do catolicismo e da ideia legitimista de Estado na Europa desde Fernando II até a eclosão da Revolução de Março de

1848. A sua total falta de compreensão de tudo o que foi pensado e escrito desde Rousseau (1712-1778), e a sua aversão a todas as mudanças políticas que ocorreram no mundo desde a Revolução Francesa, levaram-nos a acreditar que aquele estimado velho Estado dos Habsburgos poderia ter perdurado se os "judeus e maçons" não tivessem provocado a sua queda. Todo o seu ressentimento era dirigido contra os alemães na Áustria e entre eles, acima de tudo, contra o Partido Liberal Alemão, ao qual culpavam pela queda do Antigo Império. Eles viam como o Estado austríaco se desintegrava internamente cada vez mais, e colocaram a culpa justamente sobre aqueles que eram os únicos defensores dessa ideia – os quais não só apoiavam o Estado, como eram os únicos que o desejavam.

A partir do momento em que as ideias modernas de liberdade, que tinham sido zelosamente guardadas por Metternich e Sedlnitzky (1778-1855), cruzaram as fronteiras da Áustria, o antigo Estado da família dos Habsburgos foi destruído. O fato de não ter entrado em colapso já em 1848, e ter sido capaz de sobreviver por mais setenta anos, foi apenas obra da ideia de Estado dos germano-austríacos, que, por sua vez, foi conquista dos partidos da liberdade alemães, justamente aqueles que foram os mais odiados e perseguidos pela corte do que todos os outros, mais odiados até do que aqueles que ameaçaram e lutaram abertamente contra a continuação do Estado.

A base material da ideia de Estado austríaco dos alemães da Áustria era o fato dos assentamentos alemães espalharem-se por toda a extensão das terras dos Habsburgos. Como resultado de séculos de colonização, em toda a Áustria e Hungria a burguesia e a intelectualidade urbanas eram alemãs, grande parte das propriedades era germanizada e, em todos os lados, mesmo no meio do território de língua estrangeira, havia assentamentos de camponeses alemães. Toda a Áustria tinha um caráter alemão no exterior, e a educação e a literatura alemãs podiam ser encontradas em todos os lugares. Ao redor do Império, eles também estavam representados entre a pequena burguesia, os trabalhadores e os camponeses, embora em muitos distritos – especialmente na Galiza, em muitas partes da Hungria e nas zonas costeiras – a presença alemã entre os membros das camadas mais baixas do povo fosse bastante pequena. Com exceção da Alta Itália, a percentagem de alemães entre os instruídos e membros das camadas mais abastadas era bastante considerável. Todas as pessoas educadas e os burgueses prósperos que não eram alemães, e que não queriam reconhecer pertencer à nação alemã, o eram por força dos estudos – falavam e liam na língua alemã e pareciam, pelo menos externamente, alemães.

A parte da população austríaca que sentia mais fortemente o peso insuportável da tirania do governo de Viena, e que parecia ser a única capaz de substituir os círculos judiciais no governo, era a classe média alta, os membros das profissões liberais e os instruídos – exatamente aqueles que são comumente chamados de burguesia e intelectuais. Eles eram alemães em quase todo o Império, mormente nas terras que pertenciam à Federação. Nesse sentido, a Áustria certamente não era alemã, mas politicamente tinha um rosto alemão. Todo austríaco que quisesse ter algum interesse pelos assuntos públicos tinha de dominar a língua alemã.

Para os membros dos povos tcheco e esloveno, contudo, a educação e a ascensão social só poderiam ser alcançadas por meio da germanidade. Eles ainda não tinham literatura própria que lhes permitisse prescindir dos tesouros da cultura alemã. Quem ascendeu, tornou-se alemão justamente porque os membros das classes mais altas o eram.

Os alemães perceberam isso e acreditaram que tinha que ser assim. Estavam longe de querer germanizar compulsoriamente os demais, mas pensavam que isso aconteceria por si só. Imaginavam que cada tcheco e eslavo do sul se esforçaria, por interesse próprio, para adotar a sua cultura. Acreditavam que sempre seria verdade que, para os eslavos, o caminho para a cultura passava pela germanidade, e que o avanço social estava ligado a ela. Nem sequer pensavam que esses povos poderiam desenvolver culturas e literaturas independentes, e que também poderiam produzir entre si uma burguesia nacional independente. Isso deu-lhes a crença ingênua de que toda a Áustria sentia e pensava politicamente como eles, que todos tinham que ver o seu ideal no grande e poderoso Estado unificado da Áustria, o qual só poderia trazer o caráter alemão.

Essas foram as ideias políticas com as quais os germano-austríacos entraram na revolução. A decepção que experimentaram foi repentina e dolorosa.

Hoje, quando olhamos e analisamos o desenvolvimento das últimas sete décadas, é fácil dizer que posição os alemães deveriam ter tomado ante a nova situação; é fácil mostrar como poderiam e deveriam ter feito melhor. Hoje, pode-se deixar claro quão melhor teria sido à nação alemã se tivesse adotado em 1848 o programa que forçadamente adotou em 1918. A parte que teria recaído sobre o povo alemão numa divisão da Áustria em Estados nacionais independentes no ano de 1848 seria certamente muito maior do que a que adquiriu em 1918, após a terrível derrota na [Primeira] Guerra Mundial. O que o impediu, naquela época, de empreender uma separação clara entre alemães e não alemães? Por que não fizeram, eles próprios, a proposta? Por que a rejeitaram quando os eslavos a apresentaram?

Já foi mencionado que os alemães daquela época frequentemente supunham que a germanização dos eslavos era apenas uma questão de tempo, e que ocorreria sem pressão externa devido à necessidade de desenvolvimento. Mesmo essa interpretação por si só influenciaria toda a escolha de posições sobre o problema da nacionalidade. O fator decisivo, porém, era outro. Acontece que os alemães não podiam, e nem queriam desistir das minorias nacionais dispersas nos territórios contíguos de colonização de outros povos. Eles tinham irmãos de sangue vivendo em todo o território eslavo; todas as cidades eram inteiramente, ou pelo menos em grande parte, alemãs. É claro que, em sendo dessa maneira, teriam desistido de apenas uma fração de todo o povo alemão na Áustria. Mas a importância da perda que teriam sofrido como resultado não tem em conta a importância numérica dessa população em comparação ao resto do povo alemão na Áustria. Essas pessoas pertenciam, em grande parte, às classes mais altas da nação. Desistir delas significava, portanto, uma perda muito maior do que a mera expressão numérica indicada. Significava renunciar à nata do povo alemão na Áustria; sacrificar a Universidade de Praga, os comerciantes e proprietários de fábricas de Praga, Brünn [Brno], Pilsen [Plzeň], Budweis [Česke Budějovice], Olmütz [Olomouc], de Trieste, Laibach [Ljubljana], de Lemberg [Lwów, Lvov], Czernowitz [Cernăuți, Chernovtsy], de Pest, Pressburg [Bratislava], Temesvar [Timişoara] etc., os quais eram muito significativos para as condições austríacas. Abandoná-los significava destruir séculos de colonização, privar os camponeses, oficiais e funcionários alemães em todas as partes do amplo Império dos seus direitos.

Compreende-se, agora, a trágica posição dos alemães na Áustria. Com um espírito de rebelião ousado e desafiador, levantaram-se para quebrar o despotismo e tomar o governo do Estado nas suas próprias mãos; queriam criar uma Áustria grande e livre a partir da propriedade hereditária da dinastia. Depois, subitamente, tiveram que reconhecer que a maioria do povo não gostaria, de modo algum, da sua Áustria livre se tonar alemã; prefeririam continuar a ser súditos dos Habsburgos em vez de cidadãos de uma Áustria com características alemãs. Depois, para seu horror, descobriram que a aplicação dos princípios democráticos conduziria inevitavelmente à dissolução desse Império – no qual, afinal, tinham sido líderes do ponto de vista intelectual, e desejavam continuar a sê-lo. Depois tiveram que reconhecer que a democracia estava fadada a privar os cidadãos alemães dos seus direitos políticos em territórios habitados predominantemente por eslavos. Tiveram de reconhecer que os cidadãos de Praga e Brünn [Brno] estavam, de fato, em posição de arrancar o cetro dos Habsburgos e de estabelecer uma forma parlamentar de governo, mas que nada tinham a ganhar com isso – pelo contrário, perderiam muito. Isso, porque, sob o despotismo dos funcionários do soberano, eles ainda podiam viver como alemães. E, embora ainda fossem súditos, gozavam dos mesmos direitos que outros. Em um Estado livre, teriam se tornado cidadãos de segunda classe. Já outros estrangeiros, cuja língua não compreendiam e cujo modo de pensar lhes era estranho, e sobre cuja política não poderiam ter tido qualquer influência, teriam colhido os frutos da sua luta pela liberdade. Reconheceram que não tinham poder contra a coroa, pois ela sempre poderia convocar contra eles povos a quem sua voz não alcançaria. Reconheceram, e tiveram que dolorosamente sentir, quando os regimentos eslavos reprimiram o levante dos cidadãos e estudantes alemães, que não tinham perspectiva de se livrar do jugo que os oprimia. Ao mesmo tempo, porém, ainda teriam que preferir a vitória da velha Áustria reacionária à vitória do novo Estado livre. Sob o cetro dos Habsburgos, podiam viver como alemães enquanto, sob o domínio dos eslavos, restava apenas a morte política.

Poucos povos se encontraram numa posição política mais difícil do que os germano-austríacos após os primeiros dias sangrentos da Revolução de Março de 1848. O seu sonho de uma Áustria alemã livre, de repente, desfez-se. Não podiam mais querer que fosse dissolvida em Estados-nação em consideração aos seus compatriotas espalhados em áreas de colonização estrangeira; tinham que desejar que o Estado continuasse a existir. Não tiveram outra escolha senão apoiar o autoritarismo. Os Habsburgos e seus adeptos não desejavam uma aliança com os liberais anticlericais. Preferiram ver o colapso do Estado a partilhá-lo com o Partido Liberal Alemão. Perceberam muito cedo que os alemães na Áustria deveriam apoiar o Estado, quer quisessem ou não, e que era possível governar com segurança sem eles – até mesmo contra eles –, porque não tinham como formar uma oposição séria. Então, orientaram a sua política nesse sentido.

Isso tornou impossível qualquer organização simples para os alemães da Áustria. Não poderiam trabalhar seriamente pela democracia, pois seria um suicídio nacional. Não poderiam renunciar ao Estado austríaco porque, apesar de tudo, este ainda lhes oferecia proteção contra a opressão mais extrema. A partir da política alemã dividida, surgiu esse conflito.

A essência era a manutenção da propriedade nacional, como era chamada – o esforço para impedir a aniquilação gradual das minorias alemãs espalhadas em território de colonização estrangeira. Desde o início, esse foi um empreendimento sem esperança, pois as minorias estavam fadadas a desaparecer.

Apenas os assentamentos rurais onde os colonos alemães viviam juntos em aldeias fechadas tiveram a oportunidade de preservar os seus costumes. É claro que o processo de desgermanização também ocorreu inexoravelmente. O mero contato econômico com vizinhos de nacionalidade estrangeira, ainda mais ativo à medida que o desenvolvimento avançou, desgastou o seu caráter especial e tornou difícil para uma pequena colônia, muito distante da raiz principal do seu povo, preservar a língua materna. Viu-se, então, o efeito da escola – a alemã, mesmo em terras estrangeiras, incluiu a língua do país no currículo para não tornar demasiado difícil o progresso posterior das crianças.

Quando o jovem aprende a língua do país, inicia-se o processo de adaptação ao ambiente que, por fim, alcança a assimilação completa. Mas o aspecto decisivo é o fato de que, em um organismo econômico moderno, no qual tem que ocorrer uma migração constante, uma localidade não pode existir por muito tempo sem imigração vinda do exterior ou perda de população para o exterior. No primeiro caso, fica exposta a ser inundada por membros de nacionalidades estrangeiras e, como consequência adicional, a população nativa perde o seu caráter original. No segundo caso, a parte da população que fica para trás pode muito bem preservar a sua nacionalidade original, mas os emigrantes se tornarão nacionalmente alienados.

Dos numerosos assentamentos camponeses que surgiram, espalhados e isolados, nas terras dos Habsburgos, apenas aqueles onde a indústria moderna ou a mineração se desenvolveram ficaram afastados do caráter alemão. Nos demais, faltou imigração. Os elementos melhores e mais energéticos gradualmente se afastaram; eles ganharam economicamente com isso, mas perderam a sua nacionalidade. Os que ficaram para trás puderam preservar o seu caráter nacional, mas, muitas vezes, sofreram de endogamia.

Em suma, as minorias alemãs nas cidades dispersas pelas terras eslavas estavam irremediavelmente fadadas ao declínio. Com a emancipação do sistema feudal de posse anterior a 1848, o movimento migratório instalou-se também na Áustria. As movimentações internas ocorreram em grande escala. Milhares de pessoas mudaram-se do campo para as cidades e centros industriais, e os imigrantes eslavos rapidamente empurraram os alemães para a minoria numérica[110].

---

110. Sobre as causas do rápido crescimento populacional dos eslavos, às quais se deve atribuir o fato de o movimento para as cidades na Áustria

Assim, os alemães das cidades viram a maré eslava subir ao seu redor. Em torno do antigo centro da cidade, onde os germânicos viveram durante séculos, desenvolveu-se um anel de subúrbios onde não se ouvia nenhum som na língua-mãe. Na cidade velha, tudo ainda tinha esta marca: as escolas eram alemãs, essa era a língua da administração municipal e os alemães ainda ocupavam todos os cargos municipais. Mas dia após dia, seu número diminuiu. Primeiro, desapareceu a pequena burguesia. Vieram tempos difíceis para o artesanato e o comércio, sobre cujo solo dourado outrora cresceu a colonização alemã. E diminuíram ininterruptamente, pois não eram capazes de competir com a indústria fabril, que atraía o trabalhador eslavo. O mestre artesão afundou-se no proletariado; e seus filhos, que entraram nas fábricas junto com os eslavos, tornaram-se eslavos por meio do contato com os demais. Mas as famílias patrícias alemãs também se tornaram cada vez menos numerosas. Empobreceram, porque não conseguiram se adaptar às novas condições, ou morreram. As substituições não vieram. No passado, aqueles que haviam vindo de baixo tornaram-se alemães – e não era mais o caso. Os eslavos abastados já não tinham vergonha da sua etnia. Quando as antigas famílias alemãs se isolaram dos novos ricos, estes formataram uma nova sociedade eslava das classes superiores.

---

ter tido um caráter predominantemente eslavo (HAINISCH. *Die Zukunft der Deutschösterreicher*. Viena: 1892. p. 68).

A política na Áustria, que visava manter a posição de poder político dessas minorias, tornou-se, assim, conservadora e reacionária. Mas toda política conservadora está condenada ao fracasso desde o início; afinal, a sua natureza é agarrar-se ao que não pode ser mantido, resistir a um desenvolvimento que não pode ser impedido. O que pode conseguir, na melhor das hipóteses, é ganhar tempo – e é questionável se esse sucesso vale o custo. Todo reacionário carece de independência intelectual. Aplicando metáforas retiradas do pensamento militar, como é habitual em todas as linhas de pensamento político na Alemanha, poderíamos dizer que o conservadorismo é defesa e, como toda defesa, deixa que os termos sejam ditados pelo seu adversário – o atacante comanda a ação do defensor.

O foco da política alemã na Áustria passou a ser o de manter, tanto tempo quanto possível, as posições perdidas. Lutava-se por assentos na administração de um município, por uma câmara de comércio, por um banco ou mesmo apenas por um cargo público. Pequenas questões foram ampliadas para grande importância. Já era suficientemente ruim que os alemães tivessem se enganado repetidas vezes – quando, por exemplo, negaram aos eslavos a criação de escolas ou quando procuraram, com os meios de poder à sua disposição, dificultar a formação de associações ou a realização de reuniões. Pior ainda é que eram sempre eles os que sofriam, obrigados a suportar os reveses, o que fez com que se habituassem a estar sempre em retirada e a ser sempre derrotados. A história da política alemã na Áustria é uma cadeia de fracassos ininterruptos.

O efeito que essas condições tiveram sobre o espírito alemão foi devastador. Gradualmente, as pessoas foram se habituando a olhar para cada medida e cada questão política, exclusivamente da perspectiva do seu significado local. Cada reforma na vida pública, cada medida econômica, cada ferrovia construída, cada fábrica estabelecida, tornou-se uma questão de patrimônio nacional. É certo que os eslavos também encaravam tudo desse ponto de vista, mas o efeito sobre o caráter político da nação era diferente para eles. Devido a esse modo de pensar, os alemães tornaram-se reacionários, inimigos de todas as inovações, opositores de todas as instituições democráticas. Deixaram, para os eslavos, a fama barata de ser pioneiros do moderno espírito europeu na Áustria e assumiram para si a responsabilidade de apoiar e defender o que havia sobrevivido. Todos os progressos econômicos e culturais, e especialmente todas as reformas democráticas levadas a cabo na Áustria estavam fadados a trabalhar contra as minorias alemãs nos territórios poliglotas. Os alemães, portanto, resistiram; e, se finalmente isso triunfasse, a vitória seria uma derrota para eles mesmos.

Essa política também os privou de toda liberdade em relação à Coroa. Na Revolução de Março, os alemães da Áustria levantaram-se contra os Habsburgos e o seu absolutismo. Mas o Partido Liberal, que havia escrito os princípios de 1848 na sua bandeira, não estava em posição de liderar com vigor a luta contra a dinastia e contra a corte. Não tinha terreno sólido sob os pés nas terras poliglotas; dependia do favor e do desfavor do governo local. Se a corte quisesse, poderia aniquilá-lo. E assim o fez.

O Império dos Habsburgos foi estabelecido por Fernando II sobre as ruínas da liberdade de propriedades e do protestantismo. Teve que lutar não apenas contra as propriedades da Boêmia, mas também da Estíria e da Áustria. Os insurgentes da Boêmia lutaram contra o imperador em aliança com os da Baixa e da Alta Áustria; e a Batalha da Montanha Branca estabeleceu o domínio absoluto dos Habsburgos não apenas sobre a Boêmia, a Morávia e a Silésia, mas também sobre as terras austríacas.

Por natureza, o Império Habsburgo não era nem alemão nem tcheco; e em 1848, quando teve que lutar novamente pela sua existência, os movimentos de libertação tanto tchecos como alemães opuseram-se. Após o estabelecimento do pseudoconstitucionalismo nos anos de 1860, a corte preferiu confiar nos eslavos a confiar nos alemães. Ao longo dos anos, aliou-se aos primeiros contra os segundos, pois nada era mais odioso para ela do que o elemento alemão, que não podia ser perdoado pela perda de posição política no Reich. Mas mesmo todas as concessões não conseguiram manter os tchecos e os eslavos do Sul leais ao governo autoritário. Entre os outros povos da Áustria, a ideia democrática triunfou sobre a autoritária; e não foi possível fundir-se a ela no longo prazo. Com os alemães, foi diferente. Se não contra a sua vontade, permaneciam sob o poder austríaco. Quando o Estado os chamava, eles estavam sempre a seu serviço. Na hora final do Império, os alemães permaneceram leais aos Habsburgos.

Um ponto de virada na história dos germano--austríacos foi a Paz de Praga, que provocou a dissolução da Confederação Alemã. A crença ingênua na possibilidade de que o germanismo e o austríaco pudessem ser compatíveis havia acabado. Agora, parecia que era preciso escolher entre ser um ou outro. Mas os alemães na Áustria não enxergaram a necessidade dessa decisão e queriam, enquanto pudessem, permanecer alemães e austríacos.

A dor que os germano-austríacos sentiram em 1866 com a reviravolta dos acontecimentos foi profunda; nunca conseguiram se recuperar do golpe. A decisão veio e os fatos no campo de batalha se desenrolaram tão rapidamente que mal perceberam do que se tratava. Muito aos poucos, passaram a compreender o significado de tudo o que acontecera: a pátria alemã os havia expulsado. Não eram, então, também alemães? Não permaneceram alemães, mesmo sem lugar na nova estrutura política que estava sendo erguida sobre as ruínas da Confederação?

Ninguém expressou melhor essa dor do que Grillparzer (1791-1872). Aquele que colocou na boca de Ottokar von Horneck o elogio ao "jovem de bochechas rosadas" da Áustria e que fez Libussa proclamar um grande futuro aos eslavos em palavras sombrias[111]; ele, totalmente austríaco e alemão, reencontrou o equilíbrio nos versos orgulhosos:

> Als Deutscher Ward Ich Geboren,
> Bin ich noch einer?
> Nur era ich deutsch geschrieben,
> Das nimmt mir keiner.
>
> [Como alemão eu nasci,
> Eu ainda sou um?
> Somente o que escrevi em alemão
> ninguém tira de mim.]

Mas os germano-austríacos tiveram que aceitar o fato de que ainda não existia uma Alemanha, apenas uma Grande Prússia. A partir daquele momento, passaram a não existir mais para os alemães no Reich; as pessoas já não mais se preocupavam com eles e, todos os dias, fatos desmentiam as belas palavras ditas nos festivais de ginástica e tiro. A política da Grande Prússia decidiu seguir os caminhos que finalmente levariam ao Marne. Ela já não se importava com os alemães na Áustria. Os tratados que ligavam a monarquia austro-húngara ao Reich Alemão a partir de 1879 foram concluídos pelo governo autoritário da Grande Prússia com o imperador da Áustria e a oligarquia magiar na Hungria. Foram precisamente

---

111. "Você, que serviu por muito tempo, finalmente governará" (Libussa, quinto ato).

eles que tiraram dos alemães na Áustria a esperança de contar com a ajuda dos alemães no Reich no que diz respeito aos esforços irredentistas. A derrota que a ideia da Grande Alemanha sofreu em Königgrätz foi inicialmente encoberta pelo fato de que, justamente devido ao infeliz resultado da guerra, o Partido Liberal Alemão, durante um curto período, adquiriu uma limitada influência nos assuntos de Estado. Durante doze anos, poderia fornecer representantes para o governo. Ao longo desse tempo, repetidamente nomeou ministros, até mesmo o primeiro-ministro, e promoveu muitas reformas importantes contra a vontade da coroa, da nobreza feudal e da Igreja. Com grande exagero, isso tem sido chamado de domínio do Partido Liberal na Áustria. Na verdade, ele nunca governou; e nem poderia fazê--lo. A maioria das pessoas nunca seguiu suas bandeiras. Como poderiam os não alemães também aderir a esse partido alemão?

Entre os alemães, mesmo em seu apogeu, o partido sempre encontrou forte oposição dos camponeses alpinos que seguiam cegamente o clero. A sua posição na Câmara dos Representantes não se baseava no apoio da maioria, mas no sistema eleitoral, que, de uma forma sutil, favorecia a alta burguesia e a intelectualidade, mas recusava o direito de voto às massas. Cada extensão desse direito, cada mudança na organização dos distritos eleitorais ou no método de votação tinham que ser – e realmente eram – prejudiciais a ele. Era um partido democrático, mas tinha que temer a aplicação consistente dos princípios democráticos. Essa era a contradição interna de que sofria e pela qual estaria finalmente fadado à ruína; surgiu como uma necessidade imperiosa daquela *proton pseudos*[112] do seu programa, que procurava reconciliar o germanismo com o austrianismo.

O Partido Liberal Alemão poderia exercer uma certa influência sobre o governo, desde que isso lhe fosse permitido de cima. As derrotas militares e políticas que o antigo Estado monárquico austríaco havia repetidamente sofrido obrigaram a corte a ceder temporariamente. Os liberais eram necessários, e foram nomeados para os ministérios não porque, por assim dizer, não pudessem ser evitados, mas porque só deles se poderia esperar que colocassem em ordem as finanças do Estado e levassem a cabo a reforma militar. Como ninguém sabia a quem mais recorrer, receberam a tarefa de se reconstruir como o único partido que apoiava a Áustria. Foram dispensados em desgraça quando se considerou que não eram mais necessários. Quando tentaram resistir, foram aniquilados.

Então a Áustria desistiu de si mesma. Afinal, o Partido Liberal Alemão foi o único que aprovou esse Estado, que o desejou sinceramente e agiu em conformidade. Os demais, nos quais os governos posteriores confiaram, não queriam a Áustria. Os poloneses e tchecos que detinham pastas ministeriais foram, muitas

---

112. "Falácias básicas". (N. E.)

vezes, competentes como ministros especializados e até seguiam uma política que beneficiava o Estado austríaco e os seus povos. Mas todos os seus pensamentos e aspirações estiveram sempre voltados para os planos nacionais futuros do seu próprio povo. A sua relação com a Áustria foi sempre guiada apenas pelas aspirações pela independência. Aos olhos da própria consciência e perante os seus pares, a sua administração de cargos parecia valiosa apenas pelos sucessos que obtiveram na luta pela emancipação nacional. Eles receberam crédito dos seus compatriotas, em cuja opinião apenas eles, como parlamentares, confiaram – e não porque tivessem administrado bem os seus cargos, mas porque fizeram muito pelo separatismo nacional.

Além de preenchidos por tchecos, poloneses e ocasionais eslavos do Sul e alemães clericais, os cargos mais altos do governo austríaco eram quase sempre ocupados por funcionários cujo único objetivo político era a manutenção do autoritarismo, cujo único instrumento político era o *divide et impera*[113]. Aqui e ali ainda apareceu um velho liberal no meio, geralmente um professor que procurava – em vão – nadar contra a corrente, para finalmente, depois de muitas decepções, desaparecer da cena política.

O ponto no qual os interesses da dinastia e dos alemães pareciam se encontrar era a sua aversão à democracia. Os alemães da Áustria tiveram que temer

---

113. Dividir para conquistar. (N. E.)

cada passo nessa direção porque estavam, desse modo, sendo empurrados à minoria e entregues a um governo arbitrário implacável de maiorias de nacionalidade estrangeira. O Partido Liberal reconheceu esse fato e opôs-se vigorosamente a todos os esforços de democratização. A contradição em que caiu com o programa liberal causou a sua ruína. Confrontado com uma decisão histórica segundo a qual teve que escolher entre a deplorável sobrevivência do Estado austríaco durante algumas décadas – ao preço de desistir dos princípios orientados para a liberdade do seu programa – e a aniquilação imediata deste Estado com o sacrifício das minorias alemãs nos territórios de língua estrangeira, fez a escolha errada. As pessoas poderiam repreendê-lo por isso. No entanto, nada é mais certo do que o fato de, na posição em que se encontrava, não poder decidir livremente. Ele não poderia simplesmente sacrificar as minorias mais do que os partidos alemães que o sucederam na Áustria fizeram.

Portanto, nenhuma acusação é menos justificada do que afirmar que os liberais alemães foram maus políticos. Esse julgamento se baseia geralmente na sua posição sobre a questão da ocupação da Bósnia e Herzegovina. O fato de o Partido Liberal Alemão ter se manifestado contra as tendências imperialistas do militarismo dos Habsburgos foi particularmente ressentido por Bismarck. Hoje, as pessoas julgarão isso de forma diferente. O que anteriormente era motivo de reprovação contra o Partido Liberal Alemão – o fato de ter procurado resistir ao militarismo e de ter entrado na oposição, logo no início da política de expansão, provocando a queda do Império – irá, no futuro, redundar em elogios, não em culpa.

De qualquer forma, o Partido Liberal Alemão tinha uma visão muito mais profunda das condições de existência do Estado austríaco do que todas as outras potências e organizações que operam neste país. A dinastia, em particular, tinha feito todo o possível para acelerar a destruição do Império. Sua política era guiada menos por considerações racionais do que por ressentimentos. Ele perseguiu o Partido Liberal Alemão com raiva cega e com o seu ódio, mesmo para além do túmulo. Dado que os liberais tinham se tornado antidemocráticos, a dinastia, que sempre quis apenas restaurar o antigo Estado monárquico e até considerou o autoritário como uma forma demasiado moderna de constituição estatal, pensou que poderia entregar-se a travessuras democráticas de vez em quando. Assim, tem reiteradamente impulsionado a aceitação da extensão do direito de voto contra a vontade dos alemães, resultando sempre no fato de que os elementos alemães na Câmara dos Representantes perdem terreno e os elementos nacionais radicais dos não alemães ganham uma influência cada vez maior. Isso acabou por destruir o parlamentarismo austríaco.

Com a reforma eleitoral de Badeni no ano de 1896, o Império entrou em um modo de crise aberta. A Câmara dos Representantes tornou-se o local onde os deputados já não tinham outro objetivo senão demonstrar a impossibilidade de esse Estado continuar existindo. Qualquer pessoa que observasse as relações partidárias na Câmara dos Representantes austríaca perceberia facilmente que ele só se manteve porque a diplomacia europeia tentou adiar o perigo de guerra tanto quanto possível. A situação política interna na Áustria já estava pronta para a desintegração vinte anos antes do armistício.

Os partidos alemães que sucederam os liberais também mostraram muito menos compreensão da situação política do que os tão criticados antecessores. Os grupos nacionalistas, que lutaram vigorosamente contra os liberais, comportaram-se como democratas no início da sua atividade partidária, quando precisavam derrotar os liberais alemães. Logo tiveram de reconhecer que a democratização na Áustria era idêntica à desgermanização e, assim, tornaram-se tão antidemocráticos quanto os liberais alemães haviam sido uma vez. Os nacionalistas separaram-se dos liberais – se desconsiderarmos as palavras ruidosas com que tentaram, inutilmente, disfarçar a pobreza do seu programa e as suas tendências antissemitas, que poderiam ser descritas como francamente suicidas do ponto de vista da preservação da germanidade na Áustria, diferindo apenas em um único ponto. No programa de Linz, desistiram das reivindicações alemãs sobre a Galiza e a Dalmácia e contentaram-se em reivindicar as terras da antiga Confederação. Ao fazê-lo, contudo, cometeram o mesmo erro que os liberais alemães, e subestimaram a capacidade de desenvolvimento e as perspectivas para o futuro dos eslavos da Áustria Ocidental. Eles não tinham decidido – mais do que fizeram os liberais alemães – sacrificar as minorias espalhadas em terras de língua estrangeira, de modo que a sua política incorporava a mesma indecisão que a dos antigos liberais alemães. Embora ele tenha brincado com ideias irredentistas com mais frequência do que os liberais, nunca teve nada seriamente em mente que não fosse manter o Estado austríaco sob liderança e supremacia alemãs. Confrontados com a mesma escolha que os liberais fizeram, trilharam o mesmo caminho pelo qual estes enveredaram antes. Decidiram pela manutenção do Império, contra a democracia. Desse modo, seu destino também se tornou o mesmo dos antigos liberais: foram usados pela dinastia da mesma forma que eles. A dinastia poderia tratá-los tão mal quanto possível e, ainda assim, sabia que sempre poderia contar com eles.

O maior erro que os liberais alemães cometeram ao julgar os seus concidadãos de língua estrangeira foi ver, em todos os não alemães, nada mais do que inimigos do progresso e aliados da corte, da Igreja e da nobreza feudal. Nada é mais fácil de compreender do que o fato de que essa concepção poderia surgir. Os povos não alemães da Áustria eram igualmente avessos às aspirações da Grande Áustria e da Grande Alemanha; tinham reconhecido antes de todos os outros, antes mesmo do Partido Liberal, que o apoio da Áustria só deveria ser procurado na associação partidária dos liberais alemães. Aniquilá-los tornou-se, portanto, o mais importante e, a princípio, o único objetivo da sua política. Ao fazê-lo, procuraram e encontraram aliados em todos aqueles que lutavam até a morte contra esse partido. Isso permitiu que os liberais cometessem um erro grave, pelo qual pagaram caro. Eles compreenderam mal o elemento democrático na luta das nações eslavas contra o Império. Não viram nos tchecos como nada além de aliados e servidores voluntários dos Schwarzenbergs e dos Clam-Martinics. O movimento eslavo, aos seus olhos, estava comprometido pela sua aliança com a Igreja e a corte. Como puderam aqueles homens que lutaram nas barricadas em 1848 ter esquecido que a revolta da burguesia alemã tinha sido reprimida pelos soldados eslavos?

Essa má compreensão do conteúdo democrático dos movimentos de nacionalismo resultou na posição errada do Partido Liberal Alemão sobre os problemas nacionais. Tal como não duvidavam da vitória final da luz sobre as trevas, do Iluminismo sobre o clericalismo, também não duvidavam da vitória final do germanismo progressista sobre as reacionárias massas eslavas. Em todas as concessões às exigências eslavas, não via nada mais do que concessões ao clericalismo e ao militarismo[114].

---

114. Note-se que Marx e Engels também caíram no mesmo erro; tal como os liberais austro-alemães, também viram atos reacionários nos movimentos nacionalistas das nações sem história, e estavam convencidos de que, com a vitória inevitável da democracia, o germanismo triunfaria sobre essas nacionalidades moribundas.

O fato de a atitude dos alemães relativamente aos problemas políticos da Áustria ter sido determinada pelas restrições das circunstâncias em que colocaram a história é mais bem demonstrado pelo desenvolvimento do programa de nacionalismo dos social-democratas alemães. A social-democracia ganhou terreno, pela primeira vez na Áustria, entre os alemães e, durante longos anos, foi e continuou a ser nada mais do que um partido alemão com alguns companheiros entre os intelectuais de outras nações. Durante esse período, quando as regras eleitorais tornaram quase impossível para ela desempenhar um papel no parlamento, pôde considerar-se não envolvida nas lutas nacionais. Poderia assumir a posição de que todas as disputas nacionalistas nada mais eram do que uma preocupação interna da burguesia. Nas questões vitais do germanismo na Áustria, não tomou outra posição senão a do seu partido-irmão no Império Alemão em relação à política externa dos *junkers*, dos nacionais liberais, ou mesmo dos pan-alemães. Se os partidos alemães que lideraram a luta nacional – como o clero alemão e os socialistas cristãos – a acusaram de prejudicar o seu próprio povo por meio do seu comportamento, isso era inteiramente justificado àquela altura, mesmo que a extensão desses danos tenha sido pequena devido à

MARX. *Revolution und Kontrerevolution in Deutschland*. 3. ed. Stuttgart: 1913. p. 61.
MEHRING, *op.cit.*, pp. 246 ff.
BAUER, *op. cit.*, p. 271.

baixa importância política da social-democracia naquela altura. Quanto mais crescia, porém, essa relevância na Áustria – sobretudo porque, nas condições austríacas, a social-democracia era o único partido democrático entre os alemães – tanto mais se tornava obrigada a assumir a responsabilidade que cabia a todos os partidos alemães no que diz respeito às questões de nacionalismo. Começou a tornar-se nacional-alemão, embora não fosse mais capaz de superar as condições que tinham colocado a germanidade e a democracia em conflito no país do que os dois partidos alemães mais antigos da Áustria. Tal como o Liberal teve, em última análise, que abandonar os seus princípios democráticos, porque segui-los os levaria, inevitavelmente, a prejudicar o germanismo na Áustria; tal como igualmente fez o Partido Nacionalista Alemão, também o Social-Democrata teria de fazer isso se a história não o tivesse impedido e destruído o Estado austríaco antes que essa reviravolta nos acontecimentos estivesse totalmente concluída.

Depois de uma série de declarações programáticas de valor meramente acadêmico terem sido ultrapassadas pelos fatos, a social-democracia fez inicialmente uma tentativa com o programa de autonomia nacional[115].

Não há dúvida de que se baseia em uma compreensão mais profunda dos problemas de nacionalismo do que o programa de Linz – com o qual a nata

---

115. Conforme acima, p. 42.

da Áustria alemã daquele momento também colaborou. Nas décadas entre esses dois programas, muitas coisas que abriram os olhos também dos alemães da Áustria aconteceram. Também aí não conseguiram escapar à restrição que a necessidade histórica lhes impôs. O programa de autonomia nacional, embora falasse de democracia e de autogoverno, não era basicamente nada mais do que aquilo que as ideias de nacionalismo dos liberais e nacionalistas alemães foram realmente em essência: a saber, um programa para salvar o Estado austríaco do domínio dos Habsburgos-Lorena sobre as terras hereditárias imperiais e reais. Afirmava ser muito mais moderno que os mais antigos, mas não era nada diferente em sua essência. Não se pode sequer dizer que foi mais democrático que as anteriores, posto que a democracia é um conceito absoluto, não mensurável.

A diferença mais importante entre o programa de autonomia nacional e os antigos programas de nacionalismo é que sente a necessidade de justificar a sua existência e demonstrar a necessidade do estabelecimento do Estado austríaco não apenas do ponto de vista da dinastia e dos alemães, mas também das outras nacionalidades. E não se contenta, aliás, com aquelas frases pomposas que eram habituais entre os chamados escritores preto e amarelo, como uma referência à máxima de Palacký (1798-1876) de que seria necessário inventar a Áustria se ela já não existisse.

Esse argumento, elaborado especialmente por Renner, é totalmente insustentável, pois parte da ideia de que a manutenção do território aduaneiro austro-húngaro como uma área econômica distinta é do interesse de todos os povos da Áustria, e que cada um, portanto, tem interesse em criar uma ordem que mantenha a viabilidade do Estado. Já foi demonstrado que esse argumento não é correto; quando reconhecemos a falha do programa de autonomia nacional, percebemos que ele contém mais do que uma tentativa de encontrar a saída para as lutas nacionais sem destruir o Estado Habsburgo. Portanto, não é sem razão que os sociais-democratas foram ocasionalmente chamados de "sociais-democratas imperiais e reais" e tenham aparecido como o único partido pró-Estado na Áustria, especialmente nos momentos da constelação partidária em mudança caleidoscópica – quando os nacionalistas alemães deixaram temporariamente de lado o sentimento austríaco e se comportaram de forma irredentista.

    O colapso da Áustria salvou a social-democracia de ir longe demais nessa direção. Nos primeiros anos da [Primeira] Guerra Mundial, Renner, em particular, fez tudo o que era possível com as suas doutrinas, as quais os adversários chamavam de social-imperialismo. O fato de a maioria do partido não tê-lo seguido incondicionalmente não foi culpa sua, mas consequência de uma crescente insatisfação com uma política que impunha os mais extremos sacrifícios de sangue à população e a condenava à fome e à miséria.

    Os social-democratas alemães e germano-austríacos podiam se apresentar como democráticos porque eram partidos de oposição sem qualquer responsabilidade enquanto o povo alemão não aceitasse plenamente os princípios democráticos, temendo que a sua aplicação prejudicasse os compatriotas nos territórios poliglotas do Leste. Quando, com a eclosão da [Primeira] Guerra Mundial, parte – talvez a maior parte – da responsabilidade pelo destino do povo alemão recaiu sobre eles, também embarcaram no caminho que outros partidos democráticos já haviam seguido na Alemanha e na Áustria. Com Scheidemann (1865-1939) no Reich e Renner na Áustria, realizaram a mudança que os afastaria da democracia. O fato de a social-democracia não ter progredido mais nesse caminho, de não ter se tornado uma nova guarda do Estado autoritário, que dificilmente diferia dos liberais nacionais no Reich e dos nacionalistas alemães na Áustria em termos de democracia, deveu-se à mudança nas circunstâncias.

Agora, com a derrota na guerra e as suas consequências para a posição dos povos de língua alemã nos territórios com população mista, foram eliminadas as circunstâncias que anteriormente forçavam todos os partidos a se afastarem da democracia. O povo alemão hoje só pode procurar a salvação na democracia, no direito à autodeterminação dos indivíduos e dos povos[116].

---

116. As mesmas causas que impediram o povo alemão de se afastar da democracia estavam também em ação na Rússia, na Polônia e na Hungria. Será necessário atraí-los para a explicação se quisermos compreender o desenvolvimento dos democratas constitucionais russos ou do clube polonês no Conselho Imperial Austríaco ou do partido húngaro de 1848.

GUERRA E ECONOMIA

A Posição Econômica das Potências Centrais na Guerra

Os aspectos econômicos da [Primeira] Guerra Mundial são únicos na história, em espécie e em grau; nada semelhante existiu antes nem existirá novamente. Em geral, essa constelação de eventos foi condicionada pelo atual estágio de desenvolvimento da divisão do trabalho e da situação da tecnologia militar. Em particular, tanto pelo agrupamento das potências beligerantes como pelas especificidades dos seus territórios no que diz respeito à geografia quanto às técnicas de produção. Só a convergência de um grande número de condições prévias poderia levar à situação que foi resumida de forma bastante imprecisa na Alemanha e na Áustria sob a palavra-chave "economia de guerra". Pode não estar claro se esse combate será o último ou se outros o seguirão. Mas um conflito que coloque um lado em posição econômica semelhante àquela em que as Potências Centrais se encontraram nessa guerra não será travada novamente, não apenas porque a configuração econômica de 1914 não pode regressar como também porque nenhum povo poderá voltar a experimentar as pré-condições políticas e psicológicas que fizeram com que um conflito de vários anos de duração, sob tais circunstâncias, ainda parecesse promissor para o povo alemão.

O lado econômico dificilmente pode ser mais mal compreendido do que quando se diz que, em qualquer caso,

> a compreensão da maioria desses fenômenos não será promovida por um bom conhecimento das condições das economias em tempos de paz de 1913, mas sim pela adução das condições das economias em tempos de paz dos séculos XIV a XVIII ou da economia de guerra dos tempos napoleônicos[117].

Podemos ver melhor o quanto tal interpretação se concentra em superficialidades e quão pouco nos permite compreender a essência dos fenômenos se imaginarmos, digamos, que a [Primeira] Guerra Mundial tinha sido travada *ceteris paribus* na fase em que a divisão internacional do trabalho havia atingido cem

---

117. NEURATH. Aufgabe, Methode und Leistungsfähigkeit der Kriegswirtschaftslehre. In: *Archiv für Sozialwissenschaft und Sozialpolitik*. 44 v. 1917/1918. p. 765.
Pelo contrário:
EULENBURG. Die wissenschaftliche Behandlung der Kriegswirtschaft. *In: Archiv für Sozialwissenschaft und Sozialpolitik*. 44 v. 1917/1918. p. 775-85.

anos antes. Naquela época, não poderia ter se tornado uma guerra de fome; no entanto, precisamente aí residia a sua essência. Um outro agrupamento de potências beligerantes também teria resultado em um quadro bastante diferente.

Os aspectos econômicos da [Primeira] Guerra Mundial só podem ser compreendidos se, primeiro, tivermos em vista a sua dependência do desenvolvimento contemporâneo das relações econômicas mundiais e das economias nacionais individuais – em primeiro lugar a da Alemanha e a da Áustria-Hungria e, depois, também a da Inglaterra.

A história econômica é o desenvolvimento da divisão do trabalho. Começa com a economia doméstica autônoma da família, que é autossuficiente e que produz tudo o que usa ou consome. Do ponto de vista econômico, os agregados familiares individuais não são diferenciados. Cada um serve apenas a si mesmo. Não ocorre nenhum contato ou troca de bens.

O reconhecimento de que o trabalho realizado no âmbito da divisão de tarefas é mais produtivo do que aquele realizado sem ela põe fim ao isolamento das economias individuais. O princípio comercial, a troca, une os proprietários. De uma preocupação individual, a economia passa a ser uma questão social. A divisão do trabalho avança passo a passo. Limitada inicialmente apenas a uma esfera estreita, estende-se cada vez mais. A era do liberalismo trouxe os maiores avanços desse tipo. Na primeira metade do século XIX, a maior parte da população das zonas rurais europeias, em geral, ainda vivia em regime de autossuficiência econômica. O camponês consumia apenas alimentos que ele próprio cultivava; usava roupas de lã ou linho cujas matérias-primas ele próprio produzia e que eram fiadas, tecidas e costuradas em sua casa. Ele havia construído a moradia e os edifícios agrícolas, e os mantinha sozinho – talvez com a ajuda de vizinhos, a quem retribuía com serviços semelhantes.

Nos vales remotos dos Cárpatos, na Albânia e na Macedônia, isolados do mundo, ainda existiam condições semelhantes no início da guerra. Contudo, quão pouco essa estrutura econômica corresponde ao que existe hoje no resto da Europa é demasiado conhecido para exigir uma descrição mais detalhada.

Em termos locais, o desenvolvimento da divisão do trabalho conduz a uma economia mundial plena, isto é, a uma situação em que cada atividade produtiva se desloca para os locais mais favoráveis e, ao fazê-lo, são comparadas a todas as possibilidades de produção da superfície terrestre. Tais migrações ocorrem continuamente como, por exemplo, quando a criação de ovinos diminui na Europa Central e se expande na Austrália, ou quando o linho da Europa é substituído pelo algodão da América, Ásia e África.

Não menos importante do que a divisão espacial do trabalho é a pessoal, a qual é condicionada pela primeira, em parte. Se os ramos de produção se diferenciam localmente, então também deve ocorrer a individualização dos produtores. Se usarmos lã australiana e consumirmos manteiga siberiana, naturalmente não é possível que os produtores de lã e de manteiga sejam a mesma pessoa, como acontecia antigamente. Na verdade, a divisão pessoal do trabalho também se desenvolve independentemente do espaço, como nos ensina cada passeio pelas nossas cidades ou mesmo pelos corredores de uma fábrica.

A dependência da condução da guerra no estágio de desenvolvimento da divisão espacial do trabalho alcançado à época não torna por si só, mesmo hoje, qualquer confronto impossível. Os Estados individuais podem se encontrar em situação de guerra sem que as suas relações econômicas mundiais sejam essencialmente afetadas por isso. Um enfrentamento franco-alemão não teria, e nem poderia ter, levado a um colapso econômico na Alemanha em 1914, tal como não o fez em 1870-1871. Mas, atualmente, uma guerra travada por um ou mais Estados isolados do grande comércio mundial e um inimigo que tem livre acesso ao mundo exterior deve parecer absolutamente impossível.

Esse desenvolvimento da divisão espacial do trabalho é também o que faz com que as revoltas locais pareçam bastante sem esperança desde o início. Ainda em 1882, aqueles em torno do Golfo de Kotor e os herzegovinos conseguiram rebelar-se com sucesso contra o governo austríaco durante semanas e meses, sem sofrer qualquer deficiência no seu sistema econômico, composto por famílias autossuficientes. Na Vestfália ou na Silésia, uma revolta que se estendesse apenas por um território tão pequeno já poderia, nessa altura, ter sido reprimida em apenas alguns dias com o bloqueio do abastecimento. Séculos atrás, as cidades conseguiam travar uma guerra contra o campo; há muito tempo isso já não é possível. O desenvolvimento da divisão espacial do trabalho e o seu progresso em direção a uma economia mundial contribuíram mais eficazmente para a paz do que todos os esforços dos pacifistas. O mero reconhecimento da ligação econômica mundial de interesses materiais teria mostrado aos militaristas alemães o perigo – na verdade, a impossibilidade – dos seus esforços. Eles estavam, no entanto, tão envolvidos nas suas ideias políticas de poder que nunca foram capazes de pronunciar o termo "economia mundial" de outra forma que não em linhas de pensamento bélicas. A política global era, para eles, sinônimo de política de guerra, construção naval e ódio à Inglaterra[118].

Que a dependência econômica do comércio mundial deve ter um significado decisivo para o resultado de uma campanha não poderia, naturalmente, escapar aos que tinham se ocupado durante décadas com a preparação para a guerra no Reich Alemão. Se, no entanto, não perceberam que a Alemanha, mesmo que apenas por causa da sua posição econômica, não poderia travar com sucesso

---

118. Especialmente característicos dessa tendência são os discursos e ensaios publicados por Schmoller, Sering e Wagner sob os auspícios da *"Free Association for Naval Treaties"* ["Associação Livre para Tratados Navais"] sob o título *Handels- und Machtpolitik* (Stuttgart: 1900, 2 vols).

uma grande guerra com várias grandes potências, dois fatores foram decisivos para isso, um político e um militar. Helfferich (1872-1924) resumiu o primeiro aspecto nas seguintes palavras:

> O próprio desenho das fronteiras da Alemanha praticamente exclui a possibilidade de uma interrupção prolongada das importações de cereais. Temos tantos vizinhos – primeiro o alto-mar, depois a Holanda, a Bélgica, a França, a Suíça, a Áustria, a Rússia – que parece bastante inconcebível que as muitas rotas de importação de cereais por água e por terra nos possam ser todas bloqueadas de uma só vez. O mundo inteiro teria que estar aliado contra nós; no entanto, considerar seriamente tal possibilidade, mesmo que por um minuto, significa ter uma falta de confiança ilimitada na nossa política externa[119].

---

119. HELFERICH. *Handelspolitik*. Leipzig: 1901. p. 197.
DIETZEL. Weltwirtschaft und Volkswirtschaft. In: *Jahrbuch der Gehe-Stiftung*. 5 v. Dresden: 1900. p. 46.
RIESSER. *Finanzielle Kriegsbereitschaft und Kriegsführung*. Jena: 1909. p. 73.
Bernhardi fala da necessidade de se tomar medidas para preparar caminhos durante uma guerra germano-inglesa "pelas quais possamos obter as importações mais necessárias de alimentos e matérias-primas e, ao mesmo tempo, exportar o excedente dos nossos produtos industriais, pelo menos parcialmente" (*Deutschland und der nächste Krieg*, 1912, p. 179). Ele propõe tomar providências para "uma espécie de mobilização comercial". As ilusões sobre a situação política a que ele se entregou podem ser mais bem vistas a partir do seu pensamento de que numa luta contra a Inglaterra (e a França aliada a ela), "não ficaríamos espiritualmente sozinhos, mas sim todos na ampla esfera terrestre que pensam e se sentem orientados para a liberdade e autoconfiantes irão se unir a nós" (*Ibid*., p. 187).

Militarmente, porém, recordando as experiências das guerras europeias de 1859, 1866 e 1870-1871, as pessoas acreditavam que lidariam com confrontos apenas por apenas alguns meses ou semanas. Todos os planos de guerra alemães baseavam-se na ideia de que, dentro de pouco tempo, conseguiriam derrubar completamente a França. Qualquer um que imaginasse que a guerra duraria tanto tempo que os ingleses, e mesmo os americanos, apareceriam no continente europeu com exércitos de milhões teria sido motivo de riso em Berlim. O fato de assumir a forma de trincheiras foi completamente ignorado. Apesar das experiências da guerra russo-japonesa, as pessoas acreditavam que poderiam acabar com a europeia num curto espaço de tempo por meio de ataques ofensivos rápidos[120]. Os cálculos militares

---

[120]. A teoria moderna começou com a visão de que o ataque é o método superior de travar uma guerra. O espírito do militarismo sedento de conquista fica claro quando Bernhardi defende: "Só o ataque alcança resultados positivos; a mera defesa sempre produz apenas respostas negativas". (*Vom heutigen Krieg*, 2 v., 1912, p. 223.).

Contudo, a argumentação a favor da teoria do ataque não era meramente política, mas também se baseava na ciência militar. Ele aparece como a forma superior de luta porque o atacante tem livre escolha da direção, do objetivo e do local das operações. Como parte ativa, ele determina as condições sob as quais a luta é realizada; em suma, dita as regras de ação. Como, porém, a defesa na frente é taticamente mais forte do que o ataque, o atacante deve se esforçar para contornar o flanco do defensor. Essa era a velha teoria da guerra, recentemente comprovada pelas vitórias de Frederico II, Napoleão I e Moltke, e pelas derrotas de Mack, Gyulai e Benedek. Determinou o comportamento dos franceses no início da guerra (Mulhouse). Foi o que impulsionou a administração do Exército alemão a embarcar na marcha através da neutra Bélgica, a fim de atingir os franceses no flanco, porque eles eram intacáveis na frente. A sua

do Estado-Maior não eram menos errados do que os económicos e políticos.

Não é, portanto, verdadeira a afirmação de que o Império Alemão negligenciou a realização dos preparativos económicos necessários para a guerra. Esperavam, simplesmente, um confronto de curta duração. Para tal, contudo, não era necessário tomar quaisquer disposições económicas para além das políticas financeiras e de crédito. Antes da eclosão da guerra, sem dúvida, teria sido considerada absurda a ideia de que a Alemanha pudesse, algum dia, ser forçada a lutar contra quase todo o resto do mundo durante muitos anos, em aliança apenas com a

---

lembrança dos muitos comandantes austríacos para os quais a defensiva se tornara um infortúnio levou Conrad, em 1914, a abrir a campanha com ofensivas sem objetivos e sem propósito, nas quais a flor do Exército austríaco foi sacrificada inutilmente. Mas o tempo das batalhas à moda antiga, que permitiam contornar o flanco do adversário, já havia passado nos grandes teatros de guerra europeus, uma vez que a massividade dos exércitos e as táticas remodeladas pelas armas e meios de comunicação modernos ofereciam a possibilidade de organizar os exércitos de tal forma que a estratégia anterior não era mais possível. Os flancos que ficam no mar ou em território neutro não podem ser contornados. Resta apenas o ataque frontal, que falha contra um oponente igualmente bem armado. As grandes ofensivas inovadoras nessa guerra tiveram sucesso apenas contra oponentes mal armados, como especialmente os russos estavam em 1915 e, em muitos aspectos, também os alemães em 1918. Em um enfrentamento de tropas inferiores, um ataque frontal poderia, é claro, ter sucesso – mesmo contra armas e armamentos igualmente bons e até superiores do defensor (décima segunda batalha do Isonzo). Por outro lado, as antigas táticas só poderiam ser aplicadas nas batalhas de guerra móvel (Tannenberg e os Lagos Masúria em 1914, e batalhas individuais na Galiza). Ter entendido mal isso foi o destino trágico do militarismo alemão. Toda a sua política foi construída sobre o teorema da superioridade militar do ataque. Na guerra de posições, fracassou.

Áustria-Hungria (ou mais exatamente em aliança com os germano-austríacos e os magiares, pois os eslavos e romenos permaneceram com os seus corações – e muitos deles também com as armas – do lado do inimigo), a Turquia e a Bulgária. Em qualquer caso, teríamos que ter reconhecido, após uma calma reflexão, que tal guerra não poderia nem deveria ter sido travada, e que, se uma política indescritivelmente má a tivesse permitido explodir, então deveriam ter tentado alcançar a paz o mais rápido possível, mesmo ao preço de grandes sacrifícios.

Na verdade, nunca restou qualquer dúvida de que o fim poderia ser apenas uma derrota terrível, que deixaria o povo alemão indefeso aos termos mais duros dos seus oponentes. Sob tais circunstâncias, uma paz rápida, pelo menos, pouparia dinheiro e sangue.

Isso deveria ter sido reconhecido imediatamente, mesmo nas primeiras semanas da guerra, e as únicas implicações possíveis só então extraídas. Desde os primeiros dias do conflito – no mais tardar, contudo, após as derrotas no Marne e na Galiza em setembro de 1914 –, havia apenas um objetivo racional para a política alemã: a paz, mesmo que ao custo de pesados sacrifícios. Desconsideremos completamente o fato de que, até ao verão de 1918, muitas vezes chegou a ser possível alcançá-la em condições parcialmente aceitáveis, e de que os alemães da Alsácia, do Tirol do Sul, dos Sudetos e das províncias orientais da Prússia poderiam provavelmente ter sido protegidos do domínio estrangeiro nesse sentido. Mesmo se a continuação da guerra proporcionar uma paz ligeiramente mais favorável, os sacrifícios incomparavelmente grandes que exige não deveriam ter sido feitos. Que isso não tenha acontecido e que a luta desesperada e suicida tenha continuado durante anos deveu-se, principalmente, a considerações políticas e a erros graves na avaliação militar dos acontecimentos[121]. Mas as ilusões sobre a política econômica também contribuíram muito para tanto.

Logo no início da guerra, surgiu uma palavra de ordem cujas consequências infelizes, ainda hoje, não podem ser completamente ignoradas: o fetiche verbal "economia de guerra". Com essa expressão, foram colocadas de lado todas as considerações que poderiam ter levado a uma conclusão que desencorajaria a continuação do conflito. Com essa única expressão, todo o pensamento político-econômico foi rejeitado. Dizia-se que as ideias herdadas da "economia em tempos de paz" não se aplicavam à "economia de guerra", que obedecia a outras leis. Armados com essa lógica, alguns burocratas e oficiais que tinham conquistado o poder total por meio de decretos excepcionais substituíram por "socialismo de guerra" o que restava do socialismo de Estado e do militarismo da economia livre. Quando pessoas famintas começaram a reclamar, foram novamente acalmadas pela referência à

---

121. Foi uma ilusão incompreensível falar da possibilidade de uma paz vitoriosa quando o fracasso alemão já estava determinado desde a batalha do Marne. Mas o partido *junker* preferiu deixar o povo ser totalmente arruinado em vez de desistir do seu domínio um dia antes.

"economia de guerra". Embora um ministro inglês tenha emitido o *slogan* "*business as usual*" ["normalidade nos negócios"] – algo que, no entanto, a Inglaterra não conseguiu manter à medida que a guerra avançava –, na Alemanha e na Áustria as pessoas orgulhavam-se de abrir caminhos tão novos quanto possível. Eles "se organizavam", e não perceberam que o que estavam fazendo era planejar a derrota.

A maior conquista econômica do povo alemão durante a guerra – a conversão da indústria às necessidades da guerra – não foi obra da intervenção estatal, mas resultado da economia livre. Mesmo que, nessa área no Reich, seja do que o que aconteceu na Áustria, não se deve esquecer que a tarefa que a indústria austríaca tinha que cumprir era ainda maior em relação às suas forças. Ela não só teve que fornecer o que a guerra exigiu – para além das disposições em tempos de paz – como também compensar o que fora negligenciado antes. As armas com as quais a artilharia de campanha austro-húngara entrou no conflito eram inferiores; os morteiros, desregulados, e os canhões de montanha – já desatualizados no momento da sua introdução – mal atendiam às exigências mais modestas. Vieram de fábricas estatais e, agora, a indústria privada, que em tempos de paz tinha sido excluída do fornecimento de armas de campanha e de montanha e só podia fornecer esse material à China e à Turquia, teve que produzir não só o material para a expansão como substituir os modelos inutilizáveis por outros melhores.

As coisas não eram muito diferentes com as roupas e calçados das tropas austro-húngaras. Os chamados tecidos cinza-azulados – mais corretamente, azuis-claros – revelaram-se inúteis no campo e tiveram que ser substituídos, o mais rápido possível, por outros cinza. O fornecimento de botas, realizado em tempos de paz com exclusão da indústria mecânica de calçados que trabalhava para o mercado, teve de ser transferido para as fábricas que antes eram evitadas pelos dirigentes.

A enorme superioridade técnica que os exércitos das Potências Centrais alcançaram na primavera e no verão de 1915 no palco oriental da guerra, e que formou a principal base da campanha vitoriosa desde Tarnów e Gorlice até às profundezas da Volínia, foi tanto obra de indústria livre quanto as conquistas surpreendentes da mão de obra alemã e austríaca no fornecimento de materiais de guerra de todos os tipos para os palcos ocidentais e italianos. As administrações militares da Alemanha e da Áustria-Hungria sabiam muito bem por que não cederam à pressão pela propriedade estatal das empresas de abastecimento de guerra. Deixaram de lado a sua preferência declarada por estatais orientadas para a política de poder e para a onipotência do Estado, o que teria sido mais adequado à sua visão do mundo, porque sabiam muito bem que as grandes tarefas industriais dessa área só poderiam ser efetuadas por empresários que operassem por conta própria, com recursos próprios. O socialismo de guerra sabia muito bem por que razão não lhe tinham sido confiadas as empresas de armamento logo nos primeiros anos da guerra.

✳✳✳

2. Socialismo de Guerra

O chamado socialismo de guerra, de modo geral, era considerado suficientemente defendido e justificado com referência, principalmente, à emergência criada por ela. Durante o conflito, a inadequada economia livre não poderia continuar a existir; em seu lugar, precisou surgir algo mais perfeito, a economia administrativa. Se se deve ou não, depois da guerra, regressar ao sistema "não alemão" de individualismo, já se trata de outra questão que pode ser respondida de diferentes maneiras.

Essa argumentação a favor do socialismo de guerra é tão inadequada como característica do pensamento político de um povo cuja liberdade de expressão é dificultada pelo despotismo. É inadequada porque só poderia ser realmente um argumento poderoso se tivesse sido estabelecido que a economia organizada é capaz de produzir resultados mais elevados do que a livre. Isso, no entanto, primeiro teria que ser provado. Para os socialistas, que já defendem a socialização dos meios e querem, assim, eliminar a anarquia da produção, um estado de guerra não é necessário para justificar medidas de socialização. Para seus adversários, no entanto, a referência à guerra e às suas consequências econômicas também não é uma situação que possa recomendar tais medidas. Para quem considera que a economia livre é a forma superior de atividade econômica, as dificuldades causadas pelas batalhas deveriam ser um novo momento que exige a remoção de todas as barreiras que impedem a livre concorrência. A guerra como tal não requer uma economia [centralmente] organizada, embora possa estabelecer certos limites à busca dos interesses econômicos em algumas direções. Na era do liberalismo, mesmo uma guerra da extensão mundial – o tanto quanto pode ser concebível no pensamento liberal e, portanto, pacifista – não teria, de forma alguma, promovido tendências de socialização.

A justificativa mais comum para a necessidade de medidas socialistas era o argumento sobre o cerco. Dizia-se que a Alemanha e os seus aliados estavam na posição de uma fortaleza sitiada que o inimigo queria conquistar por meio da fome. Diante de tal perigo, todas as medidas habituais numa cidade cercada teriam que ser aplicadas. Todos os estoques tinham de ser considerados como uma massa sujeita ao controle de uma administração unificada, utilizados para satisfazer igualmente às necessidades de todos. Nesse sentido, o consumo tinha, portanto, que ser racionado.

Essa linha de argumentação parte de fatos indiscutíveis. É claro que a fome (no sentido mais amplo do termo), que na história da guerra tinha sido geralmente utilizada apenas como um meio tático, foi utilizada como estratégia[122]. Mas as conclusões tiradas disso estavam erradas. Uma vez que se pensasse que a posição das Potências Centrais era comparável à de uma fortaleza sitiada, seria necessário concluir o que poderiam obter do ponto de vista militar. Lembre-se de que um lugar sitiado, segundo toda a experiência da história militar, está condenado a morrer de fome e que sua queda só pode ser evitada com ajuda externa. O programa de "resistência" só teria sentido, então, se considerarmos o fato de que o tempo não trabalha a favor do lado sitiado. Como não se podia esperar ajuda externa, não se deveria fechar os olhos ao conhecimento de que a situação das Potências Centrais piorava dia após dia, e que era, portanto, necessário alcançar a paz, mesmo que impusesse sacrifícios aparentemente não justificados pela situação tática do momento. Os oponentes estavam preparados a fazer concessões se tivessem recebido algo em troca para encurtar a duração da guerra.

Não se pode presumir que o Estado-Maior alemão tenha ignorado isso. Mesmo assim, se ele se apegou ao *slogan* "Aguente", não foi tanto uma má compreensão da situação militar, mas uma esperança de que o inimigo estivesse em um certo estado mental. A nação mercantil anglo-saxônica se cansaria mais cedo do que o povo das Potências Centrais,

---

122. Um exemplo de guerra em que a inanição do oponente foi usada como meio estratégico é a revolta Herero no Sudoeste Africano alemão em 1904. De certa forma, a Guerra Civil na América do Norte e a última Guerra dos Bôeres também o são.

habituado à guerra. Assim que os ingleses sentissem a batalha, ficaria claro que são muito mais sensíveis do que os europeus centrais quando se trata de restringir a sua capacidade de satisfazer as suas necessidades. Esse grave erro, essa má compreensão da psique do povo inglês, também levou à adoção, em primeiro lugar, da guerra submarina limitada, e depois da ilimitada. Ela baseou-se ainda em outros cálculos falsos, numa superestimação das próprias capacidades e numa subestimação das medidas defensivas do inimigo e, finalmente, numa completa incompreensão das pré-condições políticas para travar a guerra e do que é permitido nela. Mas não é tarefa deste livro lidar com essas questões. O acerto de contas com as forças que empurraram o povo alemão para essa aventura suicida cabe aos mais qualificados.

Independentemente dessas deficiências, que dizem mais respeito ao lado geralmente militar da questão, a teoria do socialismo de cerco também sofre de graves defeitos em termos de política econômica.

Se comparássemos a Alemanha a uma cidade sitiada, estaríamos negligenciando o fato de que essa comparação só é válida no que diz respeito aos bens não produzidos internamente, que não podiam ser substituídos pelos produzidos internamente. Para esses bens, a menos que fossem artigos de luxo, o racionamento do consumo foi necessário no momento em que todas as fontes de abastecimento foram cortadas devido ao agravamento do bloqueio, e também à entrada da Itália e da Romênia na guerra. Até então, teria sido melhor conceder plena liberdade de circulação e comércio, pelo menos para as quantidades importadas do estrangeiro, "a fim de não reduzir o incentivo à sua obtenção por meio de canais clandestinos". Em todo o caso, foi um erro, como aconteceu no início da guerra, especialmente na Áustria, resistir aos aumentos de preços por meio de medidas penais. Se os comerciantes tivessem retido os bens com a intenção especulativa de conseguir aumentos de preços, isso teria efetivamente limitado o consumo logo no início da guerra. A limitação dos aumentos de preços estava, portanto, condenada a ter consequências absolutamente prejudiciais. Para aqueles bens que não poderiam, de forma alguma, ser produzidos ou substituídos por internos, seria melhor que o Estado tivesse estabelecido preços mínimos em vez de máximos a fim de limitar o consumo tanto quanto possível.

A especulação antecipa futuras mudanças de preços; a sua função econômica consiste em nivelar as diferenças entre lugares e momentos históricos e, por meio da pressão que os preços exercem sobre a produção e o consumo, adaptar os estoques e as procuras entre si. Se a especulação começou a exigir preços mais elevados no início da guerra, então imediatamente fez com que os preços ultrapassassem o nível que teriam alcançado sem a sua intervenção. Mas, porque o consumo também foi restringido, os estoques de bens disponíveis para abastecer o período posterior da guerra teve que aumentar e, portanto, uma redução para o período posterior teria que surgir sem o desenvolvimento da especulação. Se quiséssemos eliminar essa função econômica indispensável, teríamos que colocar imediatamente outra coisa no seu lugar – como o confisco de todos os estoques, a gestão estatal e o racionamento. De modo algum, porém, era possível contentar-se simplesmente com a intervenção penal.

Quando a guerra estourou, os cidadãos esperavam um confronto que durasse cerca de três a seis meses. Os comerciantes organizaram-se sob essa luz. Se o Estado conhecesse melhor a situação, teria o dever de intervir. Se pensasse que a guerra terminaria dentro de quatro semanas, poderia ter intervindo para evitar que os aumentos de preços fossem maiores do que parecia necessário para alinhar os estoques com a procura. Para isso, também, a fixação de preços máximos não teria sido suficiente. Se, no entanto, o Estado especulasse uma duração maior do que pensavam os civis, então deveria ter interferido, quer fixando preços mínimos, quer comprando bens para efeitos de constituição de reservas estatais. Pois havia o perigo de que o comércio especulativo, não familiarizado com as intenções e planos secretos do Estado-Maior, não aumentasse imediatamente os preços na medida necessária para assegurar a distribuição dos pequenos estoques durante toda a duração da guerra. Esse teria sido um caso em que a interveniência do Estado nos preços teria sido absolutamente necessária e justificada. Que isso não aconteceu é fácil de explicar. As autoridades militares e políticas foram as menos informadas sobre a duração prevista. Por essa razão, todos os seus preparativos falharam, inclusive políticos e econômicos.

No que diz respeito a todos os bens que, mesmo apesar da guerra, podiam ser produzidos em território das Potências Centrais, livre do inimigo, o argumento do cerco já era totalmente inaplicável. Foi um amadorismo da pior espécie fixar preços máximos para esses bens. A produção só poderia ter sido estimulada por valores elevados, e a limitação dos aumentos estrangulou-a. Não surpreende que o cultivo e a produção compulsórios tenham falhado.

Será tarefa da história descrever em detalhe a estupidez da política econômica das Potências Centrais durante essa guerra. Certa vez, por exemplo, foi dada a ordem de reduzir o gado por meio do aumento do abate devido à escassez de forragem. Em seguida, foram emitidas proibições de abate e tomadas medidas para promover a criação de gado. Uma falta semelhante de planejamento prevaleceu em todos os setores. Medidas e contramedidas cruzaram-se até que toda a estrutura da atividade econômica ficou em ruínas.

O efeito mais prejudicial da política do socialismo de cerco foi o isolamento dos distritos com excedentes de produção agrícola dos territórios onde o consumo excedia a disponibilidade. É fácil compreender por que razão os líderes distritais tchecos nos Sudetos, cujos corações estavam do lado da

Entente, procuraram, tanto quanto possível, limitar a exportação de alimentos dos distritos sob a sua liderança para as partes alemãs da Áustria – acima de tudo Viena. É menos compreensível que o governo de Viena tenha tolerado isso, que igualmente tenha aceitado que os distritos alemães seguissem tal exemplo e que a Hungria também se fechasse à Áustria – nas zonas rurais e na própria Hungria, muitos suprimentos estavam disponíveis. É completamente incompreensível o fato de que a mesma política de segmentação regional tenha sido aplicada no Reich Alemão, e que os distritos agrários tenham sido autorizados a se fechar aos industriais. Que a população das grandes cidades não tenha se rebelado contra essa política só pode ser explicado por seu viés em relação às concepções estatistas da vida econômica, pela sua crença cega na onipotência da intervenção oficial e pela sua desconfiança arraigada de décadas contra toda a liberdade.

Ao tentar evitar o colapso inevitável, o estatismo apenas o acelerou.

***

3. Autarquia e Constituição de Reservas

Quanto mais claro se tornava, no decorrer da guerra, que as Potências Centrais acabariam sucumbindo para a fome, mais energicamente vinham referências, de vários lados, à necessidade de se fazer melhores preparativos para a próxima guerra. A economia teria de ser remodelada de tal forma que a

Alemanha fosse capaz de resistir mesmo que por vários anos; ela precisaria produzir dentro do país tudo o que é necessário para alimentar a sua população, equipar e armar os seus exércitos e frotas a fim de não depender mais de países estrangeiros nesse aspecto.

Não são necessárias longas discussões para mostrar que esse programa não pôde ser colocado em prática. Não pôde porque o Reich Alemão é muito densamente povoado para que todos os alimentos necessários à sua população sejam produzidos internamente sem a utilização de matérias-primas estrangeiras, e porque uma série de matérias-primas necessárias para a produção de materiais de guerra modernos simplesmente não existem no país. Os teóricos da economia de guerra incorrem em uma falácia quando tentam provar a possibilidade de uma economia alemã autárquica com referência à usabilidade de materiais substitutos. Nem sempre é necessário usar matéria estrangeira. Existem nacionais que dificilmente são inferiores aos estrangeiros em termos de qualidade e baixo custo. Para o espírito alemão, que já notoriamente se destacou na ciência aplicada, surge aqui uma grande tarefa, que ele resolverá de forma brilhante. Os esforços anteriormente realizados nesse domínio conduziram a resultados favoráveis. Dizem que somos mais ricos do que já fomos porque aprendemos a utilizar melhor o que anteriormente negligenciávamos, utilizado para fins menos importantes ou não utilizados de modo algum.

O erro nessa linha de pensamento é óbvio. É certamente verdade que a ciência aplicada ainda não deu a última palavra e que ainda podemos contar com melhorias tecnológicas que não são menos significativas do que a invenção da máquina a vapor e do motor elétrico. E pode acontecer que uma ou outra dessas invenções encontre as pré-condições mais favoráveis para a sua aplicação justamente em solo alemão, que irá consistir precisamente em tornar útil um material que está disponível, em abundância, na Alemanha. Mas então o significado dessa intervenção residiria exatamente na mudança das circunstâncias de localização de um ramo de produção, em tornar as condições produtivas de um país – que anteriormente eram consideradas menos favoráveis – mais benéficas sob determinadas circunstâncias. Tais mudanças ocorreram com frequência na história, e ocorrerão inúmeras outras vezes. Esperamos que, no futuro, possibilitem que a Alemanha se torne, num grau mais elevado do que hoje, um país com condições de produção melhores. Se isso acontecer, muitos fardos serão retirados do seu povo.

No entanto, essas mudanças no padrão relativo das condições de produção devem ser claramente distinguidas da introdução do uso de materiais substitutos e da produção de bens sob condições mais precárias. É claro que se pode usar linho em vez de algodão e solas de madeira em vez de solas de couro. Contudo, no primeiro caso, substitui-se um material mais barato por um mais caro – que demanda maior custo de produção – e, no último caso, um material melhor por outro menos prático em sua utilização. Isso significa, no entanto, que a oferta piorou. O fato de usarmos sacos de papel em vez de juta, pneus de ferro nos veículos em vez de borracha, de bebermos café "de guerra" em vez do verdadeiro, mostra que nos tornamos mais pobres, e não mais abastados. E, se agora usarmos cuidadosamente os resíduos que antes jogávamos fora, isso não nos tornará mais ricos do que se obtivermos cobre por meio da fusão de obras de arte[123].

Na verdade, uma vida confortável não é o bem maior; e pode haver razões para que os indivíduos, bem como os povos, prefiram a pobreza ao luxo. Mas, então, que isso seja dito abertamente, sem o manto de teoremas artificiais que tentam transformar o branco em preto e o preto em branco; que ninguém procure obscurecer o caso claro com argumentos alegadamente econômicos[124].

Não se deve contestar que as dificuldades da guerra podem gerar, como fizeram, muitas invenções úteis. O quanto elas representam um

---

123. DIETZEL. *Die Nationalisierung der Kriegsmilliarden*. Tübingen: 1919. p. 31.
124. Não são apenas os economistas que têm estado ativos nessa direção – muito foi feito por técnicos, mas a maior parte por médicos. Os biólogos que, antes da guerra, declararam inadequada a nutrição do trabalhador industrial alemão, subitamente descobriram, durante os confrontos, que os alimentos pobres em proteínas são especialmente saudáveis, que o consumo de gordura acima da quantidade permitida pelas autoridades é prejudicial e que uma limitação no consumo de carboidratos tem pouco significado.

enriquecimento duradouro da economia alemã só será conhecido mais tarde.

Apenas os proponentes da ideia de uma autarquia que subordina todos os outros propósitos ao objetivo militar pensam de forma consistente. Aquele que vê todos os valores realizados apenas no Estado, e o vê como uma organização militar sempre pronta para a guerra, deve exigir da política econômica do futuro que, deixando de lado todas as outras considerações, se esforce para organizar a economia interna voltada para a autossuficiência em caso de combates. Independentemente dos custos mais elevados que daí decorrem, a produção deve ser direcionada para os canais que o Estado-Maior econômico designar como os mais convenientes. Se o bem-estar da população for, desse modo, prejudicado, tendo em conta o elevado objetivo a se atingir, isso não conta de nada. Não é o padrão de vida que é a maior felicidade das pessoas, mas o cumprimento do dever.

Nessa linha, há um grave erro de pensamento. Certamente é possível, se desconsiderarmos os custos, produzir dentro do país tudo o que é necessário para se sustentar na hipótese de guerra. É, contudo, importante não só que as armas e o material estejam disponíveis, mas também em quantidade e qualidade superiores. Um povo que deve produzi-los em condições desfavoráveis – ou seja, com custos mais elevados – irá para o campo mais mal abastecido, equipado e armado do que os seus adversários. É claro que a inferioridade pode, até certo ponto, ser compensada pela excelência pessoal em combates. Mas, de novo, aprendemos nessa guerra que existe um limite para além do qual toda a bravura e todo o sacrifício são inúteis.

Do reconhecimento da impraticabilidade dos esforços para a autarquia, surgiu o plano para uma futura economia de reserva estatal. Em preparação para o possível regresso de uma guerra de fome, o Estado deve ter reservas de todas as matérias-primas importantes que não podem ser produzidas internamente. Nesse sentido, também se pensou em um grande estoque de grãos e até mesmo de forragens[125].

Do ponto de vista econômico, a implementação dessas propostas não parece inconcebível. Politicamente, é bastante desesperador. Não se pode presumir que outras nações observariam calmamente a acumulação de tais estoques de guerra na Alemanha, e não recorreriam a contramedidas. Para frustrar todo o plano, bastava apenas vigiar as exportações dos materiais em questão e permitir quantidades que não excedam a demanda corrente.

O que tem sido incorretamente chamado de "economia de guerra" são as pré-condições econômicas para a batalha. Toda guerra depende do nível de divisão do trabalho que se alcançou na época. As

---

125. LEVY. *Vorratswirtschaft und Volkswirtschaft*. Berlin: Verlag von Julius Springer, 1915. p. 9.
NAUMANN. *Mitteleuropa*. p. 149.
DIEHL.. *Deutschland als geschlossener Handelsstaat im Weltkrieg*. Stuttgart: 1916. p. 28.

economias autárquicas podem enfrentar umas às outras; as partes individuais de uma comunidade de trabalho e comercial só podem fazê-lo à medida que estejam em posição de regressar à autarquia. É por essa razão, com o progresso da divisão do trabalho, que vemos o número de guerras e batalhas diminuir cada vez mais. O espírito do industrialismo, incansavelmente ativo no desenvolvimento das relações comerciais, mina o espírito bélico. Os grandes avanços que a economia mundial alcançou na era do liberalismo estreitaram consideravelmente o espaço deixado para a ação militar. Quando aquelas camadas do povo alemão que tinham a visão mais profunda da interdependência econômica mundial com relação às economias individuais de cada nação duvidaram se ainda era possível que uma guerra pudesse desenvolver-se – e, se isso acontecesse, esperavam que terminasse rapidamente –, demonstraram uma melhor compreensão das realidades da vida do que aqueles que se entregavam à ilusão de que, mesmo na era do comércio mundial, se poderia praticar os princípios políticos e militares da Guerra dos Trinta Anos.

Quando se examina o conteúdo da expressão "economia de guerra", verifica-se que ela não abraça nada mais do que a exigência de fazer regressar o desenvolvimento econômico a um estágio mais favorável do que no período de 1914. A única questão é: até onde se deve ir? Deveríamos recuar até ser possível a guerra entre grandes Estados, ou viabilizar o enfrentamento entre partes individuais de um país e entre a cidade e o campo? Deveria apenas a Alemanha ser colocada em posição de travar uma guerra contra todo o resto do mundo, ou deveria também ser possível a Berlim desafiar o resto da Alemanha?

Qualquer pessoa que, por razões éticas, queira manter permanentemente a guerra como instituição de relações internacionais, deve compreender que isso só pode acontecer à custa da prosperidade geral, uma vez que o desenvolvimento econômico do mundo teria de ser revertido, pelo menos, até a situação do ano de 1830 para realizar esse ideal militar, mesmo que apenas até certo ponto.

✳✳✳

4. Os Custos de Guerra à Economia e à Inflação

As perdas que a economia nacional sofre em consequência da guerra, para além das desvantagens que a exclusão do comércio mundial acarreta, consistem na destruição de bens por atos de guerra, no consumo de material bélico de todos os tipos e na perda de trabalho produtivo que as pessoas convocadas para o serviço militar teriam realizado nas suas atividades civis. Outras perdas ocorrem na medida em que o número de trabalhadores é reduzido de forma duradoura pela quantidade de mortes, e à medida que os sobreviventes se tornam menos aptos em consequência dos ferimentos que sofreram, das dificuldades que atravessam, das doenças que passam a ter e da deterioração da nutrição. Essas perdas são apenas parcialmente compensadas pelo fato de a guerra funcionar como um fator dinâmico e estimular a população a melhorar a tecnologia de produção. Mesmo o aumento do número de trabalhadores com utilização da mão de obra de mulheres e crianças – que, de outra forma, não seria empregada pela expansão das horas de trabalho –, bem como a poupança conseguida pela limitação do consumo, ainda não as contrabalança, de modo que as finanças sofrem uma perda considerável de riqueza. Economicamente consideradas, a guerra e a revolução são sempre maus negócios, a menos que o seu resultado seja uma melhoria tal do processo que a quantidade adicional de bens produzidos após a guerra possa compensar as perdas. Aquele que está convencido de que a ordem socialista da sociedade multiplicará a produtividade da economia pode não pensar nos sacrifícios que a revolução social custará.

Mesmo uma guerra que seja prejudicial à economia mundial pode enriquecer nações ou Estados. Se o vitorioso for capaz de impor encargos ao derrotado que não só cubram todos os seus custos, como também gerem um excedente, então a guerra é vantajosa. A ideia militarista baseia-se na crença de que tais ganhos são possíveis e podem ser mantidos de forma duradoura. Um povo que acredita que pode ganhar o pão mais facilmente fazendo guerra do que trabalhando dificilmente poderá ser convencido de que é mais agradável a Deus sofrer injustiça do que cometê-la. A teoria do militarismo pode ser refutada. Se, no entanto, isso não for possível, não haverá meios de, recorrendo a fatores éticos, persuadir a parte mais forte a renunciar ao uso do seu poder.

O argumento pacifista ultrapassa os limites quando simplesmente nega a possibilidade de um povo vencer por meio da guerra. A crítica ao militarismo deve começar por saber se o vencedor pode contar definitivamente com a possibilidade de permanecer sempre como o mais forte ou se não deve temer ser substituído por partes ainda mais potentes. A argumentação militarista só pode defender-se das objeções que lhe são levantadas desse ponto de vista se partir da premissa de caracteres raciais imutáveis. Os membros da raça superior, que se comportam entre si de acordo com princípios pacifistas, mantêm-se firmemente unidos contra as raças inferiores às quais procuram subjugar e, assim, garantir a supremacia eterna. Mas a possibilidade de que surjam diferenças entre os membros das raças superiores, o que leva alguns a unir forças com as raças inferiores para lutar contra o resto das superiores, mostra por si só o perigo da situação militarista para todas as partes. Se abandonarmos inteiramente a premissa da constância dos caracteres raciais e considerarmos concebível que a raça, que antes era mais forte, será superada por outra antes mais fraca, então fica evidente que cada parte sempre deve esperar ser confrontada com novas batalhas nas quais também pode ser derrotada. Sob esses pressupostos, a teoria militarista não pode ser mantida. Já não existe qualquer vitória segura na guerra, e a situação bélica mostra-se como um estado de luta eterna que destrói a prosperidade a tal ponto que o vencedor acaba obtendo menos do que teria colhido na solução pacífica.

Seja como for, não é necessária muita perspicácia econômica para reconhecer que uma guerra significa, pelo menos, a destruição direta de bens e miséria. Era claro para todos que a própria eclosão, de um modo geral, traria interrupções desastrosas a toda vida profissional. Na Alemanha e na Áustria, no início de agosto de 1914, as pessoas encaravam o futuro com medo. Surpreendentemente, porém, as coisas pareciam funcionar de outra forma. Em vez da crise esperada, houve um período de bons negócios – em vez de declínio, uma expansão. Entenderam que a guerra significava prosperidade. Empresários que antes eram totalmente pacifistas, sempre censurados devido à ansiedade que demonstravam a cada surto de rumores de batalha, passaram a se reconciliar com a guerra. De repente, não havia mais produtos invendáveis, e empresas que operavam com prejuízo há anos estavam obtendo enormes lucros. O desemprego, que assumira proporções ameaçadoras nos primeiros dias e semanas da guerra, desapareceu completamente e os salários aumentaram. Toda a economia nacional apresentou a imagem de um crescimento gratificante. Logo apareceram aqueles que procuraram explicar as causas desse crescimento[126].

---

126. A maioria dos autores, em conformidade com a tendência intelectual do estatismo, não se ocupou com a explicação das causas do

É claro que qualquer indivíduo imparcial deve ter certeza de que a guerra não pode, de fato, provocar qualquer expansão econômica, pelo menos imediatamente, uma vez que um aumento na riqueza nunca é resultado da destruição de bens. Não teria sido muito complicado compreender que a guerra traz boas oportunidades de vendas para os produtores de armas, munições e equipamento militar de todos os tipos, mas que o que esses vendedores ganham é compensado, por outro lado, por perdas em outros ramos de produção, e que essas perdas reais da economia não são afetadas por isso. A prosperidade da guerra é como a prosperidade trazida por um terremoto ou por uma praga. O primeiro significa bons negócios para o setor de construção; a segunda melhora os negócios dos médicos, farmacêuticos e agentes funerários. Por essas razões, ninguém ainda procurou celebrá-los como estimuladores das forças produtivas no interesse geral.

Partindo da observação de que a guerra promove os negócios de armamento, muitos procuraram atribuí-la às conspirações dos interessados nesses. Essa

---

bom andamento dos negócios, mas sim discutiu a questão de saber se a guerra "deveria ser autorizada a trazer prosperidade". Entre aqueles que procuraram dar uma explicação do crescimento econômico na guerra deve ser mencionado acima de tudo Neurath (*Die Kriegswirtschaft*, v. 16, 1910, p. 10), uma vez que ele – seguindo os passos de Carey, List e Henry George – já tinha, mesmo antes, nesta como noutras questões, adotado o ponto de vista que ganhou ampla difusão na Alemanha. O representante mais ingênuo desta visão de que a guerra cria riqueza é Steinmann-Bucher (*Deutschlands Volksvermögen im Krieg*, 1916, p. 40, 85).

visão parece encontrar um apoio superficial no comportamento das indústrias pesada e de armamento em geral. Os defensores mais enérgicos da política imperialista na Alemanha não se encontravam nos círculos industriais, mas sim nos intelectuais, especialmente entre funcionários públicos e professores. Contudo, os recursos financeiros para a propaganda de guerra foram fornecidos pela indústria de armamento antes e durante o confronto. No entanto, ela não criou o militarismo e o imperialismo, tal como as destilarias não criaram a embriaguez ou o comércio editorial criou a literatura popular. Não foi a oferta de armas que criou a procura, mas o contrário. Os líderes da indústria armamentista não são sanguinários *per se*; e teriam o mesmo prazer em ganhar dinheiro produzindo outras mercadorias. Produzem canhões e armas porque existe demanda por esses artefatos, mas lidariam com artigos de tempos de paz se pudessem fazer um negócio melhor com eles[127].

O conhecimento da ligação entre essas coisas teria necessariamente se generalizado em pouco tempo e o povo rapidamente reconhecido que

---

127. É uma mania dos estatistas suspeitarem das conspirações dos "interesses especiais" em tudo o que não lhes agrada. Assim, a entrada da Itália na guerra foi atribuída ao trabalho de propaganda pago pela Inglaterra e pela França. Diz-se que Annunzio foi subornado e assim por diante. Será possível afirmar que Leopardi e Giusti, Silvio Pellico e Garibaldi, Mazzini e Cavour também se venderam? No entanto, o seu espírito influenciou a posição da Itália nessa guerra mais do que a atividade de qualquer contemporâneo. Os fracassos da política externa alemã devem-se, em grande parte, a essa forma de pensar, que torna impossível compreender as realidades do mundo.

o crescimento da guerra foi vantajoso apenas para uma pequena parte da população, e que a economia nacional como um todo se tornaria mais pobre dia após dia se a inflação não tivesse lançado um véu sobre todos esses processos – um véu que o pensamento, privado pelo estatismo de quaisquer reflexões econômicas nacionais, foi incapaz de penetrar.

Para compreender o significado da inflação, ajuda imaginá-la e todas as suas consequências apartadas do quadro da economia de guerra. Imaginemos que o Estado tivesse renunciado a ajuda às suas finanças, a qual recorreu por meio da emissão de papel-moeda de todos os tipos. É claro que, se desconsiderarmos as quantidades relativamente insignificantes de mercadorias obtidas de países estrangeiros neutros como contrapartida do ouro retirado de circulação e exportado, não aumentaram de forma alguma os meios materiais e humanos de travar a guerra. Com a emissão do papel-moeda, não foi produzido nem um canhão ou granada a mais do que teria sido produzido sem se colocar a prensa monetária em funcionamento. Afinal, a guerra não é travada com "dinheiro", mas com os bens adquiridos com dinheiro. Para a produção de bens de guerra, era indiferente se a quantidade com a qual eram comprados era maior ou menor.

Por outro prisma, a guerra aumentou significativamente a necessidade de dinheiro. Muitas economias individuais foram impelidas a aumentar as reservas de caixa, uma vez que a utilização de pagamentos em moeda superou a concessão de crédito de longo prazo (habitual anteriormente), verificou-se a deterioração dos acordos comerciais e a crescente insegurança, que alteraram toda a estrutura do sistema de pagamentos. Os muitos gabinetes militares recentemente criados durante a guerra ou cujo âmbito de atividade foi ampliado, juntamente com a extensão da circulação monetária das Potências Centrais aos territórios ocupados, contribuíram para o aumento da procura de dinheiro pela economia, que criou uma tendência para valorização, ou seja, para um aumento do poder de compra da unidade monetária –, o que funcionou contra a tendência oposta desencadeada pelo aumento da emissão de notas.

Se a extensão da emissão de notas não tivesse excedido o montante que o público poderia ter absorvido sem aumentar o valor do dinheiro devido ao aumento da necessidade de dinheiro causado pelos acontecimentos da guerra, então não haveria muito a dizer sobre isso[128].

Na verdade, porém, a expansão das notas foi muito maior. Quanto mais a guerra avançava, mais

---

128. No original em alemão: *Wäre das Ausmaß der Notenausgabe nicht über jenes Maß hinaus-gegangen, das der Verkehr mit Rücksicht auf die durch die Kriegsereignisse eingetretene Erhöhung des Geldbedarfes ohne Steigen des Geldwertes hätte aufnehmen können, dann wären über sie nicht viel Worte zu verlieren.* Em contraste à edição norte americana: *If the volume of note issue had not gone beyond what business could have absorbed in view of the war-induced increase in the demand for money, merely checking any increase in the value of money, then not many words would have to be spent on it.* (N. E.)

ativamente a prensa era colocada ao serviço da administração financeira. As consequências que a teoria quantitativa descreve ocorreram. Os preços de todos os bens e serviços, e com eles os preços das letras de câmbio estrangeiras, subiram.

A queda do valor do dinheiro favoreceu todos os devedores e prejudicou os credores. Isso, contudo, não esgotou os efeitos colaterais sociais da mudança no valor. O crescimento de preços causado pelo aumento na quantidade de moedas em circulação não apareceu de uma só vez em toda a economia e para todos os bens, pois a quantidade adicional é distribuída gradualmente. No início, flui para certos estabelecimentos e ramos de produção. Primeiro aumenta a procura de bens específicos, não de todos. Mais tarde, outros produtos acompanham o crescimento. Dizem Auspitz (1837-1906) e Lieben (1842-1919):

> Durante a emissão das notas, os meios adicionais de circulação estarão concentrados nas mãos de uma pequena fração da população, por exemplo, dos fornecedores e produtores de materiais de guerra. Consequentemente, as demandas dessas pessoas por vários artigos irão aumentar; e, assim, os preços e as vendas, principalmente, porém, dos artigos de luxo. Desse modo, a situação dos produtores de todos esses artigos melhora; a sua procura por outros bens também aumentará; o aumento dos preços e das vendas irá, portanto, progredir ainda mais e espalhar-se para um

número cada vez maior de artigos e, finalmente, para todos[129].

Se a redução do valor do dinheiro se instalasse em toda a economia de uma só vez para todos os bens na mesma medida, então não provocaria uma mudança nas relações de rendimento e de ativos. Pois nesse aspecto só pode haver uma questão de redistribuição no rendimento e relações desses ativos. A economia como tal nada ganha e, o que o indivíduo ganha, outros devem perder. Aqueles que trazem para o mercado os bens e serviços cujos preços são primeiro afetados pelo movimento ascendente dos preços estão na posição favorável de já serem capazes de vender a um valor mais elevado, ao mesmo tempo que ainda podem comprar os bens e serviços a custos mais antigos e mais baixos. Por outro lado, mais uma vez, aqueles que vendem bens e serviços cujos preços só aumentam, mais tarde já têm que comprar a preços mais elevados, enquanto eles próprios conseguem obter apenas os preços mais antigos e mais baixos em suas vendas.

Enquanto o processo de mudança no valor do dinheiro ainda estiver em curso, tais ganhos para alguns e perdas para outros continuarão a ocorrer. Quando chegar ao fim, esses também cessarão, mas os ocorridos nesse ínterim não são compensados novamente. Os fornecedores de guerra, no sentido mais

---

129. AUSPITZ; LIEBEN. *Untersuchungen über die Theorie des Preises*. Leipzig: 1889. p. 64.

lato da palavra (incluindo também os trabalhadores das indústrias bélicas e os militares que receberam maiores salários), beneficiaram-se não só do fato de desfrutarem de bons negócios no sentido comum da palavra, mas também de a quantidade adicional de dinheiro fluir primeiro para eles. O aumento dos valores dos bens que trouxeram para o mercado foi duplo: primeiro causado pela maior procura do seu trabalho e, depois, da oferta de dinheiro.

Essa é a essência da chamada prosperidade de guerra; enriquece alguns com o que tira de outros. Não se trata de um aumento da riqueza, mas sim de uma mudança de riqueza e de rendimento[130].

A riqueza da Alemanha e da Áustria alemã consistia, sobretudo, numa riqueza de capital. Por mais que se estime os recursos minerais e naturais do nosso país, no entanto, devemos ainda admitir que existem outros mais ricamente dotados pela natureza, cujo solo é mais fértil, cujas minas são mais produtivas, cujo poder hídrico é mais forte e cujos territórios são mais facilmente acessíveis devido à localização junto ao mar, às cadeias de montanhas e aos cursos dos rios. As vantagens da economia nacional alemã

---

130. MISES. *Theorie des Geldes und der Umlaufsmittel*. Munich: 1912. p. 222. Uma descrição clara das condições na Áustria durante as Guerras Napoleônicas pode ser encontrada em:
GRÜNBERG. *Studien zur österreichischen Agrargeschichte*. Leipzig: 1901. p. 121.
BRODA. Zur Frage der Konjunktur im und nach dem Kriege. *In: Archiv für Sozialwissenschaft*. 45 v., p. 40.
ROSENBERG. *Valutafragen*. Viena: 1917. p. 14.

não residem no fator natural, mas no fator humano de produção e numa vantagem histórica. Essas vantagens manifestaram-se na acumulação relativamente grande de capital, principalmente na melhoria das terras utilizadas para agricultura e silvicultura, e no estoque abundante de meios de produção de todos os tipos, de estradas, ferrovias e outros meios de transporte, de edifícios e seus equipamentos, de máquinas e ferramentas e, por fim, de matérias-primas e produtos semiacabados. Esse capital foi acumulado pelo povo alemão por meio de um longo período; era a ferramenta que os trabalhadores industriais alemães usavam para o seu trabalho e de cuja aplicação viviam. De ano para ano esse estoque era aumentado pela parcimônia.

As forças naturais adormecidas no solo não são destruídas pelo uso adequado no processo, mas constituem um fator de produção eterno. As reservas de matérias-primas acumuladas no solo representam apenas um estoque limitado que o homem vai consumindo aos poucos, sem poder repor de forma alguma. Os bens de capital também não duram para sempre – como meios de produção finalizados, como bens semiacabados, que representam o sentido mais amplo do termo –, mas vão gradualmente sendo transformados em bens de consumo. Para alguns, com o chamado capital circulante, isso acontece mais rapidamente; para outros, com o chamado capital fixo, mais lentamente. Mas este último também é consumido na produção. Máquinas e ferramentas também não duram para sempre; mais cedo ou mais tarde, ficam desgastados e inutilizáveis. Não só o aumento, mas também a mera manutenção do estoque pressupõe, portanto, uma renovação contínua dos bens. As matérias-primas e os produtos semiacabados que, convertidos em objetos prontos para uso, são encaminhados ao consumo, deverão ser substituídos por outros; e as máquinas e ferramentas de todos os tipos usadas no processo de produção devem ser trocadas por outras, na medida em que vão se desgastando. A solução para esse problema pressupõe que se faça uma avaliação clara da extensão do desgaste e do esgotamento dos bens. Com os meios de produção que sempre devem ser supridos apenas por outros do mesmo tipo, isso não é difícil.

O sistema rodoviário de um país pode ser preservado tentando-se manter as condições das seções individuais tecnicamente iguais por meio de trabalhos de manutenção incessantes, e pode ser ampliado por meio da adição de novas estradas ou da melhoria das existentes. Numa sociedade estática na qual não ocorrem mudanças na economia, esse método seria aplicável a todos os meios de produção. Numa economia sujeita a mudanças, os meios de produção já muito usados e desgastados são substituídos não por outros do mesmo tipo, mas apenas outros. As ferramentas desgastadas são substituídas não por outras do mesmo tipo, mas melhores, se toda a orientação da produção não for alterada e a substituição dos bens de capital consumidos num ramo de produção em retração não ocorrer por meio da instalação de novos bens de capital em outros ramos de produção que estão sendo expandidos ou recentemente estabelecidos. O cálculo em unidades físicas, que basta para as condições primitivas de uma economia estacionária, deve, portanto, ser substituído pelo cálculo do valor em dinheiro.

Os bens de capital individuais desaparecem no processo de produção. Mas o capital, enquanto tal, permanece intacto e aumenta. Essa não é uma necessidade natural independente da vontade das pessoas que economizam, mas o resultado de uma atividade deliberada que organiza a produção e o consumo de tal forma que a soma do valor do capital seja, pelo menos, preservada e apenas o excedente alcançado, usado para consumo. A pré-condição para isso é o cálculo do valor, cujo meio auxiliar é a escrituração contábil.

A tarefa econômica da contabilidade é verificar o sucesso da produção. Tem que determinar se o capital foi aumentado, mantido ou reduzido. O plano econômico e a distribuição dos bens entre a produção e o consumo baseiam-se, então, nos resultados que alcança.

A contabilidade não é perfeita. A exatidão dos seus números, que impressiona fortemente os não iniciados, é apenas aparente. A avaliação dos bens e direitos com que deve trabalhar depende sempre de estimativas baseadas na interpretação de elementos mais ou menos incertos. Na medida em que essa incerteza provém do lado das mercadorias, a prática comercial, aprovada pelas normas da legislação comercial, tenta evitá-la procedendo com a maior cautela possível – isto é, requerendo uma avaliação baixa dos ativos e uma avaliação alta dos passivos. Mas as deficiências na contabilidade também decorrem do fato de as análises monetárias serem incertas, uma vez que o valor do dinheiro também está sujeito a alterações. No que diz respeito à mercadoria, o chamado dinheiro metálico de valor total, a vida real não dá atenção a essas deficiências. A prática comercial, assim como a lei, adotou plenamente a visão empresarial ingênua de que o valor do dinheiro é estável, isto é, que a relação de troca existente entre moeda e bens não está sujeita a alterações[131].

A contabilidade pressupõe essa estabilidade. Apenas as flutuações das moedas de crédito e simbólica – as chamadas moedas de papel – em relação à moeda mercadoria foram contempladas pela prática comercial por meio da constituição de reservas correspondentes e amortizações. Infelizmente, a economia estatista alemã abriu o caminho para uma mudança de percepção também nesse ponto.

A teoria monetária nominalista, ao estender a ideia da estabilidade do valor do metálico a todo o dinheiro como tal, criou as condições prévias para os efeitos calamitosos do declínio que estamos agora testemunhando.

---

131. MISES. *Theorie des Geldes und der Umlaufsmittel*. p. 237.

Os empresários não prestaram atenção ao fato de que o declínio tornou imprecisos todos os itens nos balanços. Ao elaborá-los, não levaram em conta as alterações que ocorreram no valor da moeda desde o último balanço. Assim, poderia acontecer que acrescentassem regularmente parte do capital original à receita líquida do ano, considerassem-no como lucro, pagassem-no e consumissem-no. O erro (no balanço de uma empresa) cometido por não se levar em conta a depreciação da moeda do lado dos passivos só foi parcialmente compensado pelo fato de, do lado dos ativos, também os componentes da riqueza não terem sido reportados a um valor mais alto. Essa desconsideração do aumento do valor nominal não se aplicava também ao circulante, uma vez que, para os inventários que foram vendidos, a valorização mais elevada apareceu; e foi exatamente isso que constituiu o lucro extrainflacionário das empresas. O desprezo pela depreciação do dinheiro do lado dos ativos permaneceu limitado ao capital de investimento fixo, e teve como consequência o fato de que, no cálculo da depreciação, passou-se a utilizar os montantes originais menores que correspondiam ao antigo valor da moeda. O fato de as empresas frequentemente criarem reservas especiais para se prepararem para a reconversão para uma economia em tempos de paz não poderia, em regra, compensar essa situação.

    A economia alemã entrou na guerra com um estoque abundante de matérias-primas e de produtos semiacabados de todos os tipos. Em tempos de paz, qualquer um dos destinados ao uso ou consumo era regularmente reposto. Durante a guerra, foram consumidos sem tempo para reposição. Desapareceram da economia. A riqueza nacional foi reduzida pelo seu valor. Isso poderia ser obscurecido pelo fato de que, na riqueza do comerciante ou do produtor, os créditos monetários apareciam em seu lugar – geralmente, nos créditos relativos a empréstimos de guerra. O empresário pensava que estava tão rico quanto antes; na maioria das vezes, vendia as mercadorias a preços melhores do que esperava em tempos de paz, certo de ter enriquecido. A princípio, não percebeu que suas reservas estavam sendo, cada vez mais, desvalorizadas devido à queda do valor do dinheiro. Os títulos estrangeiros que possuía aumentaram de preço, conforme expressos em marcos ou coroas. Isso também contava como um ganho[132]. Se consumisse total ou parcialmente esses lucros aparentes, então diminuía seu capital sem perceber[133].

A inflação lançou assim um véu sobre o consumo de capital. O indivíduo acreditava que tinha ficado mais rico ou, pelo menos, que não tinha perdido

---

132. Os nominalistas e cartalistas entre os teóricos monetários concordaram naturalmente com a visão desse leigo: que na venda de títulos estrangeiros, o aumento do valor nominal recebido devido ao declínio da moeda representava um lucro. Conforme Bendixen, em *Währungspolitik und Geldtheorie im Lichte des Weltkrieges* (1916, p. 37), esse é provavelmente o nível mais baixo a que a teoria monetária poderá descer.

133. Naturalmente, não teria sido possível levar em conta essas mudanças na contabilidade para fins oficiais. Ela teve que ser realizada na moeda legal. Poderíamos basear a economia no recálculo dos balanços e no cálculo dos lucros e perdas em moeda-ouro.

quando, na verdade, sua riqueza estava diminuindo. O Estado tributou essas perdas das economias individuais como "lucros de guerra" e gastou os montantes arrecadados para fins improdutivos. O público, no entanto, nunca se cansou de se preocupar com os grandes lucros da guerra, os quais, em boa parte, não representavam quaisquer acréscimos.

Todos entraram em um frenesi. Quem quer que recebesse mais dinheiro do que antes – verdade para a maioria dos empresários e assalariados e, com o progresso adicional da depreciação do dinheiro, para todas as pessoas, exceto os que recebiam rendimentos fixos – estava feliz com os seus lucros aparentes. Enquanto toda a economia nacional consumia o seu capital e até mesmo os estoques de bens mantidos nas famílias individuais estavam diminuindo, muitos estavam felizes com a prosperidade. E, para coroar tudo isso, os economistas começaram a realizar investigações profundas sobre as suas causas.

A economia racional só foi possível desde que a humanidade se acostumou a usar dinheiro, pois o cálculo econômico não pode prescindir da redução de todos os valores a um denominador comum. Em todas as grandes guerras, eles foram afetados pela inflação. No passado, foi a degradação da moeda; hoje, do papel-moeda. O comportamento econômico dos beligerantes foi assim induzido a erro; as verdadeiras consequências da guerra ficaram ocultas à sua visão. Pode-se dizer, sem exagero, que a inflação é uma ferramenta mental indispensável para o militarismo.

Sem ela, as repercussões da guerra sobre a prosperidade iriam se tornar óbvias de forma muito mais rápida e penetrante; a exaustão se instalaria muito antes.

Ainda é muito cedo para investigar toda a extensão dos danos materiais que a [Primeira] Guerra trouxe ao povo alemão. Tal tentativa terá que partir, necessariamente, do início, das condições econômicas anteriores à guerra. Só por essa razão, deve permanecer incompleta; pois os efeitos dinâmicos da guerra sobre a vida econômica do mundo não podem, de forma alguma, ser levados em conta, uma vez que nos falta qualquer possibilidade de avaliar a plena magnitude da perda que a desorganização da ordem econômica liberal – o sistema capitalista da economia nacional – acarreta. Em nenhum lugar, as opiniões divergem tanto como nesse ponto. Enquanto alguns expressam o pensamento de que a destruição do aparelho de produção capitalista abre caminho para o desenvolvimento nunca sonhado, outros temem que, daí, resulte uma recaída na barbárie.

Mas, mesmo que ignoremos tudo isso, ao avaliarmos as consequências econômicas para o povo alemão, não deveríamos, de forma alguma, nos limitar aos danos e às perdas que, de fato, ocorreram. Também aqui as desvantagens de natureza dinâmica são mais graves do que essas inerentemente enormes perdas de ativos. O povo irá permanecer economicamente confinado ao seu inadequado território de colonização na Europa. Milhões dos que anteriormente ganhavam o seu pão em outros lugares estão sendo compulsoriamente repatriados. E mais: perderam o seu considerável investimento de capital no estrangeiro. Além disso, a base da economia alemã – o processamento de matérias-primas estrangeiras para consumo – foi abalada. Desse modo, o povo alemão vem, há muito tempo, empobrecendo.

A situação dos germano-austríacos revela-se ainda mais desfavorável do que a do povo alemão em geral. Os custos de guerra do Império Habsburgo foram assumidos quase completamente por eles. A metade austríaca contribuiu para as despesas da monarquia em um grau muito maior do que a metade húngara. Os serviços pelos quais a metade austríaca do Reich era responsável foram novamente prestados quase exclusivamente pelos alemães. O sistema fiscal austríaco aplicou impostos diretos quase que apenas para os empresários industriais e comerciais, e deixou a agricultura praticamente livre. Esse modo de tributação, na realidade, não significava outra coisa senão a sobrecarga dos alemães com impostos e a isenção dos não alemães. O que é ainda mais importante, contudo, é o fato de os títulos de guerra terem sido quase inteiramente subscritos pela população alemã da Áustria e, após a dissolução do Estado, os não alemães se recusarem a fazer qualquer contribuição para os juros e reembolso. Além disso, a grande detenção alemã de créditos monetários sobre os não alemães foi bastante reduzida pela depreciação da moeda. A considerável posse, por parte dos germano-austríacos, de empresas industriais e comerciais, e terras cultiváveis em territórios não alemães está sendo expropriada. Em parte, por medidas de nacionalização e socialização; em parte, pelas disposições do tratado de paz.

***

5. Cobrindo os Custos de Guerra do Estado

Há três formas disponíveis para cobrir os custos incorridos pelo Tesouro do Estado com a guerra.

O primeiro caminho é o confisco dos bens materiais necessários para fazer a guerra, e o recrutamento das pessoas necessárias para travá-la sem compensação – ou com a compensação inadequada. Esse método parecia o mais simples, e os representantes mais consistentes do militarismo e do socialismo defendiam resolutamente a sua utilização. Foi amplamente utilizado quando se tratava de recrutar pessoas para a batalha propriamente dita. O serviço militar obrigatório geral foi introduzido durante a guerra em alguns Estados e expandido significativamente em outros. Que o soldado recebia apenas uma compensação insignificante pelos seus serviços em relação aos salários do trabalhador livre – na indústria de munições, era bem remunerado e os proprietários dos meios materiais de guerra expropriados ou confiscados recebiam uma compensação – foi justamente descrito como um fato surpreendente. A explicação para essa anomalia pode ser encontrada no fato de que hoje, mesmo para os salários mais elevados, apenas algumas pessoas podem ser recrutadas e que, de qualquer forma, haveria poucas perspectivas de tentar reunir um exército de milhões com base no simples recrutamento. Em relação aos imensos sacrifícios que o Estado exige do indivíduo por meio do imposto de sangue, parece bastante irrelevante se este compensa o soldado mais ou menos generosamente pela perda de tempo que sofre devido às suas obrigações de serviço militar.

Na sociedade industrial, não existe compensação adequada pela participação na guerra e o recrutamento compulsório – então, com certeza tem pouca importância se são pagos de forma mais generosa ou pelas taxas ridiculamente baixas com que um homem era remunerado na Alemanha. Na Áustria, o soldado da linha de frente recebia um salário de 16 *hellers* e um subsídio de campo de 20 *hellers*, totalizando 36 *hellers* por dia![134] Que os oficiais da reserva, mesmo nos Estados continentais, e as tropas inglesas e americanas recebessem uma remuneração mais elevada explica-se pelo fato de ter sido estabelecido, nestes, um salário em tempos de paz para o serviço dos oficiais e para todo o serviço militar na Inglaterra e na América, tomado como ponto de partida na guerra. Mas, não importando quão alta ou baixa

---

134. E, além disso, as tropas que tiveram de lutar nas terríveis batalhas nos Cárpatos e nos pântanos da planície sármata, nas altas montanhas dos Alpes e no Karst foram mal apoiadas e inadequadamente vestidas e armadas! [Em 1914, a unidade monetária austríaca mencionada aqui, o *heller*, era uma pequena moeda que valia cerca de US$ 0,0005 (*A Satchel Guide to Europe*, 1914, p. 191).]

seja a remuneração do combatente, ela jamais deve ser considerada uma compensação completa para o homem que foi alistado à força. O sacrifício que se exige do soldado que serve de modo compulsório só pode ser compensado com valores intangíveis, nunca materiais[135].

Em outros aspectos, a expropriação não compensada de material de guerra dificilmente seria uma opção. Pela sua própria natureza, só poderia ocorrer em relação aos bens disponíveis em quantidade suficiente nas economias individuais no início da guerra, mas não quando se tratasse da produção de novos bens.

A segunda forma à disposição do Estado para adquirir recursos é a introdução de novos impostos e o aumento dos já existentes. Esse método foi usado em todos os lugares, tanto quanto possível, durante a guerra. Vinham, de alguns setores, exigências para que o Estado se esforçasse, mesmo durante o conflito, para recuperar por meio de impostos os custos totais. A esse respeito, foi feita referência à Inglaterra, que, dizem, tinha seguido essa política em guerras anteriores. É verdade que cobriu os custos de batalhas menores, insignificantes em relação à sua riqueza nacional, em boa parte por meio de impostos cobrados no curso da ação. Nas grandes contendas que travou, porém, isso não foi verdade – nem nas Guerras

---

135. Do ponto de vista político, foi um erro grave seguir princípios completamente diferentes na remuneração do oficial e do soldado, e pagar menos ao soldado de linha de frente do que ao trabalhador atrás delas. Isso contribuiu muito para desmoralizar o exército!

Napoleônicas, nem na [Primeira] Guerra Mundial. Se alguém quisesse levantar de imediato somas tão imensas como as exigidas por esse conflito – inteiramente por meio de taxação, sem incorrer em dívidas –, ao avaliar e cobrar os impostos, teria que deixar de lado o respeito pela justiça e pela uniformidade na distribuição da carga tributária e tirar de onde fosse possível no momento. Por um lado, exigiria tudo dos proprietários de capital móvel – não apenas dos grandes, mas também dos pequenos, como os depositantes dos bancos – e, por outro lado, deixar os proprietários de bens imóveis mais ou menos livres.

Se, no entanto, os elevados impostos de guerra fossem avaliados uniformemente – e teriam que ser muito elevados se quisessem cobrir integralmente os custos de guerra gastos no mesmo ano, todos os anos –, então aqueles que não tinham meios monetários para pagá-los teriam que optar pelo endividamento. Os proprietários de terras e de empresas industriais seriam, então, obrigados a contrair dívidas, ou mesmo vender parte das suas posses.

No primeiro caso, portanto, não o próprio Estado, mas sim muitas partes privadas teriam que contrair dívidas e, assim, comprometerem-se com os proprietários do capital. Contudo, o crédito privado é, em geral, mais caro do que o público. Esses proprietários de terras e de casas deveriam, portanto, pagar mais juros sobre as suas dívidas privadas do que indiretamente fizeram sobre a estatal. Se, no entanto, fossem obrigados a vender uma parte menor ou maior da sua propriedade para pagar os tributos, então essa súbita oferta de uma grande parte dos bens imóveis para venda teria deprimido gravemente os preços, de modo que os primeiros sofreriam perdas; e os capitalistas, que naquele momento tivessem dinheiro à sua disposição, teriam obtido lucro comprando barato. O fato de o Estado não ter coberto totalmente os custos da guerra por meio de impostos, mas sim, e em grande parte, contraído dívidas cujos juros eram pagos com o produto dos impostos, não significa, como frequentemente se assume, que os capitalistas tenham sido favorecidos[136].

De vez em quando, ouve-se a opinião de que financiar a guerra por meio de títulos do governo significa transferir os custos da guerra do presente para as gerações seguintes. Muitos acrescentam que essa transferência também é justa, uma vez que a guerra estava sendo travada não apenas no interesse da geração atual, mas também dos nossos filhos e netos. Essa opinião é completamente errada. A guerra só pode ser travada com bens presentes. Só se pode lutar com armas que já existem; todas as necessidades só podem ser derivadas dos recursos já disponíveis. Do ponto de vista econômico, a geração atual deve também arcar com todos os custos materiais do embate. As vindouras serão afetadas apenas na medida em que forem herdeiros e deixemos-lhes menos do que teríamos deixado sem a intervenção da guerra.

---

136. DIETZEL. *Kriegssteuer oder Kriegsanleihe?* Tübingen: 1912. pp. 13 ff.

O fato de o Estado financiá-la por meio de dívidas ou de outra forma em nada pode mudar isso. Se a maior parte dos custos foi paga por títulos do governo, de modo algum significa que houve uma transferência dos encargos da guerra para o futuro: trata-se apenas de um princípio particular de distribuição de custos. Se, por exemplo, o Estado tivesse que privar cada cidadão de metade da sua riqueza para poder financiar a guerra, inicialmente não importa se o faz impondo-lhe um imposto único sobre metade do seu patrimônio ou tirando dele, todos os anos – a título de imposto –, o montante que corresponde ao valor percentual de metade do seu patrimônio. Para o cidadão, não importa se ele tem que pagar 50 mil coroas como imposto de uma só vez ou pagar os juros sobre 50 mil coroas ano após ano. No entanto, isso torna-se de suma importância para todos os que não seriam capazes de pagar as 50 mil coroas sem contrair outras dívidas, aqueles que primeiro teriam de pedir emprestado o montante que lhes cabe – porque teriam que pagar mais juros sobre esses empréstimos que contraem como entidades privadas do que o Estado, que goza do crédito mais barato, paga aos seus credores. Se definirmos essa diferença entre o empréstimo privado mais caro e o empréstimo estatal mais barato em apenas um por cento, isso significa, no nosso exemplo, uma poupança anual de 500 coroas para o contribuinte. Ano após ano, se ele tiver que pagar a sua contribuição para os juros da sua parte na dívida do Estado, poupará 500 coroas em comparação ao montante gasto todos os anos para pagar os juros sobre um empréstimo privado.

Quanto mais o pensamento socialista ganhava força no decurso da guerra, mais atenção era dada à cobertura dos custos por meio de impostos especiais sobre a propriedade.

A ideia de submeter os rendimentos adicionais e o crescimento da propriedade a uma tributação progressiva especial não precisa, necessariamente, ser socialista. Por si só, o princípio da tributação de acordo com a capacidade de pagamento não é socialista. Não se pode negar que aqueles que obtiveram rendimentos mais elevados durante a guerra do que durante a paz, ou que aumentaram os seus bens eram, *ceteris paribus*, mais capazes de pagar do que aqueles que não conseguiram fazê-lo. Pode-se excluir completamente a questão de saber até que ponto esses aumentos nominais deveriam ser considerados como reais, e se isso não se tratava apenas de aumentos nominais em montantes expressos em dinheiro em consequência da queda do valor deste. Alguém que tinha um rendimento de 10 mil coroas antes da guerra e, durante a guerra, aumentou-o para 20 mil coroas, sem dúvida encontra-se numa posição mais favorável do que alguém que permaneceu com o seu rendimento pré-guerra de 10 mil coroas. No entanto, essa falha em considerar o valor do dinheiro, o que é evidente, tendo em vista o teor geral da legislação alemã e austríaca, residia, sem dúvida, uma desvantagem deliberada do capital móvel e uma preferência deliberada pelos proprietários de terras, especialmente agricultores.

As tendências socialistas de tributação dos lucros da guerra vieram à luz sobretudo nos seus motivos. Os impostos sobre os rendimentos são apoiados pela visão de que todo o lucro empresarial representa um roubo à comunidade, que deveria ser legalmente confiscado na sua totalidade. Essa tendência torna-se evidente na escala das taxas, que se aproximam cada vez mais do confisco total de todo o aumento de bens ou rendimentos e que acabarão, sem dúvida, por atingir o objetivo que lhes foi fixado. Ninguém deveria, na verdade, ter qualquer ilusão de que a avaliação depreciativa do rendimento empresarial, tão evidente em impostos de guerra, não se deve apenas às condições de duração, e que a linha de argumento usada para os impostos – de que, nesse tempo de angústia nacional, cada aumento na riqueza e no rendimento é de fato antiético – também pode ser mantido no período pós-guerra com a mesma justificativa, mesmo que com diferenças nos detalhes.

Existem tendências claramente socialistas na ideia de uma taxação única sobre a riqueza. A popularidade de que gozam seus argumentos, uma popularidade tão grande que torna praticamente impossível qualquer discussão séria sobre a sua pertinência, só pode ser explicada pela aversão de toda a população à propriedade privada. Socialistas e liberais responderão de forma bastante diferente à questão de saber se um imposto único sobre a propriedade é preferível a um ajustável. Pode-se destacar que o atual imposto predial anual – sem falar no fato de ser mais justo e equitativo, pois permite que erros ocorridos na avaliação de um ano sejam eliminados no seguinte, e por ser independente prescinde a coincidência da propriedade atual e da sua avaliação, porque registra a propriedade ano após ano de acordo com o nível atual de ativos – oferece a vantagem em relação ao imposto único sobre a propriedade na medida em que não retira os bens de capital da disposição do indivíduo. Se alguém dirige uma empresa com um capital próprio de 100 mil marcos, não lhe é, de forma alguma, indiferente se tem que pagar uma quantia de 50 mil marcos de uma só vez como imposto sobre a propriedade ou pagar anualmente apenas o valor que corresponde aos juros que o Estado deve pagar sobre uma dívida de 50 mil marcos. Pois é de se esperar que, com esse capital, para além da quantia que o Estado teria de exigir dele a fim de pagar juros sobre os mesmos 50 mil marcos, essa pessoa poderia obter um lucro que pudesse, então, manter.

Não é isso, contudo, o que será decisivo para a posição do liberal, mas antes a consideração social de que, por meio da taxa única sobre o capital, o transferiria das mãos dos empresários para as dos capitalistas e credores. Se o empresário quiser continuar o seu negócio após a taxação de capital na mesma escala que antes, então deverá adquirir o montante em falta por meio da obtenção de crédito e, como entidade privada, terá de pagar mais juros do que o

Estado pagaria. A consequência da taxação sobre o capital será, portanto, um maior endividamento das camadas empreendedoras da população para com os capitalistas não empreendedores, os quais, como resultado da redução da dívida de guerra, terão trocado parte dos seus direitos sobre o Estado por créditos sobre direitos privados.

Os socialistas, claro, vão ainda mais longe. Querem usar o imposto não apenas para aliviar o peso das dívidas de guerra – muitos deles querem se livrar delas de uma forma simples, por meio da falência do Estado –, mas exigem a taxação sobre a propriedade para dar participações dos bens ao Estado em todos os tipos de empresas econômicas, nas sociedades anônimas industriais, na mineração e em propriedades agrícolas. Fazem campanha por isso com o *slogan* sobre a participação do Estado e da sociedade nos lucros das empresas privadas[137], como se o Estado não participasse nos lucros de todas as empresas por meio da legislação fiscal, de modo que não precisa primeiro de um título de direito privado para obter lucro das empresas. Hoje o Estado participa nos lucros das empresas sem ter qualquer envolvimento na gestão do processo produtivo e sem arriscar ser afetado por possíveis prejuízos da empresa. Se o Estado possuir participações em todas as em-

---

137. GOLDSCHEID. *Staatssozialismus oder Staatskapitalismus*. 5. ed. Viena: 1917.
GOLDSCHEID. *Sozialisierung der Wirtschaft oder Staatsbankerott*. Viena: 1919.

presas, também participará nas perdas; além disso, será forçado a preocupar-se com a administração de empresas individuais. Mas é justamente isso que os socialistas querem.

***

6. Socialismo de Guerra e Socialismo Verdadeiro

A questão de saber se o chamado socialismo de guerra é o verdadeiro socialismo tem sido discutida repetidamente e com grande zelo. Alguns confirmam com a mesma firmeza que outros respondem "não". A esse respeito, o fenômeno surpreendente que se pôde observar foi que, à medida que a guerra continuava e que se tornava ainda mais óbvio que terminaria com o fracasso da causa alemã, a tendência para caracterizar o socialismo de guerra como verdadeiro socialismo também diminuía.

Para lidar corretamente com o problema, deve-se primeiro ter em mente que socialismo significa a transferência dos meios de produção da propriedade privada dos indivíduos para a sociedade. Só isso, e nada mais, é o socialismo. Todo o resto é acessório. Quem detém o poder numa comunidade socialista é totalmente irrelevante para decidir a nossa questão – pode ser um imperador hereditário, um tzar ou o conjunto do povo democraticamente organizado. Não faz parte da essência de uma comunidade socializada estar sob a liderança de conselhos de trabalhadores e soldados. Outras autoridades também podem implementar o socialismo, talvez a Igreja ou o Estado militar. A propósito, deve-se notar que uma eleição para a direção-geral da economia socialista na Alemanha, realizada com base na plena universalidade e na igualdade do direito de voto, teria resultado numa maioria esmagadora para Hindenburg (1847-1934) e Ludendorff (1865-1937) nos primeiros anos da guerra do que Lênin e Trótski (1879-1940) alguma vez poderiam ter alcançado na Rússia.

Também não essencial é a forma como os resultados da economia socialista são utilizados. Não faz qualquer diferença se esse rendimento serve principalmente para fins culturais ou para a condução das batalhas. Nas mentes do povo alemão, ou pelo menos da sua maioria preponderante, a vitória na guerra era vista como o objetivo mais urgente do momento. Se alguém aprova isso ou não, pouco importa[138].

Também não importa que o socialismo de guerra tenha sido levado a cabo sem uma reorganização formal das relações de propriedade. O que conta não

---

138. Max Adler (*Zwei Jahre...! Weltkriegsbetrachtungen eines Sozialisten*, 1916, p. 64) contesta a ideia de que o socialismo de guerra seja o verdadeiro socialismo: "O socialismo luta pela organização da economia nacional para a satisfação suficiente e uniforme das necessidades de todos; é a organização da suficiência, até mesmo do supérfluo; o 'socialismo de guerra', por outro lado, é a organização da escassez e da necessidade". Aqui o meio se confunde com o fim. Na opinião dos teóricos socialistas, ele deveria ser o meio para alcançar a maior produtividade possível da economia nas condições dadas. Se reina o supérfluo ou a escassez, não é essencial. Afinal de contas, o critério do socialismo não é o de lutar pelo bem-estar geral, mas sim o de lutar pelo bem-estar por meio da produção baseada na socialização dos meios. O socialismo distingue-se do liberalismo apenas no método que escolhe; o objetivo pelo qual lutam é comum a ambos.

é a letra da lei, mas o conteúdo material da norma jurídica.

Se tivermos tudo isso em mente, então não é difícil reconhecer que as medidas do tempo de guerra visavam colocar a economia numa base socialista. O direito de propriedade permaneceu formalmente intocado. Pela letra da lei, o proprietário continuava a ser o dono dos meios de produção. No entanto, foi privado do controle do negócio. Já não lhe cabia determinar o que deveria ser produzido, adquirir matéria-prima, recrutar trabalhadores e, por fim, vender o produto. O objetivo lhe foi prescrito; as matérias-primas, entregues a preços definidos; os trabalhadores, atribuídos; e tinha que ser paga por ele a taxa sobre cuja determinação não teve influência direta. Além disso, o produto era retomado por um preço determinado, caso não realizasse efetivamente toda a produção, como mero gerente. Essa organização não foi implementada de maneira uniforme e simultânea em todos os ramos da indústria – em muitos, nem sequer foi realizada. Mais do que isso, a sua rede era larga o suficiente para deixar passar muita coisa.

Uma reforma tão grande, que provoca uma derrubada completa das relações de produção, não pode ser realizada de uma só vez. O objetivo almejado, e do qual se aproximavam cada vez mais a cada novo decreto, era esse e nenhum outro. O socialismo de guerra não era, de forma alguma, completo, mas um caminho que deveria conduzir, como fez, ao socialismo. Se a guerra tivesse durado mais tempo, e as pessoas se mantivessem no caminho, teria havido uma socialização plena.

O fato de as receitas da produção terem inicialmente fluído para o empresário não altera essa situação. As medidas descritas, em sentido estrito, como socialistas de guerra não aboliram o lucro empresarial e os juros sobre o capital em princípio, embora a fixação de preços pelas autoridades tenha dado muitos passos nessa direção. Mas o quadro completo do socialismo de guerra inclui todas as políticas econômicas; seria um erro ter em vista apenas medidas específicas e desconsiderar outras. O que quer que a ditadura econômica tenha deixado livre para os vários órgãos organizacionais foi coberto pela política fiscal, que estabeleceu o princípio de que todos os lucros adicionais obtidos para além daqueles do período anterior deveriam ser tributados. Esse foi o objetivo pelo qual ela se esforçou desde o início, e do qual se aproximou a cada decisão subsequente. Sem dúvida teria atingido completamente com um pouco mais de tempo. Isso foi feito sem levar em conta as alterações do valor da moeda que já tinha ocorrido, de modo que não significou uma limitação dos lucros do empresário ao nível alcançado antes, apenas uma fração desse montante. Se, por um lado, os rendimentos da empresa foram limitados, por outro não foi garantido ao empresário qualquer lucro definido. Como antes, ele ainda tinha que suportar as perdas sozinho, sem ter mais chances de ganho.

Muitos socialistas declararam não pensar numa expropriação de empresários, capitalistas e proprietários de terras sem compensação. Alguns tinham em mente que uma comunidade socialista poderia permitir que as classes possuidoras continuassem a receber os rendimentos recentes, uma vez que a socialização resultaria em um aumento tão grande na produtividade que seria fácil fazer essa compensação. Com tal regulamentação da transição para o socialismo, os empresários teriam sido compensados com montantes mais elevados do que aqueles introduzidos pelo socialismo de guerra, teriam continuado a receber, como rendimento garantido, os mesmos lucros da última vez. É irrelevante que esses benefícios devem continuar apenas por um certo tempo ou para sempre. Mesmo o socialismo de guerra não resolveu definitivamente a questão. Os avanços na tributação da riqueza, do rendimento e das sucessões poderão, em breve, ter resultado num confisco total, particularmente por meio da progressividade das taxas de imposto.

Os proprietários do capital de empréstimo puderam temporariamente continuar recebendo juros. Dado que sofriam perdas constantes de ativos e rendimentos devido à inflação, não ofereciam qualquer objeto propício a uma maior intervenção por parte das autoridades fiscais. No que lhes dizia respeito, a inflação já cumpria a tarefa de confisco.

A opinião pública na Alemanha e na Áustria, inteiramente dominada pelo espírito socialista, criticou repetidamente o fato de a tributação dos lucros da guerra ter sido adiada por muito tempo, e de as medidas posteriores não terem sido tomadas com a severidade necessária.

Deveriam ter imediatamente começado o confisco de todos os aumentos de bens e rendimento obtidos durante a guerra. Portanto, mesmo no primeiro dia, a socialização completa deveria ter sido introduzida – deixando de lado os rendimentos recebidos anteriormente. Já foi explicado por que isso não foi feito, e quais teriam sido as consequências para a conversão da indústria em situação de guerra se esse conselho tivesse sido seguido.

Quanto mais se desenvolvia o socialismo de guerra, mais palpáveis se tornavam as consequências individuais de uma ordem socialista da sociedade. Do ponto de vista técnico, as empresas não funcionavam de forma mais racional do que antes, uma vez que os empresários, que permaneciam à frente e ocupavam formalmente os seus antigos cargos, ainda nutriam a esperança de ser capazes de guardar, para si mesmos – mesmo que apenas por meios ilegais –, uma parte maior ou menor dos excedentes que ganhavam. Esperavam, pelo menos, a futura remoção de todas as medidas de socialismo de guerra, as quais, afinal de contas, ainda estavam sendo oficialmente declaradas como ordens excepcionais.

No entanto, uma tendência para o aumento das despesas tornou-se notável, especialmente no comércio, por causa da política de preços das autoridades e da prática dos tribunais ao lidar com as disposições da lei penal sobre a ultrapassagem dos valores máximos: os preços permitidos foram determinados com base nos gastos do empreendedor acrescida de uma margem de "lucro simples", de modo que se tornava cada vez maior quanto mais caras fossem as suas compras e quanto mais despesas ele incorresse.

De maior importância foi a paralisação da iniciativa empresarial. Dado que partilhavam mais fortemente das perdas do que dos lucros, havia pouco incentivo para empreender iniciativas arriscadas. Algumas possibilidades de produção permaneceram sem ser empregadas na segunda metade da guerra, porque os empresários temiam o risco associado a novos investimentos e à introdução de novos métodos de produção. Assim, a política do Estado de assumir a responsabilidade por possíveis perdas, adotada especialmente na Áustria logo no início da guerra, foi mais adequada para estimular a produção. Perto do final da guerra, as opiniões a respeito desse ponto mudaram. Quando se tratou de comprar certas matérias-primas do estrangeiro, surgiu a questão de quem deveria arcar com o "risco de paz", o perigo de uma perda devido à queda dos lucros em casos de paz. Os empresários associados às Potências Centrais, de possibilidades eram limitadas, queriam empreender o negócio apenas se o Estado estivesse pronto para arcar com o possível prejuízo. Como isso não foi levantado, a importação não ocorreu.

O socialismo de guerra foi apenas a continuação, num ritmo acelerado, das políticas socialistas de Estado que tinham sido introduzidas muito antes. Desde o início, prevaleceu a intenção, em todos os grupos socialistas, de não abandonar nenhuma das medidas adotadas durante a guerra, mas sim de avançar no caminho para a conclusão do sistema.

Se algo diferente ia ao público, e se os gabinetes governamentais, acima de tudo, sempre falavam apenas de disposições excepcionais para a duração da guerra, tinha como único objetivo dissipar possíveis dúvidas sobre o rápido ritmo da socialização e das medidas individuais, e sufocar oposição a elas. Enquanto isso, foi encontrada a expressão sob a qual deveriam navegar novas medidas de socialização: a economia de transição.

O militarismo dos oficiais do Estado-Maior entrou em colapso; outras potências tomaram conta da economia de transição.

SOCIALISMO
E IMPERIALISMO

1. O Socialismo e seus Oponentes

O espírito autoritário-militarista do Estado prussiano encontra a sua contraparte e complemento nas ideias da social-democracia e do socialismo alemães em geral. À primeira vista, Estado autoritário e social-democracia aparecem como opostos irreconciliáveis, entre os quais não existe mediação. É verdade que se confrontaram durante mais de 50 anos em franca hostilidade. A sua relação não era de oposição política, como ocorre entre diferentes partidos; tratava-se de um completo estranhamento e de inimizade mortal. Entre *junkers* e burocratas de um lado, e social-democratas de outro, até mesmo qualquer contato pessoal e puramente humano foi excluído; raramente um deles tentava compreender o seu oponente ou debatia com ele.

O ódio irreconciliável à monarquia e aos *junkers* não dizia respeito, no entanto, ao programa socioeconômico do Partido Social-Democrata, que contém dois elementos de origens diferentes, ligados entre si apenas de forma vaga. Primeiramente, inclui todas as exigências políticas que o liberalismo, especialmente de esquerda, representa e já parcialmente implementou na maioria dos Estados civilizados. Essa parte do programa se baseia na grande ideia política de uma república, que quer dissolver o Estado monárquico e autoritário e transformar sujeitos em cidadãos do Estado. Que o Partido Social-Democrata tenha perseguido esse objetivo, que tenha tirado a bandeira da democracia das mãos enfraquecidas do moribundo liberalismo alemão, e que tenha sido o único a sustentá-la nas décadas mais sombrias da política alemã, apesar de todas as perseguições, este é o seu grande orgulho e fama, a que deve a simpatia que o mundo lhe concede e que trouxe muitos dos seus melhores homens, além das massas dos oprimidos e dos "compatriotas burgueses". O próprio fato, porém, de ser republicano e democrático atraiu para si o ódio inextinguível dos *junkers* e dos burocratas; só isso já o colocou em conflito com autoridades e tribunais e o transformou numa seita ilegal de inimigos do Estado, desprezado por todas as pessoas "bem-intencionadas".

O outro componente do programa da social-democracia alemã era o socialismo marxista. A atração que a palavra de ordem da exploração capitalista dos trabalhadores e que a utopia promissora de um futuro Estado exerceu sobre a grande maioria foi a base da impressionante organização partidária e sindical. Muitos, porém, foram conquistados para o socialismo apenas por meio da democracia. À medida que a burguesia alemã se submetia incondicionalmente ao Estado autoritário de Bismarck – após as derrotas aniquiladoras sofridas pelo liberalismo alemão – e à medida que a política tarifária protecionista permitia à classe empresarial identificar-se com o Estado prussiano, o militarismo e o industrialismo tornaram-se conceitos politicamente relacionados para a Alemanha, e o lado socialista do programa do partido extraiu nova força das aspirações democráticas. Alguns se abstiveram de criticar o socialismo para não prejudicar a causa democrata. Muitos se tornaram socialistas porque eram democratas e acreditavam que os dois estavam inextricavelmente ligados.

Ainda assim, na realidade, existem relações estreitas que correspondem à essência tanto do socialismo[139] como da forma autocrático-autoritária de Estado[140]. É por isso que o Estado autoritário não

---

139. No que diz respeito à política econômica, o socialismo e o comunismo são idênticos – ambos lutam pela socialização dos meios de produção, em contraste com o liberalismo, que quer, em princípio, deixá-los sob controle privado. A distinção que recentemente entrou em uso entre socialismo e comunismo é irrelevante no que diz respeito à política econômica, a menos que também se imponha aos comunistas o plano de descontinuar a propriedade privada de bens de consumo. Sobre o socialismo centralista e sindicalista (na verdade, apenas o socialismo centralista é o verdadeiro socialismo), ver considerações à frente.

140. Sobre a íntima relação entre militarismo e socialismo, conforme Spencer (*op. cit.,* p. 712). As tendências imperialistas do socialismo são tratadas por Seillière, *Die Philosophie des Imperialismus* (1911, 2 v., p.

combateu os esforços socialistas da forma dura com que se opôs a todas as tendências democráticas. Pelo contrário, o governo prussiano-alemão evoluiu fortemente na direção da "realeza social" e teria pendido ainda mais para o socialismo se o grande Partido dos Trabalhadores da Alemanha estivesse preparado, antes de agosto de 1914, para renunciar ao seu programa democrático em troca da realização gradual dos seus objetivos socialistas.

A doutrina sociopolítica do militarismo prussiano pode ser bem reconhecida nos produtos literários da escola prussiana de política econômica. Aqui, encontramos uma harmonia perfeita estabelecida entre o ideal do Estado autoritário e o de uma socialização de longo alcance das grandes empresas industriais. Muitos políticos alemães, de tendência socialista, rejeitam o marxismo — não porque sejam contrários aos seus objetivos, mas porque não podem partilhar

---

171; 3 v., p. 59). Às vezes, o socialismo nem sequer nega externamente a sua relação íntima com o militarismo. Isso vem à luz claramente, em especial, nos programas socialistas que pretendem organizar o futuro Estado segundo o modelo de um exército. Exemplos: querer resolver a questão social criando um "exército alimentar" ou um "exército operário" (conforme Popper-Lynkeus, *Die allgemeine Nährpflicht* [1912, p. 373]; e Ballod, *Der Zukunftsstaat* [1919, p. 32]). O *Manifesto Comunista* já exige o "estabelecimento de exércitos industriais". Deve-se notar que o imperialismo e o socialismo andam de mãos dadas na literatura e na política. Já foi feita referência anteriormente a Engels e Rodbertus; mas poderíamos citar muitos outros, por exemplo, Carlyle (conforme KEMPER. Carlyle als Imperialis. *In: Zeitschrift für Politik*, XI, p. 115). A Austrália, como o único entre os Estados anglo-saxônicos, afastou-se do liberalismo e aproximou-se mais do socialismo do que qualquer outro país; é o Estado imperialista por excelência na sua legislação de imigração.

a sua interpretação teórica dos desenvolvimentos sociais e econômicos. O marxismo, independentemente do que se diga contra ele, tem algo em comum com toda a economia científica: reconhece a existência de uma lei no processo histórico, e assume a ligação causal de todos os acontecimentos. O estatismo alemão não poderia segui-lo nesse aspecto, porque via apenas os vestígios do trabalho de grandes reis e Estados poderosos. A concepção heroica e teleológica da história parece mais óbvia para o estatismo do que a causal. Este, por sua vez, não conhece nenhuma lei econômica – nega a possibilidade de uma teoria sobre isso[141].

Nesse aspecto, o marxismo é superior à doutrina alemã de política social, a qual não tem qualquer base teórica nem nunca procurou criá-la. Todos os problemas sociais parecem, para esse entendimento, tarefas da administração estatal e da política, e não há empecilho para que ela os resolva com o coração leve. Contudo, recomenda sempre a mesma receita: ordens e proibições como meios menores, a propriedade estatal como meios maiores e infalíveis.

Sob tais circunstâncias, a social-democracia tinha uma posição confortável. A teoria econômica marxista, que na Europa Ocidental e na América conseguiu conquistar apenas um pequeno número

---

141. Esse espírito de hostilidade à investigação teórica também contagiou os social-democratas alemães. É característico que, tal como a economia teórica só pôde florescer em território de língua alemã na Áustria, também os melhores representantes do marxismo alemão, Kautsky, Otto Bauer, Hilferding e Max Adler, venham da Áustria.

de seguidores e não foi capaz de se afirmar ao lado das realizações da teoria econômica moderna, não teve que sofrer muito sob as críticas da escola empírico--realista e histórica da economia alemã. O trabalho crítico que teve que ser feito contra ela foi realizado pela escola austríaca, sobretudo por Böhm-Bawerk (1851-1914)[142], condenada ao ostracismo na Alemanha.

O marxismo poderia facilmente lidar com a escola prussiana; era perigoso para ela, não como oponente, mas antes como amigo. A social-democracia teve o cuidado de mostrar que a reforma, tal como a política social alemã pretendia, não poderia substituir a revolução, e que o nacionalismo prussiano não era idêntico à socialização. Essa manifestação não teve sucesso, mas o seu fracasso não prejudicou a social-democracia, pois tratava-se, afinal, de partido eternamente condenado à oposição infrutífera, que sempre foi capaz de capitalizar a sua posição precisamente a partir dos defeitos das medidas de reforma social e socialização.

O fato de os sociais-democratas terem se tornado o partido mais poderoso do Reich Alemão deve-se principalmente às partes democráticas do seu programa herdadas do liberalismo. Mas que o socialismo

---

142. Naturalmente não se pretende aqui realizar uma avaliação crítica do marxismo. A discussão nesta seção se destina apenas a explicar as tendências imperialistas do socialismo. Além disso, de qualquer maneira, há escritos suficientes disponíveis para quem estiver interessado nesses problemas (por exemplo, SIMKHOWITSCH. *Marxismus versus Sozialismus*. Jappe [trad.] Jena: 1913.)

como tal também goze da maior simpatia entre o povo alemão, de modo que apenas algumas vozes se pronunciem séria e fundamentalmente contra ele, e que os chamados partidos burgueses que querem socializar setores de produção "maduros", também é o resultado do trabalho de promoção realizado pelo estatismo. As ideias socialistas não constituem uma vitória sobre o Estado autoritário prussiano, mas o seu desenvolvimento lógico; a sua popularidade na Alemanha foi promovida não menos pelo socialismo acadêmico dos conselheiros privados do que pelo trabalho de propaganda dos agitadores social-democratas.

Entre o povo alemão de hoje, graças às opiniões defendidas durante cinquenta anos pela escola prussiana de política econômica, já não há sequer qualquer compreensão no que realmente consiste o contraste entre o liberalismo na política econômica e o socialismo. Não está claro para muitas pessoas que a diferença entre as duas direções não reside no objetivo, mas nos meios. Mesmo para o alemão antissocialista, o socialismo parece ser a única forma justa de organização econômica, que assegura ao povo a satisfação mais abundante das suas necessidades. Quando o antissocialista se opõe ao socialismo, o faz na consciência de resistir ao que é melhor para o interesse comum em seu próprio benefício, porque se sente ameaçado em seus direitos ou privilégios. Principalmente os burocratas assumem essa posição, que é frequentemente encontrada também entre os empresários. Há muito se esqueceu, na Alemanha, que o liberalismo, tal como o socialismo, recomenda o seu sistema econômico por preocupação não com os interesses dos indivíduos, mas com os das massas. Um livre-comerciante radical, Jeremy Bentham (1748-1832), foi quem primeiro defendeu que "a maior felicidade para o maior número" deveria ser o objetivo da política[143]. Bentham também levou a cabo a sua famosa luta contra as leis da usura, não por preocupação com os interesses dos agiotas, mas da comunidade como um todo.

O ponto de partida de todo o liberalismo reside na tese do equilíbrio de interesses corretamente compreendidos dos indivíduos, das classes e dos povos. Rejeita a ideia básica do mercantilismo de que a vantagem de um é a desvantagem do outro. Esse é um princípio que pode ser válido para a guerra e a pilhagem; para a economia e o comércio não se aplica. Portanto, o liberalismo não vê base para oposição entre classes, mas é pacifista nas relações entre os povos. Não porque se considere chamado a representar os interesses especiais dos proprietários que se pode dizer que defende a manutenção da propriedade privada dos meios de produção, mas porque vê a ordem econômica baseada nela como o sistema de produção e distribuição que garante a melhor e mais alta satisfação material para todos os setores. E, tal como apela ao livre comércio interno não por consideração a classes específicas, mas ao bem-estar de

---

143. BENTHAM. *Defence of Usury*. 2. ed. Londres: 1790. p. 108.

todos, também apela ao livre comércio nas relações internacionais – não por causa dos estrangeiros, mas pelo bem do seu próprio povo.

A política econômica intervencionista assume um ponto de vista diferente. Vê antagonismos irreconciliáveis nas relações. O marxismo proclamou a doutrina da luta de classes; sobre a oposição irreconciliável entre elas, erige a sua doutrina e a sua tática.

Na Alemanha, o liberalismo nunca foi compreendido; nunca encontrou uma base. Essa é a única maneira de explicar por que os oponentes do socialismo têm doutrinas mais ou menos aceitas. Isso aparece claramente na posição dos adversários desse pensamento acerca do problema da luta de classes. O socialismo marxista prega a luta do proletariado contra a burguesia. Em outros lugares, esse grito de guerra é combatido pelo da solidariedade de interesses. Não é assim na Alemanha, onde os proletários são contrastados em relação com a burguesia como classe. O partido proletário é combatido pelos burgueses unidos. Eles não percebem que, dessa forma, reconhecem o argumento dos marxistas como correto e, assim, tomam a esperança de sua própria luta.

Aqueles que não conseguem argumentar a favor da propriedade privada dos meios de produção, a não ser que a sua abolição viole os direitos dos que possuem propriedade, limitam os apoiadores dos partidos antissocialistas aos não proletários. Num estado industrial, os "proletários" têm naturalmente superioridade numérica sobre as demais classes. Se a formação do partido é determinada pelo pertencimento, então é claro que o proletário deve obter a vitória sobre os outros.

2. Socialismo e Utopia

O marxismo vê a chegada do socialismo como uma necessidade inescapável. Mesmo que se quisesse admitir a correção dessa opinião, ainda assim ninguém seria obrigado a se comprometer com ele. Pode ser que, apesar de tudo, não possamos escapar, mas quem o considera um mal não precisa desejá-lo nem apressar a sua chegada. Pelo contrário, teria o dever moral de fazer tudo para adiá-la o máximo possível. Nenhuma pessoa pode escapar da morte. No entanto, o reconhecimento dessa necessidade certamente não nos obriga a provocá-la. Se os marxistas estivessem convencidos de que o socialismo não traria nenhuma melhoria, mas um agravamento das nossas condições sociais, eles não teriam mais motivos para se tornar socialistas do que nós para cometer suicídio[144].

---

144. HILFERDING. *Das Finanzkapital*. Viena: 1910. p. X.

Socialistas e liberais concordam que o objetivo final da política econômica é alcançar uma situação que garanta a felicidade para um maior número de pessoas. Prosperidade para todos, a maior possível para o maior número possível – esse é o objetivo tanto do liberalismo como do socialismo, embora possa ser mal compreendido e até contestado às vezes. Ambos rejeitam todos os ideais ascéticos que querem que as pessoas sejam frugais e que pregam a renúncia e o escapismo; ambos lutam pela riqueza social. As opiniões divergem apenas sobre a forma como esse objetivo pode ser alcançado. Para o liberal, uma ordem econômica baseada na propriedade privada dos meios de produção, que dá a maior amplitude possível à atividade e à livre iniciativa do indivíduo, garante a concretização. O socialista, por outro lado, procura alcançar isso por meio da socialização dos meios de produção.

O socialismo e o comunismo mais antigos buscavam a igualdade de propriedade e de distribuição de renda. A desigualdade é injusta; contradiz as leis divinas e deve ser eliminada. A isso, os liberais respondem dizendo que restringir a livre atividade do indivíduo prejudicaria o interesse geral.

Na sociedade socialista, a distinção entre ricos e pobres desapareceria, ninguém teria mais do que o outro, cada indivíduo seria mais pobre do que os mais pobres de hoje, uma vez que o sistema comunista teria um efeito inibidor sobre a produção e o progresso.

Pode, de fato, ser verdade que a ordem económica liberal permite grandes diferenças de rendimento, mas isso não envolve, de modo algum, a exploração dos pobres pelos mais ricos. O que estes têm, eles não tiraram dos pobres. Na sociedade socialista, o seu excedente não poderia ser distribuído aos pobres, uma vez que ele não seria sequer produzido. O excedente gerado na ordem económica liberal, para além do que também seria em uma comunista, nem sequer é inteiramente distribuído aos possuidores – uma parte é revertida, inclusive, para os não propriedade de forma que todos, mesmo os mais pobres, se interessem pelo estabelecimento e manutenção de uma economia liberal. A luta contra as heresias socialistas não é, portanto, característica de uma única classe, mas preocupação de todas. Todos sofrerão com as restrições à produção e ao progresso. O fato de alguém ter mais a perder que outrem é irrelevante, todos seriam prejudicados e a miséria que os espera é igualmente grande.

Esse é o argumento a favor da propriedade privada dos meios de produção, que qualquer socialismo que não estabeleça ideais ascéticos teria que refutar. Marx realmente percebeu a necessidade de fazê-lo. Quando viu o fator impulsionador da revolução social no fato de as relações de propriedade se transformarem de formas de desenvolvimento das forças produtivas em grilhões sobre elas[145], quando tenta – e fracassa – oferecer a prova de que o modo de produção capitalista impede o desenvolvimento da produtividade num caso particular[146], incidentalmente reconhece a importância desse problema. Mas nem ele nem os seus seguidores puderam atribuir-lhe a importância que merece para decidir a questão do socialismo ou do liberalismo. Toda a atitude do seu pensamento relativamente à visão materialista os impede de fazê-lo. O seu determinismo simplesmente não consegue compreender como alguém pode ser a favor ou contra o socialismo, uma vez que a sociedade comunista está moldando o futuro inescapável. Além disso, para ele, é claro que esse desenvolvimento em direção ao socialismo é também racional no sentido hegeliano e representa um progresso para um nível superior. A ideia de que o socialismo poderia significar uma catástrofe para a civilização deve ter parecido completamente incompreensível para ele.

Não havia, portanto, nenhuma razão para o socialismo marxista considerar a questão de saber se o socialismo como forma econômica era ou não superior ao liberalismo. Parecia resolvido que o socialismo por si só significava prosperidade para todos, enquanto o liberalismo enriquecia alguns, e abandonava as grandes massas à miséria. Com o surgimento

---

145. MARX. *Zur Kritik der politischen Ökonomie*. Kautsky (ed.). Stuttgart: 1897. p. XI.
146. MARX. *Das Kapital*. 3 v. 3. ed. Hamburg: 1911. p. 242.

desse pensamento, a controvérsia sobre as vantagens dos dois sistemas econômicos desapareceu. Os marxistas não entraram em tais discussões. E nem sequer tentaram questionar os argumentos liberais a favor da propriedade privada dos meios de produção, para não mencionar a sua efetiva refutação. Na opinião dos individualistas, esta cumpre a sua função social ao colocar os meios nas mãos daqueles que melhor sabem utilizá-los. Cada proprietário deve utilizar os seus de tal forma que produzam o maior retorno, isto é, o maior benefício para a sociedade. Não agir assim deverá levar ao seu fracasso econômico, e os meios de produção acabarão transferidos para quem melhor uso fizer. Isso evita a sua exploração inadequada ou descuidada, e assegura o seu emprego mais eficaz.

Esse não é o caso para os meios que estão sob a propriedade social. O que falta aqui é o incentivo ao interesse próprio. A utilização do equipamento não é tão completa como no setor privado e, assim, o mesmo retorno não pode ser alcançado com o mesmo esforço. O resultado da produção social deve, portanto, permanecer atrás do resultado da produção privada. Provas disso foram dadas por empresas públicas do Estado e dos municípios – como argumentam ainda os individualistas. Está demonstrado, e é bem sabido, que se consegue menos nesses setores do que no privado. Os lucros das empresas que eram bastante rentáveis caíram imediatamente após a nacionalização e municipalização. A empresa pública não pode, em parte alguma, manter-se em livre concorrência com a empresa privada; hoje, isso só é possível onde existe monopólio que exclui a concorrência – o que, por si só, já é prova da sua menor produtividade econômica. Apenas alguns socialistas de orientação marxista reconheceram a importância desse contra-argumento. Caso contrário, teriam que admitir que é um ponto do qual tudo depende. Se o modo de produção socialista não for capaz de alcançar nenhum adicional em comparação à privada, se produzir menos do que esta última, então não se poderá esperar melhoria, mas um agravamento da situação do trabalhador. Toda a argumentação dos socialistas teria, portanto, que se concentrar em provar que ele conseguirá aumentar a produção para além da quantidade possível na ordem individualista.

A maioria dos filósofos social-democratas mantém silêncio sobre esse ponto. Outros tocam nele apenas ocasionalmente. Nesse sentido, Kautsky (1854-1938) nomeia dois métodos que o futuro Estado irá utilizar para aumentar a produção. O primeiro é a concentração total nas empresas mais eficientes e o encerramento das demais, de posição menos elevada[147]. É incontestável que esse seja um meio de aumentar a produção, mas funciona melhor justamente sob o domínio da livre concorrência. Esta elimina implacavelmente todos os empreendimentos e empresas menos produtivos, aspecto que é, repetidas vezes, utilizado como uma acusação contra ela pelas

---

147. KAUTSKY. *Die Soziale Revolution*. 3. ed. Berlin: 1911. p. 21.

partes afetadas. É precisamente por essa razão que as empresas mais fracas exigem subsídios estatais e atenção especial nas vendas a agências públicas – em suma, restrições à livre concorrência em todas as formas possíveis. Que os trustes organizados numa base de empresa privada trabalham no mais alto grau com esses métodos para alcançar uma produtividade mais elevada deve ser admitido até mesmo por Kautsky, uma vez que ele realmente os cita como modelos para a revolução social.

É mais do que questionável que o Estado socialista também sinta a mesma urgência em realizar tais melhorias na produção. Ou irá continuar a ser uma empresa menos lucrativa a fim de evitar desvantagens locais decorrentes do seu abandono? O empresário privado abandona impiedosamente as empresas que já não são rentáveis; ao fazê-lo, obriga os trabalhadores a mudarem de local, e talvez até de carreira. Isso é, sem dúvida, inicialmente prejudicial para os afetados, mas é uma vantagem para o conjunto, pois permite um abastecimento melhor e mais barato ao mercado. O Estado socialista também fará o mesmo? Não tentará, justamente pelo contrário, evitar o descontentamento local devido a considerações políticas?

No caso das ferrovias estatais austríacas, todas as reformas desse tipo falharam porque foram feitas tentativas para evitar os danos a localidades específicas que teriam sido causados pelo abandono de escritórios administrativos, oficinas e centrais de aquecimento supérfluos. Até a administração do Exército enfrentou dificuldades parlamentares quando, por motivos militares, quis retirar a guarnição de uma localidade.

O segundo método de aumento da produção que Kautsky menciona é chamado de "economias de muitos tipos". Como ele mesmo admite, também já foi implementado nos trustes de hoje. O autor cita, acima de tudo, economias em materiais e equipamentos, custos de transporte e despesas com publicidade e propaganda[148]. Agora, no que diz respeito a materiais e transporte, a experiência mostra que, em nenhum lugar, as operações são realizadas com tão pouca parcimônia a esse respeito. Em nenhum lugar, há tanto desperdício de mão de obra e materiais de todos os tipos como no serviço público e nas empresas públicas. O setor privado, por outro lado, tenta trabalhar tão economicamente quanto possível, no interesse dos próprios proprietários.

O Estado socialista irá, evidentemente, poupar todas as despesas de publicidade e todos os custos com os viajantes de negócios e com os agentes. No entanto, é mais do que questionável se irá colocar muito mais pessoas a serviço do aparelho social de distribuição. Tivemos a experiência, durante a guerra, de que este pode ser bastante pesado e dispendioso. Ou os custos do pão, da farinha, da carne, do açúcar e de outros itens são realmente menores que os custos

---

148. *Ibid.*, p. 26.

2. SOCIALISMO E UTOPIA 353

da publicidade? Será que o grande aparato pessoal necessário para a emissão e administração desses dispositivos de racionamento é mais barato do que as despesas com viajantes de negócios e agentes?

O socialismo irá eliminar os pequenos armazéns gerais, mas terá que colocar pontos de entrega de mercadorias em seus lugares, o que não será mais barato. As associações de consumidores também empregavam não menos funcionários do que o moderno comércio varejista organizado e, precisamente por causa das suas despesas mais elevadas, muitas vezes não conseguiram suportar a concorrência com os comerciantes se não lhes fossem concedidas vantagens fiscais.

Pode-se ver aqui a fraqueza do terreno sobre o qual se encontra a argumentação de Kautsky. Quando afirma que "por meio da aplicação desses dois métodos um regime proletário pode elevar imediatamente a produção a um nível tão elevado que se torna possível aumentar consideravelmente os salários e, ao mesmo tempo, reduzir as horas de trabalho", nenhuma prova foi fornecida até agora[149].

---

149. Nos últimos anos, ouvimos falar de batatas congeladas, frutas podres e vegetais estragados muitas vezes. Coisas assim não aconteceram antes? Claro, mas em uma extensão muito menor. O negociante cuja fruta estragou sofreu perdas de riqueza que o tornaram mais cuidadoso no futuro; se ele não prestasse mais atenção, isso acabaria por levar ao seu desaparecimento econômico. Ele deixou a gestão da produção e foi transferido para uma posição na vida econômica onde já não era capaz de causar danos. O mesmo acontece nos acordos com artigos negociados pelo Estado. Aqui nenhum interesse próprio está por trás dos bens; aqui

Garantir o nível mais elevado possível de produtividade do trabalho ainda não esgota as funções sociais da propriedade privada dos meios de produção. O progresso econômico assenta-se na acumulação de capital. Isso nunca foi contestado nem pelos liberais nem pelos socialistas. Estes últimos, ao examinarem mais de perto o problema da organização da sociedade, também não deixam de mencionar que, no Estado socialista, a acumulação de capital, atualmente realizada por entidades privadas, recairá sobre a sociedade.

Na sociedade individualista é o sujeito, e não a sociedade, quem acumula. Essa acumulação de capital ocorre por meio da poupança – o poupador tem o incentivo de receber rendimentos do capital como recompensa.

Para o comunismo, a sociedade como tal receberá o rendimento que hoje flui exclusivamente para os capitalistas. Distribuirá, então, igualmente entre todos os membros ou, de outra forma, a utilizará para o bem comum. Será isso, por si só, um incentivo suficiente para poupar? Para responder a essa questão, é preciso imaginar que a sociedade socialista será confrontada todos os dias com a escolha entre dedicar-se mais à produção de bens de consumo ou mais à de bens de capital, entre processos que levam menos tempo e produzem menos ou aqueles que levam

---

administram funcionários cuja responsabilidade está tão dividida que ninguém se preocupa particularmente com um pequeno infortúnio.

mais tempo, e geram maior produção. O liberal pensa que a sociedade socialista decidirá sempre pelo mais rápido, que preferirá produzir bens de consumo em vez de bens de capital, que consumirá os meios que recebeu como herdeiro da sociedade liberal ou, na melhor das hipóteses, irá mantê-los; em nenhum dos casos, aumentá-los. Isso, no entanto, significaria que o socialismo irá trazer a estagnação, se não o declínio, de toda a nossa civilização econômica, além de miséria e necessidade para todos.

O fato de o Estado e as cidades já terem prosseguido uma política de investimento em grande escala não refuta essa afirmação, uma vez que buscaram essa atividade inteiramente com os meios do sistema liberal. Os recursos foram captados através de títulos, ou seja, fornecidos por particulares que esperavam deles um aumento nos seus rendimentos de capital. Se, no futuro, porém, a sociedade socialista acabar se deparando com a questão de saber se vai alimentar, vestir e alojar melhor os seus membros ou se vai poupar em todas essas coisas a fim de construir ferrovias e canais, abrir minas, empreender melhorias agrícolas para as próximas gerações, então decidirá pelas primeiras, mesmo que apenas por motivos psicológicos e políticos.

Uma terceira objeção ao socialismo é o famoso argumento de Malthus (1766-1834). Diz-se que a população tende a crescer mais rapidamente do que os meios de subsistência. Na ordem social baseada na propriedade privada, esse crescimento populacional é limitado pelo fato de todos só poderem ser capazes de criar um número limitado de filhos. Na sociedade socialista, esse impedimento ao aumento populacional desaparecerá, uma vez que já não será o indivíduo, e sim a sociedade que terá de cuidar da criação da nova geração. Mas isso, em breve, levaria a um crescimento tal da população que as dificuldades e a miséria para todos certamente apareceriam[150].

Essas são objeções à sociedade socialista com as quais todos teriam que lidar antes de defenderem o socialismo.

Não é, de forma alguma, uma refutação das objeções levantadas contra o socialismo quando os seus representantes procuram estigmatizar qualquer um que discorde deles com o rótulo de "economista burguês", como representantes de uma classe cujos interesses especiais vão contra o de todos. Teria primeiro de ser provado que os interesses daqueles que possuem propriedades são contrários aos da comunidade como um todo; é disso que trata toda a discussão.

A doutrina liberal assume que a ordem econômica baseada na propriedade privada dos meios de produção resolve o conflito entre o interesse privado e o público, na medida em que a realização do interesse próprio por parte de cada um, quando corretamente compreendido, garante o mais elevado grau

---

150. Embora os socialistas mal se tenham dignado a responder aos dois primeiros argumentos mencionados, preocuparam-se mais exaustivamente com a lei malthusiana, sem, certamente, na opinião dos liberais, refutarem as conclusões que dela decorrem.

alcançável de bem-estar geral. O socialismo quer estabelecer uma ordem social na qual o interesse individual, o egoísmo, seja excluído, uma sociedade na qual todos tenham que servir diretamente ao bem comum. Caberia agora aos socialistas mostrarem de que forma esse objetivo poderia ser alcançado. Mesmo eles não podem negar a existência de um conflito direto e imediato entre os interesses especiais do indivíduo e os do todo, e deve também admitir que uma ordem de trabalho não pode ser construída apenas com base no imperativo categórico, nem no poder coercitivo de uma lei penal. Até agora, porém, ninguém fez a mera tentativa de mostrar como essa lacuna entre o interesse e o bem-estar geral poderia ser superada. No entanto, os adversários do socialismo, juntamente com Schäffle (1831-1903), consideram precisamente essa questão como "o ponto decisivo, ainda não decidido, do qual, no longo prazo, tudo dependeria; do qual a vitória ou a derrota do socialismo, a reforma ou a destruição da civilização por ele, dependeriam em termos de economia nacional"[151].

O socialismo marxista chama seu antecessor de utópico porque tenta construir os elementos de uma nova sociedade a partir da mente, e procura formas e meios de implementar o plano social concebido. O marxismo, por outro lado, é o comunismo científico, descobre os elementos da nova sociedade nas leis de desenvolvimento do capitalismo, mas não constrói

---

151. SCHÄFFLE. *Die Quintessenz des Sozialismus*. 18. ed. Gotha: 1919. p. 30.

nenhum Estado futuro. Reconhece que o proletariado, devido às suas condições de vida, não pode fazer outra coisa senão eliminar, em última análise, todas as oposições de classe e, assim, realizar o socialismo. No entanto, tal como os utópicos, não procura filantropos que estariam dispostos a tornar o mundo feliz com a introdução do socialismo. Se quisermos ver, nisso, a distinção entre ciência e utopia, então o socialismo marxista reivindica justamente o seu nome. Mas também se poderia fazer a distinção num sentido diferente. Se chamarmos de utópicas todas as teorias sociais que, ao delinearem o futuro sistema social, partem da ideia de que, após a introdução da nova ordem social, as pessoas serão guiadas por motivos essencialmente diferentes daqueles das nossas condições atuais[152], então o ideal socialista do marxismo é também uma utopia[153]. A sua existência

---

152. MENGER. *Das Recht auf den vollen Arbeitsertrag.* 4. ed. Stuttgart: 1910. p. 105.
153. Num outro sentido que não o habitual, é claro, pode-se distinguir entre socialismo científico e socialismo filantrópico. Aqueles socialistas que se preocupam em seus programas em partir de linhas de pensamento econômicas e levar em conta a necessidade de produção podem ser chamados de socialistas científicos, em contraste com aqueles que sabem como promover apenas discussões éticas e morais e estabelecer apenas um programa para distribuição, mas não para produção também. Marx notou claramente os defeitos do socialismo meramente filantrópico quando, depois de se mudar para Londres, passou a estudar os teóricos econômicos. O resultado desse estudo foi a doutrina apresentada em *O Capital* (1867). Os marxistas posteriores, contudo, negligenciaram gravemente esse lado. São muito mais políticos e filósofos do que economistas. Um dos principais defeitos do lado econômico do sistema marxista é a sua ligação com a economia clássica, que correspondia ao estado da ciência da época. Hoje o socialismo teria que procurar um apoio científico na

continuada exige homens que não estão em posição de perseguir qualquer interesse especial contra o geral[154]. Sempre que essa objeção lhe é feita, o socialista salienta que, tanto hoje como em todas as fases anteriores da sociedade, muito do trabalho feito, em especial o altamente qualificado, era realizado para seu próprio bem e para a comunidade, e não para o benefício direto do trabalhador. Ele aponta para o esforço incansável do pesquisador, para o sacrifício do médico, para a conduta do guerreiro no campo de batalha. Nos últimos anos, ouvia-se repetidas vezes que os grandes feitos realizados pelos soldados no campo de batalha só podiam ser explicados pela pura devoção à causa, por um elevado sentido de sacrifício ou, na pior das hipóteses, em busca de distinção; nunca à procura de ganhos privados. Esse argumento, contudo, ignora a distinção fundamental entre o trabalho econômico habitual e os tipos especiais.

O artista e o pesquisador encontram a sua satisfação no prazer que a obra em si lhes proporciona e no reconhecimento que esperam colher em algum momento, mesmo que talvez apenas da posteridade, mesmo faltando o sucesso material. O médico em

---

teoria da utilidade marginal. Conforme Schumpeter (Das Grundprinzip der Verteilungslehre. *In: Archiv für Sozialwissenschaft und Sozialpolitik*. 42 v., 1916/1917, p. 88).

154. A facilidade com que os marxistas ignoram esse argumento pode ser vista em Kautsky: "Se o socialismo é uma necessidade social, então, se entrasse em conflito com a natureza humana, seria esta última que levaria a pior, e não o socialismo". (Prefácio a Atlanticus [Ballod], *Produktion und Konsum im Sozialstatt*, 1898, p. XIV).

uma epidemia e o soldado no campo de batalha reprimem não apenas os seus interesses econômicos, mas também o instinto de autopreservação; mesmo isso, por si, já mostra que essa não é uma situação regular, mas apenas transitória e excepcional, da qual não se podem tirar conclusões de grande alcance.

O tratamento que o socialismo dá ao problema do interesse próprio aponta claramente para as suas origens. Esse pensamento nasceu nos círculos dos intelectuais; em seu berço, estão poetas e pensadores, escritores e homens de letras. Não nega a sua origem naquelas classes que, mesmo por motivos profissionais, têm de se preocupar com ideais. É um ideal de pessoas não econômicas. Portanto, não é nada surpreendente que escritores e figuras literárias de todos os tipos estivessem sempre representados em grande número entre os seus adeptos, e que sempre pudesse contar com a aprovação geral nos círculos oficiais.

A visão característica das autoridades torna-se clara no tratamento que dão ao problema da socialização. Do ponto de vista burocrático, envolve apenas questões de natureza operacional e administrativa, que podem ser facilmente resolvidas se permitirmos às autoridades maior liberdade de ação. Então a socialização poderia ser efetivada sem o perigo de se "eliminar a livre iniciativa e a vontade individual para assumir a responsabilidade sobre a qual se assenta o sucesso da gestão empresarial privada"[155]. Na verdade, não pode haver livre iniciativa dos indivíduos em sede de economia socializada. É um erro fatal acreditar que quaisquer medidas organizacionais podem permitir a livre iniciativa. A sua ausência não depende de defeitos de organização, mas está fundamentada na natureza da empresa socializada. Livre iniciativa significa correr riscos para vencer, apostar em um jogo, vencer ou perder. Toda a atividade econômica é composta por tais empreendimentos de risco. Cada ato de produção, cada compra por parte do comerciante e do produtor, cada atraso na venda, é um negócio muito arriscado. Ainda mais o é realizar todos os investimentos ou mudanças consideráveis na empresa, para não mencionar o novo capital. Os capitalistas e os empresários têm que assumir riscos; não podem agir de outra forma, uma vez que não têm possibilidade de manter a sua propriedade sem empreender tais iniciativas.

Qualquer um que tenha meios de produção à sua disposição sem ser proprietário não corre o risco de perda nem a possibilidade de ganho, como acontece com o proprietário. A autoridade ou o funcionário não precisa temer a perda e, por essa razão, não pode ser autorizado a agir livre e irrestritamente como o proprietário. Ele deve ser restringido de alguma maneira. Se ele pudesse administrar livremente,

---

[155]. BERICHT der Sozialisierungskommission über die Sozialisierung der Kohle. *In: Frankfurter Zeitung*. 12 mar. 1919.

então simplesmente seria o proprietário. É um jogo de palavras dizer que se quer impor ao não proprietário a disposição para assumir responsabilidades. O proprietário não tem apenas essa disposição, como realmente assume a responsabilidade porque sente as consequências de suas ações. O funcionário até pode se propor a suportá-las, mas nunca poderá fazê--lo senão moralmente. No entanto, quanto mais responsabilidade moral lhe é imposta, mais restrita é a sua iniciativa. O problema da socialização não pode ser resolvido por meio de instruções da função pública e de reformas organizacionais.

3. Socialismo Centralista e Sindicalista

A questão de saber se o nosso desenvolvimento econômico já está "maduro" para o socialismo ou não surge da ideia marxista de que o desenvolvimento das forças produtivas só pode ser realizado quando chegar a sua hora. Uma forma de sociedade não pode perecer antes de ter desenvolvido tudo o que é capaz de desenvolver; só então é substituída por outra forma superior. Antes que o capitalismo tenha completado o seu curso, o socialismo não pode assumir a sua herança.

O marxismo gosta de comparar a revolução social com o nascimento – os partos prematuros são um fracasso e levam à morte do novo ser[156]. Desse ponto de vista, os marxistas questionam se as tentativas dos bolcheviques de estabelecer uma comunidade

---

156. KAUTSKY, *op. cit.*, I, p. 13.

socialista na Rússia não são prematuras. Deve ser realmente difícil para um teórico dessa escola, que considera um certo grau de desenvolvimento do modo de produção capitalista e da indústria pesada como uma condição necessária para o aparecimento do socialismo, compreender por que este alcançou a vitória precisamente na Rússia dos pequenos camponeses, e não na Europa Ocidental altamente industrializada ou nos Estados Unidos.

É diferente quando se levanta a questão de saber se este ou aquele ramo de produção está ou não maduro para a socialização. Essa questão é geralmente colocada de tal forma que a sua própria formulação admite basicamente que as empresas socializadas, em geral, apresentam resultados menores do que aquelas que operam sob propriedade privada e que, portanto, apenas determinados ramos de produção deveriam assumir essa roupagem – aqueles dos quais não se sente tanto as desvantagens excessivas dessa menor produtividade. Assim se explica que as minas, sobretudo as de carvão, já estão maduras para isso. Ao que tudo indica, as pessoas partem da opinião de que é mais fácil operar uma mina do que, digamos, uma fábrica que produza para o mercado da moda – evidentemente acreditam que a mineração envolve apenas a exploração dos dons da natureza, que mesmo a portentosa empresa socialista pode gerir.

Mais uma vez, quando outros consideram a grande empresa industrial como, acima de tudo, madura para ser socializada, partem da ideia de que ela já funciona com um certo aparelho burocrático – estão dadas as pré-condições organizacionais para isso.

Há uma grave falácia em tais considerações. Para provar a possibilidade de socialização de empresas específicas, não basta mostrar que esta lhes causa poucos danos, porque ainda assim não iriam falir, mesmo que funcionassem pior do que sob a administração privada. Quem quer que não acredite que a socialização traz um aumento de produtividade teria, para ser consistente, que considerar qualquer socialização como um equívoco.

Podemos também encontrar uma admissão oculta da menor produtividade da economia numa ordem socialista na visão segundo a qual muitos defensores argumentam que a guerra nos atrasou no desenvolvimento e, por isso, adiou ainda mais o tempo de maturidade para o socialismo. Assim, diz Kautsky:

> O socialismo, isto é, a prosperidade geral dentro da civilização moderna, só se torna possível por meio do grande desenvolvimento das forças produtivas que o capitalismo traz, por meio das enormes riquezas que ele cria e que estão concentradas nas mãos da classe capitalista. Um Estado que desperdiçou essas riquezas por meio de políticas insensatas, com uma guerra malsucedida não oferece, desde o início, nenhum ponto de partida favorável para a propagação mais rápida da prosperidade a todas as classes[157].

---

157. KAUTSKY. *Die Diktatur des Proletariats*. 2. ed. Viena: 1918. p. 40.

Qualquer pessoa que, como o autor, espere que o modo de produção socialista multiplique a produtividade deveria realmente ver o fato de termos nos tornado mais pobres em consequência da guerra como mais uma razão para acelerar a socialização.

Os liberais são muito mais consistentes a esse respeito. Não esperam que outro modo de produção, como o socialista, torne o mundo maduro para o liberalismo; sempre, e em toda parte, veem o tempo deste como dado, uma vez que geralmente – e sem exceção – afirmam a superioridade do modo de produção baseado na propriedade privada dos meios e na livre concorrência.

O caminho pelo qual deveria ocorrer a socialização das empresas está claramente indicado pelas ações de nacionalização e urbanização dos Estados e municípios. Na verdade, poderíamos inclusive dizer que a arte administrativa na Alemanha não é mais familiar do que esse procedimento, o qual tem sido seguido há muitos anos. Desse ponto de vista, a socialização não é novidade, e os governos socialistas, que estão operando por todo o lado, não teriam nada a fazer senão dar continuidade ao que os seus antecessores no socialismo estatal e comunitário já fizeram antes.

É claro que nem os novos detentores do poder nem os seus eleitores querem ouvir falar sobre isso. As massas, que hoje categoricamente exigem a rápida implementação do socialismo, imaginam-no como algo bem diferente da expansão das operações estaduais e municipais. Elas ouviram repetidamente dos seus líderes que essas empresas públicas não têm nada em comum com o socialismo. O que deveria ser a socialização, porém, senão a propriedade estadual e municipal, ninguém sabe dizer[158]. O que a social--democracia antes cultivou está agora vingando-se amargamente dela: durante décadas, seguiu políticas demagógicas para a vida quotidiana, e não políticas fundamentais para a vitória final. Na verdade, a social-democracia abandonou há muito tempo o socialismo centralista. Na política diária, tornou-se cada vez mais orientada para os sindicatos, sindicalista e, no sentido marxista, "pequeno-burguesa". Agora o sindicalismo levanta as suas reivindicações, que estão em contradição irreconciliável com o programa do socialismo centralista.

Ambas as direções têm um ponto em comum: querem tornar o trabalhador novamente proprietário dos meios de produção. O socialismo centralista pretende conseguir isso fazendo de toda a classe trabalhadora do mundo inteiro, ou pelo menos de um país inteiro, a proprietária dos meios de produção.

---

158. ENGELS. *Herrn Eugen Dührings Umwälzung der Wissenschaft*. 7. ed. Stuttgart: 1910. p. 299.
ANTI-Dühring: Herr Eugen Dühring's Revolution in Science. New York: 1936. p. 305, referindo-se ao "caso em que os meios de produção ou de transporte e comunicações realmente superaram o controle das corporações e em que a propriedade estatal se tornou assim *economicamente* imperativa", a propriedade estatal significa progresso econômico e "a obtenção de um novo estágio na tomada de posse de todas as forças produtivas pela própria sociedade, mesmo quando o Estado de hoje o leva a cabo". [A redação na tradução para o inglês de 1936 difere ligeiramente.]

O sindicalismo quer fazer da força de trabalho de empresas individuais, ou de ramos de produção individuais, os proprietários dos meios de produção que utilizam. O primeiro ideal é, pelo menos, discutível; o segundo é tão absurdo que poucas palavras precisam ser gastas com ele.

Uma das grandes ideias do liberalismo é que ele respeita apenas o interesse do consumidor e desconsidera o do produtor. Nenhuma produção vale a pena ser mantida se não for adequada para frutificar o melhor e mais barato abastecimento. Nenhum produtor é reconhecido como sujeito do direito de se opor a qualquer mudança nas condições porque isso vai contra os seus próprios interesses. O objetivo mais elevado de toda a atividade econômica é obter a melhor e mais abundante satisfação das necessidades ao menor custo.

Essa posição segue com uma lógica convincente a partir da consideração de que toda produção é realizada apenas por causa do consumo, que nunca é um fim – sempre apenas um meio. A acusação feita ao liberalismo de que, desse modo, leva em conta apenas o ponto de vista do consumidor e desdenha do trabalho é tão estúpida que dificilmente precisa ser refutada. Preferir o interesse do produtor ao do consumidor, o que é característico do antiliberalismo, significa nada mais do que a tentativa de preservar artificialmente as relações de produção que se tornaram irracionais como resultado do desenvolvimento progressivo. Tal sistema pode parecer discutível se os objetivos especiais de pequenos grupos forem protegidos contra a grande massa de outros, uma vez que a parte beneficiada, como o produtor, ganha mais com o seu privilégio do que perde como consumidor. Torna-se ainda mais absurdo quando elevado a princípio geral, pois cada indivíduo perde infinitamente mais como consumidor do que poderia ganhar como produtor. A vitória do interesse do segundo sobre o primeiro significa afastar-se da organização econômica racional e impedir todo o progresso econômico.

O socialismo centralista sabe disso muito bem. Junta-se ao liberalismo na luta contra todos os privilégios tradicionais do produtor. Baseia-se na opinião de que, na comunidade socialista, não haveria qualquer interesse por parte deste, uma vez que cada um reconheceria que só vale a pena considerar o interesse do consumidor. Se essa suposição é justificada, não será discutido aqui; é evidente que, se não fosse verdade, o socialismo não poderia ser o que pretende ser.

O sindicalismo deliberadamente coloca em primeiro plano o interesse dos trabalhadores. Ao tornar, os grupos de trabalhadores, proprietários (não em tantas palavras, mas em substância) dos meios de produção, não abole a propriedade privada. Também não garante igualdade. Embora elimine a desigualdade de distribuição existente, introduz uma nova, pois o valor do capital investido em empresas ou setores de produção individuais não corresponde, de forma alguma, ao número de trabalhadores neles empregados. O rendimento de cada um será tanto maior quanto menor for o número de colegas trabalhadores empregados na sua empresa ou setor, e quanto maior for o valor dos meios materiais de produção nele empregados.

O Estado organizado sindicalista não seria socialista, mas um capitalismo operário, uma vez que os grupos individuais de trabalhadores seriam os proprietários do capital. O sindicalismo tornaria impossível qualquer repadronização da produção; não deixa espaço livre para o progresso econômico. Todo o seu *habitus* intelectual corresponde aos ideais de uma era agrícola e artesanal em que as condições econômicas são bastante estacionárias.

O socialismo centralista de Karl Marx, que outrora triunfou sobre Proudhon (1809-1865) e Lassalle (1825-1864), foi gradualmente rechaçado pelo sindicalismo ao longo das últimas décadas. A luta entre as duas visões, que externamente ocorreu como um embate entre a organização do partido político e a sindical e, nos bastidores, assumiu a forma de uma luta entre líderes surgidos da classe trabalhadora contra intelectuais, terminou com uma vitória completa do sindicalismo. As teorias e os escritos dos chefes do partido ainda vestem exteriormente a roupagem do socialismo centralista, mas a prática tornou-se gradualmente sindicalista, e na consciência das massas vive exclusivamente esta ideologia. Os teóricos do socialismo centralista não tiveram a coragem de tomar uma posição decisiva contra a política sindicalista por razões táticas – queriam evitar a ruptura aberta entre as duas tendências, como na França. Se tivessem a coragem de fazê-lo, sem dúvida seriam derrotados nessa luta. Em alguns aspectos, promoveram diretamente o desenvolvimento da linha de pensamento sindicalista, uma vez que se opuseram ao movimento rumo ao socialismo centralista que estava ocorrendo sob a liderança do estatista. Tiveram que fazer isso, por um lado, para marcar uma distinção nítida entre a sua posição e a do Estado autoritário; e, por outro, porque os fracassos econômicos causados pela nacionalização e pela urbanização estavam, afinal, tornando-se tão generalizados e visíveis para os cidadãos de modo geral que poderiam tornar-se perigosos para o entusiasmo fervoroso com que as massas seguiam o obscuro ideal do socialismo. Se continuassem a apontar repetidamente que as ferrovias estatais e as obras de iluminação urbana não eram de forma alguma um primeiro passo para a realização do Estado do futuro, não se poderia educar a população a favor do socialismo centralista.

À medida que os trabalhadores iam ficando desempregados por meio da introdução de métodos de trabalho melhorados, o sindicalismo procurou destruir as novas máquinas. A sabotagem é sindicalista. Em última análise, porém, toda greve é também sindicalista; a exigência pela introdução da tarifa de proteção social é sindicalista. Em resumo, todos aqueles dirigentes da luta de classes, dos quais os sociais-democratas não quiseram desistir porque temia perder influência sobre as massas trabalhadoras, apenas incitaram os instintos sindicalistas – Marx teria chamado de "pequeno-burgueses" – das massas.

Se o socialismo centralista tem hoje qualquer adepto, isso não é mérito da agitação social-democrata, mas do estatismo. O socialismo estatal e municipal forneceu publicidade ao centralista ao colocar as ideias em prática; e o socialismo acadêmico forneceu a literatura de propaganda para isso.

O que está acontecendo diante dos nossos olhos não é, evidentemente, nem o socialismo centralista nem o sindicalismo; não é de todo a organização da produção ou mesmo da distribuição. É a distribuição e o consumo de bens, e a aniquilação e a destruição dos meios. Tudo o que ainda está sendo produzido, assim o é pelos remanescentes da economia livre; onde quer que esse socialismo de hoje já tenha penetrado, não se fala em produção.

As formas pelas quais esse processo ocorre são bastante variadas. As greves fecham as empresas e, onde o trabalho ainda está sendo realizado, o próprio sistema *ca'canny*[159] cuida para que o resultado seja ruim.

Devido aos elevados impostos e à pressão para pagar salários altos aos trabalhadores, mesmo quando não há emprego, o empresário é forçado a consumir o seu capital. O inflacionismo funciona na mesma direção, o que, como foi demonstrado, oculta e, portanto, promove o consumo de capital. Os atos

---

159. Uma desaceleração deliberada dos trabalhadores.

de sabotagem dos trabalhadores e as intervenções ineptas das autoridades destroem o aparelho de produção material e completam o trabalho que a guerra e as lutas revolucionárias começaram.

Em meio a toda essa destruição, só resta a agricultura – sobretudo as pequenas propriedades agrícolas, que também sofreram gravemente devido às circunstâncias. Boa parte do capital de giro já foi consumida, e continua sendo.

As grandes unidades de exploração agrícola provavelmente serão socializadas ou mesmo divididas em pequenas propriedades. Em qualquer caso, o seu poder produtivo sofrerá, mesmo sem considerar a redução do capital. Ainda assim, a devastação da agricultura permanece relativamente pequena em comparação com a crescente dissolução do aparelho de produção industrial.

A extinção do espírito de cooperação social, que constitui a essência do processo social-revolucionário que está acontecendo diante dos nossos olhos, deve acarretar consequências diferentes na indústria, nos transportes e no comércio – em suma, na cidade – do que na agricultura. Uma ferrovia, uma fábrica, uma mina simplesmente não podem funcionar sem aquele espírito em que se baseiam a divisão e a coordenação do trabalho. Na agricultura é diferente. Se o camponês se retirar do comércio e transferir a sua produção de volta para a autarquia da economia familiar fechada, ele viverá pior do que viveu antes, mas pelo menos continuará vivendo. Desse modo, o campesinato torna-se cada vez mais limitado a si mesmo. O camponês volta a produzir, na sua casa, tudo o que deseja consumir e, por outro lado, reduz a sua produção às necessidades do habitante da cidade[160].

O que isso significa para o futuro da população da cidade é claro. A indústria da Alemanha e da Áustria-Alemã perdeu em grande parte o seu mercado externo; agora está perdendo também o mercado interno. Quando o trabalho nas oficinas for retomado, os camponeses enfrentarão a questão de saber se não será mais vantajoso obter produtos industriais mais baratos e melhores no exterior. O camponês alemão voltará a ser um livre-comerciante, como o era há 40 anos.

É difícil conceber que este processo possa ocorrer na Alemanha sem os mais enormes choques. Pois significa nada menos do que a decadência da civilização urbana, a lenta fome de milhões de habitantes das cidades alemãs.

Se o sindicalismo revolucionário e o destrucionismo[161] não permanecessem limitados à Alemanha e, ao invés disso, se estendessem a toda a Europa – e até mesmo à América –, então enfrentaríamos uma catástrofe comparável apenas ao colapso do mundo antigo.

---

160. Isso vale especialmente para a Áustria-Alemanha. No Reich, as condições ainda são diferentes por enquanto.
161. O destrucionismo, tal como discutido por Mises, refere-se a políticas que consomem capital, mas não o acumulam. Informação retirada de https://en.wikipedia.org/wiki/Destructionism. (N. T.)

A civilização antiga também foi construída sobre uma divisão e coordenação de trabalho de longo alcance. Nela, também a operação – mesmo que limitada[162] – do princípio liberal provocou um grande florescimento da cultura material e intelectual. Tudo isso desapareceu à medida que o vínculo imaterial que mantinha todo esse sistema unido, o espírito de cooperação social, desapareceu. Mesmo no moribundo Império Romano, também as cidades foram despovoadas; o homem que não possuía terras afundou na miséria; quem de alguma forma conseguiu, mudou-se para o campo e tentou escapar da fome[163]. Então, também ocorreu, acompanhado externamente pelos choques mais severos no sistema monetário, o processo de reversão da economia monetária para uma de escambo, de uma sem troca para uma com troca.

O processo moderno diferiria do declínio da civilização antiga apenas na medida em que o que ocorreu ao longo dos séculos assumirá um ritmo incomparavelmente mais rápido.

---

162. Nós também nunca tivemos realmente "livre concorrência".
163. Numerosos documentos em fontes jurídicas romanas tardias. Conforme, por exemplo, 1. un. C. *Si curialis relicta civitate rus habitare maluerit*, X, 37.

4. Imperialismo Socialista

Os socialistas mais velhos eram oponentes da democracia. Queriam agradar o mundo inteiro com seus planos e ficaram impacientes com quem discordava. A sua forma de governo preferida seria o absolutismo esclarecido, embora sempre sonhassem secretamente em tomar, eles próprios, o lugar do déspota. Reconhecendo que não alcançaram, e nem poderão alcançar, essa posição, procuraram um pronto para adotar os seus planos e tornar-se o seu instrumento. Outros socialistas, por outro lado, tinham uma mentalidade oligárquica, e queriam que o mundo fosse governado por uma aristocracia que – na sua opinião – incluísse realmente os melhores. Não importa se esses aristocratas eram os filósofos de Platão (428/427-348/347 a.C.), os sacerdotes da Igreja ou o Concílio Newtoniano de Saint-Simon.

Com Marx ocorre, também a esse respeito, uma completa mudança de percepção. Os proletários constituem a grande maioria da população. Mas, como a consciência é determinada pela existência social, todos devem necessariamente tornar-se socialistas.

Assim, em contraste com todas as lutas de classes anteriores, que tinham sido manifestações de minorias ou no interesse delas, o socialismo é considerado, pela primeira vez na história, o movimento da vasta maioria no interesse da vasta maioria. Segue-se disso que a democracia é o melhor meio para realizar o socialismo. O verdadeiro alicerce do socialismo democrático é o fato de ter a sua base principalmente na Alemanha, na Áustria e na Rússia, países onde a democracia não tinha sido implementada, nos quais o programa democrático era a escolha óbvia de toda a oposição e, como resultado, necessariamente também do socialismo.

Quando, na Rússia, um número relativamente pequeno de socialistas, em comparação com os milhões que formam esse povo, teve a oportunidade de tomar o poder, usando-se dos meios do czarismo em colapso, os princípios da democracia foram rapidamente lançados ao mar. O socialismo certamente não é um movimento da grande maioria. O fato de afirmar ser não é nada de especial; todos os movimentos reivindicam isso. O que é certo é que o domínio dos bolcheviques na Rússia repousa na posse do aparelho governamental, como outrora foi o domínio dos Romanov. Uma Rússia democrática não seria bolchevique.

Na Alemanha sob a ditadura do proletariado, não há problema em derrotar a resistência da burguesia à socialização dos meios de produção, como afirmam seus oponentes. Se afastar desde o início a socialização dos pequenos agricultores, e se instituir-se o pagamento de pensões fixas, como o socialismo atual pretende, dificilmente haverá resistência à sua adoção na Alemanha. As ideias liberais, com as quais se poderia resistir ao socialismo, nunca ganharam muito terreno; atualmente são partilhadas por pouquíssimas pessoas. Contudo, a resistência à socialização baseada no ponto de vista dos interesses privados nunca teve – com razão – qualquer chance de sucesso, muito menos num país em que toda a riqueza industrial e mercantil sempre pareceu, às grandes massas, crime. A expropriação da indústria, da mineração e das grandes propriedades rurais e a eliminação do comércio são a exigência impetuosa da esmagadora maioria do povo alemão. Para realizá-la, ditadura é o que menos se precisa. Neste momento, o socialismo já pode contar com grandes grupos; ainda não precisa temer a democracia.

A economia alemã encontra-se hoje na posição mais difícil que se pode imaginar. Por um lado, a guerra destruiu imensos valores de propriedade e impôs ao povo a obrigação de pagar enormes compensações aos seus adversários. Por outro, chamou atenção para a relativa sobrepopulação do território.

Todos devem reconhecer que será extraordinariamente difícil para a indústria alemã, se não impossível, competir com a estrangeira sem uma redução acentuada nos níveis salariais depois da guerra. Centenas de milhares, e até mesmo milhões, de alemães veem hoje os seus pequenos bens derreterem dia após dia. Pessoas que há apenas alguns meses ainda se consideravam ricas, que eram invejadas por milhares e, como "vencedores da guerra", não gozavam exatamente de afetuosa atenção pública, podem hoje calcular exatamente quando terão esgotado os modestos restos de sua aparente riqueza, e serão deixados como mendigos. Os membros das profissões independentes veem como o seu nível de vida está diminuindo dia após dia, sem esperança de melhoria.

Não é de surpreender que um povo em tal situação possa sentir-se desesperado. É fácil dizer que só existe uma forma de combater o perigo de empobrecimento de todo o povo alemão, qual seja, retomar o trabalho o mais rapidamente possível e tentar, por meio de melhorias no processo produtivo, compensar os danos infligidos à economia do país. Mas é compreensível que um povo a quem a ideia de poder tem sido pregada durante décadas, cujos instintos violentos foram despertados pelos horrores da longa guerra, procure primeiro refúgio na política de poder novamente. O terrorismo dos espartaquistas[164]

---

164. Também chamada Liga *Spartacus*, foi uma organização socialista, marxista, revolucionária, anti-imperialista e antimilitarista atuante na

dá continuidade à política dos *junkers*, assim como o terrorismo dos bolcheviques faz com à do czarismo. A ditadura do proletariado permitiria superar as dificuldades econômicas do momento, expropriando os bens de consumo nas mãos das classes proprietárias. É claro que isso não é socialismo, e que nenhum teórico já defendeu tal coisa. Dessa forma, é difícil – e só possível, por um curto período de tempo –, esconder as dificuldades que impedem a produção numa base socialista. É possível financiar compras de alimentos no exterior por um tempo, vendendo títulos estrangeiros e exportando obras de arte e joias. Mais cedo ou mais tarde, porém, esse meio irá fracassar.

A ditadura do proletariado quer usar o terror para cortar pela raiz todos os movimentos de oposição. Acredita-se que o socialismo esteja estabelecido para toda a eternidade, uma vez que a propriedade tenha sido tirada da burguesia e toda a possibilidade de crítica pública, abolida. Não se pode negar, é claro, que muito pode ser feito desse modo, e que, acima de tudo, toda a civilização europeia pode ser destruída; não é assim que se constrói uma ordem socialista da sociedade. Se a comunista for menos capaz de trazer "a maior felicidade para o maior número" do que aquela baseada na propriedade privada dos meios de produção, então as ideias do liberalismo não podem ser eliminadas nem mesmo por medidas terroristas.

Alemanha durante a Primeira Guerra Mundial. Informação retirada de https://pt.wikipedia.org/wiki/Liga_Espartaquista. (N. T.)

O socialismo marxista, como movimento fundamentalmente revolucionário, é interiormente inclinado para o imperialismo. Ninguém contestará isso, muito menos os próprios marxistas, que proclamam abertamente o culto da revolução. É menos percebido, contudo, que o socialismo moderno também deve ser externamente imperialista.

O socialismo moderno não surge na propaganda como uma exigência racionalista; é uma posição de política econômica que se apresenta como uma doutrina de salvação ao estilo das religiões. Assim, teria que competir intelectualmente com o liberalismo; teria que tentar invalidar logicamente os argumentos dos seus oponentes e rejeitar as suas objeções contra as suas próprias doutrinas. Socialistas individuais também fizeram isso. Em geral, porém, dificilmente se preocuparam com a discussão científica das vantagens e desvantagens dos dois sistemas concebíveis de produção social. Proclamaram o socialista como uma doutrina de salvação. Apresentaram todo o sofrimento terreno como uma emanação da ordem social capitalista e prometeram que a implementação do socialismo eliminaria tudo o que é doloroso. Responsabilizaram a economia capitalista por todas as deficiências do passado e do presente. No Estado do futuro, todos os anseios e esperanças serão satisfeitos; ali os inquietos encontrarão descanso; os infelizes, a felicidade; o inadequado, força; os doentes, cura; os pobres, riqueza; o necessitado, prazer.

No Estado do futuro, o trabalho será um prazer, e não mais um fardo. No Estado do futuro, florescerá uma arte de cuja magnificência a arte "burguesa" não tem ideia, e uma ciência que resolverá completamente todos os enigmas do mundo. Todo sofrimento sexual desaparecerá; marido e mulher proporcionarão um ao outro uma felicidade no amor com a qual as gerações anteriores jamais sonharam. O caráter humano passará por uma mudança completa; tornar-se-á nobre e imaculado; toda a inadequação intelectual, moral e física desaparecerá do homem. O que floresce para o herói em Valhalla, para o cristão no seio de Deus, para o muçulmano no paraíso de Maomé – o socialismo realizará na Terra.

Os utópicos, sobretudo Fourier (1768-1830), eram insaciáveis em querer pintar os detalhes dessa vida de leite e mel. O marxismo tornou estritamente tabu todos os esboços do Estado do futuro. Mas essa proibição se referia apenas à descrição da ordem econômica, governamental e jurídica do Estado socialista e foi um movimento magistral de propaganda. Uma vez que as instituições do futuro Estado foram deixadas numa misteriosa obscuridade, os oponentes do socialismo foram privados de qualquer possibilidade de criticá-las e de mostrar que a sua realização não poderia, de modo algum, criar um paraíso na terra. A representação das consequências favoráveis da socialização da propriedade, pelo contrário, não foi de forma alguma condenada pelo marxismo, tal como o foi a demonstração dos modos e meios pelos quais poderiam ser alcançadas. Ao retratar todos os males terrenos como efeitos colaterais necessários da ordem social capitalista, e ao declarar que eles estariam ausentes do Estado do futuro, tem superado repetidas vezes – numa representação utópica da felicidade que promete trazer – os mais imaginativos autores de romances utópicos. A sugestão misteriosa e a alusão mística têm um efeito muito mais forte do que a explicação aberta.

O fato de o socialismo ter aparecido como uma doutrina de salvação facilitou a sua luta contra o liberalismo. Quem procura racionalmente refutar o socialismo não encontra considerações racionais entre a maioria dos socialistas, como seria de se esperar, mas uma crença na salvação pelo socialismo não derivada da experiência. Não há dúvida de que ele também pode ser defendido de forma racionalista. Mas, para a grande maioria dos seus seguidores, trata-se de uma doutrina de salvação na qual acreditam. Para aqueles para quem os evangelhos religiosos perderam força, o socialismo é, no lugar da fé, um consolo e uma esperança nas dificuldades da vida. Qualquer crítica racionalista falha quando confrontada com tais convicções. Quem se aproxima do socialista desse tipo com objeções racionais encontra a mesma falta de compreensão que a crítica racionalista das doutrinas da fé encontra no cristão crente.

Nesse sentido, era plenamente justificado comparar o socialismo com o cristianismo. Contudo, o Reino de Cristo não é deste mundo; o socialismo, pelo contrário, quer estabelecer o reino da salvação na Terra. É aí que reside a sua força, mas é também aí que reside a sua fraqueza, que o fará perecer com a mesma rapidez com que triunfou. Mesmo que o modo de produção socialista pudesse realmente aumentar a produtividade e proporcionar maior prosperidade para todos, estaria fadado a decepcionar amargamente os seus adeptos, que também esperam que proporcione o maior aumento na felicidade interior. Não será capaz de remover a inadequação de tudo o que é terreno, nem de acalmar o impulso faustiano, nem de satisfazer o anseio interior. Quando o socialismo se tornar realidade, teremos que reconhecer que uma religião que não se refere à vida futura é um absurdo.

O marxismo é uma teoria evolucionista. Até a palavra "revolução" tem o significado de "evolução" no sentido da visão materialista da história. No entanto, a consideração pelo caráter messiânico do evangelho socialista teve que levar o socialismo marxista repetidamente a endossar a deposição violenta – a revolução no verdadeiro sentido da palavra.

O desenvolvimento aborda o socialismo de uma forma diferente das contradições do modo de produção capitalista, tornando-se cada vez mais flagrantes e trazendo assim a mudança revolucionária do capitalismo para um futuro próximo. Se estivesse disposto a admitir que a evolução estava levando à realização gradual do socialismo, então teria que enfrentar o constrangimento de ter que explicar exatamente por que é que as suas profecias de salvação também não estavam gradualmente se cumprindo na mesma medida. Por essa razão, o marxismo necessariamente tinha que permanecer revolucionário se não quisesse desistir do dispositivo mais forte da sua propaganda, a doutrina da salvação.

Por essa razão, apesar de toda a ciência, teve que se manter firme na sua teoria do aumento da miséria e do colapso. Por essa razão, teve que rejeitar o revisionismo de Bernstein (1850-1932). Por essa razão, não teve que permitir que nem um pingo da sua ortodoxia lhe fosse roubado.

Agora, porém, é o vencedor. O dia da realização chegou. Milhões estão exigindo impetuosamente a salvação que os espera; exigem riquezas, felicidade. E, agora, será que virão os líderes e consolarão a multidão, dizendo que o trabalho diligente, talvez depois de décadas ou séculos, irá se tornar a sua recompensa e que a felicidade interior nunca poderá ser alcançada com meios exteriores? Como repreenderam o liberalismo por recomendar trabalho árduo e parcimônia aos pobres? Como zombaram das doutrinas que não queriam atribuir todas as dificuldades terrenas à deficiência das instituições sociais?

Só há uma saída dessa situação para o socialismo. Independentemente do fato de deter o poder, deve continuar tentando parecer uma seita oprimida e perseguida, impedida por poderes hostis de avançar com as partes essenciais do seu programa e, assim, transferir para outros a responsabilidade pelo não aparecimento do profetizado estado de felicidade. Mas isso faz da luta contra esses inimigos da salvação geral uma necessidade indispensável da comunidade socialista. Deve perseguir sangrentamente a burguesia em casa, deve tomar medidas agressivas contra aqueles no exterior que ainda não são socialistas. Não pode esperar até que os estrangeiros se voltem voluntariamente para o socialismo. Uma vez que só se pode explicar o fracasso do socialismo pelas maquinações do capitalismo estrangeiro, enxerga-se um novo conceito de socialista internacional ofensiva.

O socialismo só poderá ser realizado se o mundo inteiro se tornar socialista; o socialismo isolado, de uma única nação, é impossível. Portanto, todo governo socialista deve preocupar-se imediatamente com a extensão para o exterior.

Esse é um tipo de internacionalismo bastante diferente daquele do *Manifesto Comunista*. Não pretende ser defensivo, mas sim ofensivo.

Para ajudar a ideia de o socialismo triunfar, alguns diriam que teria que ser suficiente que as nações socialistas organizassem as suas sociedades tão bem que o seu exemplo levaria outros a imitá-las. No entanto, para o Estado socialista, o ataque contra todos os capitalistas é uma necessidade vital. Para se manter internamente, deve tornar-se agressivo externamente. Não pode descansar antes de ter socializado o mundo inteiro.

O imperialismo socialista também é completamente infundado em termos de política econômica.

É difícil compreender por que razão uma comunidade socialista não poderia adquirir, no comércio com países estrangeiros, todos os bens que ela própria não conseguia produzir. O socialista que está convencido da maior produtividade da produção comunista poderia negar no mínimo isso[165].

O imperialismo socialista supera qualquer outro anterior em alcance e profundidade. A necessidade que causou o seu surgimento, enraizada na essência do evangelho socialista da salvação, leva-o a uma falta de limite fundamental em todas as direções. Não pode descansar antes de ter subjugado a si todo o mundo habitado e até que tenha aniquilado tudo o que se assemelha a outras formas de sociedade humana.

Todo o imperialismo anterior foi capaz de renunciar a uma maior expansão assim que encontrou obstáculos à sua expansão que não foi capaz de superar. O imperialismo socialista não pode fazer isso; deve encarar esses obstáculos como dificuldades não só para a expansão externa, mas também para o seu desenvolvimento interno. Deve se esforçar para aniquilá-los ou desaparecerá.

---

165. Note-se quão deficiente é o argumento na literatura marxista anterior a 1918 para a tese de que o socialismo só é possível como socialismo mundial.

Observações Finais

O utilitarismo racionalista não exclui fundamentalmente nem o socialismo nem o imperialismo. Aceitá-lo proporciona apenas um ponto de vista a partir do qual se pode comparar e avaliar as vantagens e desvantagens das diversas possibilidades de ordem social. Sob a ótica utilitária, alguém pode se tornar socialista ou mesmo imperialista. Assim, devemos apresentar o nosso programa de forma racional. Isso significa que todos os ressentimentos, todas as políticas horríveis e todos os misticismos, independentemente de aparecerem sob a forma de crença racial ou de qualquer evangelho de salvação, são rejeitados.

Os fundamentos da política podem ser defendidos, a favor e contra, com motivos razoáveis e, mesmo que não se chegue a um acordo tanto sobre os objetivos últimos como também, embora mais raramente, sobre a escolha dos meios pelos quais estes serão prosseguidos, uma vez que a sua avaliação depende de sentimentos subjetivos, ainda assim será preciso conseguir, dessa forma, restringir drasticamente o escopo da disputa. É claro que as esperanças de muitos racionalistas vão ainda mais longe. Pensam que toda disputa pode ser resolvida por meios intelectuais, uma vez que as divergências surgem apenas de erros e da inadequação de conhecimento. No entanto, ao assumirem isso, já pressupõem que a tese da harmonia dos interesses será corretamente compreendida, e é precisamente isso que os imperialistas e os socialistas negam.

Todo o século XIX é caracterizado pela luta contra o racionalismo, cujo domínio parecia indiscutível no seu início. Até mesmo a sua suposição de uma semelhança fundamental no modo de pensar de todas as pessoas é contestada. O alemão deve pensar de forma diferente do britânico, o dolicocéfalo deve pensar de maneira diferente do braquicéfalo; a lógica "proletária" opõe-se à lógica "burguesa"[166]. É negada, ao intelecto, a propriedade de ser capaz de decidir todas as questões políticas; o sentimento e o instinto devem mostrar aos homens o caminho a trilhar.

---

166. Mises critica esta tese, a qual chama "polilogismo" – diferentes grupos, raças e classes pensam e raciocinam de forma diferente, usam lógicas diferentes. Veja acima, e também o seu principal tratado econômico: MISES. *Human Action*. 4. ed. Irvington-on-Hudson, Nova York: 1996. p. 75-89. (N. do editor americano)

A política racional e a gestão econômica racional enriqueceram externamente, além da medida, a vida dos indivíduos e das nações. Isso poderia ser ignorado, uma vez que sempre se deu atenção apenas à pobreza daqueles que ainda vivem fora dos limites dos territórios já conquistados pela economia livre, e porque a sorte do trabalhador moderno sempre foi comparada com a do homem rico de hoje – ao invés de se observar as de seus antepassados. É verdade que o homem moderno nunca está satisfeito com a sua situação econômica, gostaria que as coisas fossem ainda melhores. No entanto, é precisamente essa incessante busca por mais riqueza que é a força motriz do nosso desenvolvimento; não se pode eliminá-la sem destruir a base da nossa civilização econômica. A satisfação do servo, que ficava feliz quando não tinha fome e o seu senhor não batia muito nele, não é um estado ideal pelo qual se possa chorar.

Contudo, também é verdade que o aumento da riqueza externa não corresponde a nenhum aumento da riqueza interna. O citadino moderno é mais rico do que o cidadão da Atenas de Péricles e do que o trovador cavalheiresco da Provença, mas a sua vida interior esgota-se nas atividades mecânicas de ganho e nas diversões superficiais das suas horas de lazer. Da tocha de pinheiro à lâmpada incandescente é um enorme avanço, das canções folclóricas às populares, um triste retrocesso. Nada é mais reconfortante do que o fato de as pessoas estarem começando a tomar consciência dessa falta. Só nisso reside a esperança de uma cultura do futuro que eclipsará tudo o que veio antes.

Contudo, a reação contra o empobrecimento interno não deve afetar a racionalização da vida externa. O desejo romântico por grandes aventuras, por brigas e por liberdade das restrições externas, é em si apenas um sinal de vazio interior; apega-se ao superficial e não busca profundidade. O remédio não pode ser esperado a partir do colorido da experiência externa. O indivíduo deve buscar o caminho para si mesmo; encontrar a satisfação que espera do exterior em si mesmo. Se decidíssemos entregar a política e a economia ao imperialismo, ao ressentimento e aos sentimentos místicos, provavelmente ficaríamos mais pobres por fora, e não mais ricos por dentro.

A atividade bélica dá ao homem aquela satisfação profunda que desencadeia a maior tensão de todas as forças na resistência aos perigos externos. Isso não é um mero despertar atávico de impulsos e instintos que se tornaram sem sentido sob as novas circunstâncias. O sentimento interior de felicidade, que não é despertado pela vitória e pela vingança, mas sim pela luta e pelo perigo, origina-se na vívida percepção de que a adversidade obriga o homem a desenvolver a força mais elevada de que é capaz e que isso faz com que tudo o que está dentro dele se torne eficaz[167]. É característico de naturezas muito

---

167. ... *der Krieg lässt die Kraft erscheinen,*
Todos são erhebt zum Ungemeinen,

grandiosas avançar para a realização mais elevada a partir de um impulso interior; outras necessitam de um impulso externo para superar a inércia profundamente enraizada e desenvolverem a si próprias.

O homem comum nunca partilhará a felicidade que a pessoa criativa sente na devoção ao seu trabalho, a menos que circunstâncias extraordinárias o confrontem também com tarefas que exijam e recompensem o compromisso de toda a pessoa. Aqui reside a fonte de todo heroísmo. Não porque o indivíduo perceba a morte e as feridas como algo doce, mas sim porque, na experiência arrebatadora do ato, ele as tira de sua mente e avança contra o inimigo. A bravura é uma emanação da saúde e da força, e é a rebelião da natureza humana contra as adversidades externas. O ataque é a iniciativa mais primária. Por esse sentimento, o homem é sempre imperialista[168].

Selber dem Feigen erzeugt é o Mut. (*Die Braut von Messina*)
[... a guerra faz aparecer a força,
Eleva tudo ao extraordinário,
Mesmo no covarde isso cria coragem. (*A Noiva de Messina*)]

168. Isso não se refere à glorificação da guerra por estetas de vontade fraca que admiram na atividade bélica a força que lhes falta. Esse imperialismo de escrivaninha e de cafeteria não tem significado. Com suas efusões de papel, é apenas um companheiro de jornada.
A Nacao como Comunidade de Fala
Os jogos e o desporto representam uma tentativa de reagir ao imperialismo natural e emocional. Não é por acaso que a Inglaterra, o lar do utilitarismo moderno, é também a pátria do desporto moderno e que, precisamente os alemães – e, entre eles, mais uma vez, as camadas mais avessas à filosofia utilitarista, a juventude universitária –, foram os que mais se isolaram da difusão da atividade desportiva.

Mas a razão proíbe dar liberdade aos sentimentos. Querer destruir o mundo para dar vazão a um desejo romântico é tão contrário às considerações mais simples que nenhuma palavra precisa ser desperdiçada sobre isso.

A política racional, que normalmente é chamada de ideias de 1789, foi criticada por ser antipatriótica – na Alemanha, de ser antialemã. Não leva em consideração os interesses especiais da pátria; e esquece a nação em detrimento da humanidade e do indivíduo. Essa acusação só é compreensível se aceitarmos a opinião de que existe uma contradição irreconciliável entre os interesses do povo como um todo, por um lado, e o dos indivíduos e da humanidade como um todo, por outro. Se assumirmos a harmonia de interesses corretamente compreendidos, então não conseguiremos compreender essa objeção de forma alguma. O individualista nunca será capaz de compreender como uma nação pode se tornar grande, rica e poderosa à custa dos seus membros, e como a prosperidade da humanidade pode obstruir a prosperidade dos povos individuais. Na hora da mais profunda humilhação da Alemanha, a nação não teria se saído melhor se tivesse se mantido firme na política pacífica do tão difamado liberalismo, em vez de ter aderido à política de guerra dos Hohenzollerns?

A política utilitarista também foi acusada de visar apenas satisfazer os interesses materiais e ignorar os objetivos mais elevados do esforço humano. O utilitarista pensa no café e no algodão e, por isso, esquece os verdadeiros valores da vida. Sob o domínio de tal política, todos teriam de ser absorvidos numa luta precipitada pelos prazeres terrenos inferiores, o que afundaria o mundo no materialismo grosseiro. Nada é mais absurdo do que essa crítica. É verdade que o utilitarismo e o liberalismo postulam a obtenção da maior produtividade possível do trabalho como o primeiro e mais importante objetivo da política. Mas não o fazem, de forma alguma, por ignorarem o fato de que a existência humana não se esgota nos prazeres materiais. Lutam pela prosperidade e pela riqueza não porque veem nelas o valor mais elevado, mas porque sabem que toda cultura superior e interior pressupõe prosperidade externa. Quando negam ao Estado a missão de promover a realização dos valores da vida, não o fazem por falta de estima pelos valores genuínos, mas pelo reconhecimento de que esses valores, como expressão mais característica da vida interior, são inacessíveis a toda influência de forças externas. Não é por irreligiosidade que exigem liberdade de crença, mas pelo mais profundo fervor do sentimento religioso, que quer libertar a experiência interior de toda influência grosseira do poder externo. Exigem liberdade de pensamento porque fazem dele sujeito do controle de magistrados e conselhos. Exigem liberdade de expressão e de imprensa porque esperam o triunfo da verdade apenas por meio da luta de opiniões conflitantes. Rejeitam toda autoridade porque acreditam no homem.

É claro que política utilitarista é, de fato, para este mundo. Mas isso é a essência de toda a política. Não é quem pensa humildemente sobre a mente que quer libertá-la de todas as regulamentações externas, mas sim quem quer controlá-la por meio de leis penais e metralhadoras. Não é o utilitarismo individualista, mas sim o imperialismo coletivista que é acusado de pensamento materialista.

Com a [Primeira] Guerra Mundial, a humanidade entrou numa crise com a qual nada do que aconteceu antes na história pode ser comparado. Houve grandes batalhas no passado; Estados prósperos foram aniquilados, povos inteiros foram exterminados. Tudo isso não pode, de forma alguma, ser comparado com o que está acontecendo agora diante dos nossos olhos. Na crise mundial cujo início estamos vivendo, todos os povos do mundo estão envolvidos. Ninguém pode ficar de fora; ninguém pode dizer que a sua causa também não será decidida juntamente com as outras.

Se, nos tempos antigos, a vontade destrutiva dos mais poderosos encontrava seus limites na inadequação dos meios de destruição e na possibilidade disponível para os derrotados de escaparem à perseguição por meio do afastamento dos locais, o avanço nas tecnologias de guerra, transporte e comunicação torna hoje impossível para os derrotados escaparem à execução da sentença de aniquilação por parte do vencedor.

A guerra tornou-se mais terrível e destrutiva do que nunca, porque agora é travada utilizando todos os meios da tecnologia altamente desenvolvida que a economia livre criou. A civilização burguesa construiu ferrovias e centrais elétricas, inventou explosivos e aviões, tudo tendo em vista a criação de riqueza. O imperialismo colocou as ferramentas da paz a serviço da destruição. Com meios modernos, seria fácil exterminar a humanidade em um só golpe. Numa loucura horrível, Calígula desejou que todo o povo romano tivesse uma cabeça para que ele pudesse cortá-la. A civilização do século XX permitiu à loucura delirante dos imperialistas modernos realizar sonhos sangrentos semelhantes. Ao pressionar um botão, pode-se enviar milhares de pessoas à morte. A ruína da civilização foi ser incapaz de manter os meios externos que produzia longe das mãos daqueles que permaneceram afastados do seu espírito. Para os tiranos modernos, é muito mais fácil do que para seus antecessores. Quem controla os meios de transporte de ideias e de mercadorias numa economia baseada na divisão do trabalho estabeleceu o seu governo com mais firmeza do que um imperador jamais o fez. A prensa rotativa é fácil de quebrar, e aqueles que a controlam não precisam temer a competição da palavra meramente falada ou escrita. As coisas foram muito mais difíceis para a Inquisição. Nenhum Filipe II (1527-1598) poderia paralisar mais severamente a liberdade de pensamento do que um censor moderno. Quão mais eficientes são as metralhadoras de Trótski do que que a guilhotina de Robespierre! Nunca o indivíduo foi mais tiranizado do que desde a eclosão da [Primeira] Guerra Mundial, e especialmente da revolução mundial. Não há como escapar à tecnologia policial e administrativa de hoje.

Existe apenas um limite externo contra esse impulso destrutivo. Ao destruir a livre cooperação dos homens, o imperialismo priva o seu poder da base material. A civilização econômica forjou as armas para isso. Ao usá-las para explodir a forja e matar o ferreiro, ficará indefesa para o futuro. O aparato da divisão da economia do trabalho não pode ser reproduzido, muito menos expandido, quando a liberdade e a propriedade perecerem. Irá desaparecer, e a economia irá afundar em formas primitivas. Só então a humanidade poderá respirar mais livremente. A menos que o espírito de reflexão regresse mais cedo, o imperialismo e o bolchevismo serão vencidos o mais tardar quando os meios de poder que eles arrancaram ao liberalismo tiverem sido esgotados.

O infeliz resultado da guerra coloca centenas de milhares, até milhões, de alemães sob domínio estrangeiro, e impõe pagamentos de tributos de dimensões inéditas ao resto da Alemanha. Está se estabelecendo uma ordem jurídica no mundo que exclui permanentemente o povo alemão da posse das partes da terra que têm condições de produção mais favoráveis.

No futuro, nenhum alemão será autorizado a adquirir a propriedade de recursos fundiários e meios de produção no estrangeiro; e milhões de pessoas amontoadas terão que se alimentar mal no solo pobre do país, enquanto, no exterior, milhões de quilômetros quadrados das melhores terras permanecerão ociosas. Essa paz resultará em dificuldades e miséria para o povo alemão. A população diminuirá, e o povo, que antes da guerra era um dos mais numerosos da Terra, será bem menos significativo do que já foi.

Todos os pensamentos e esforços do povo alemão devem ser orientados para sair dessa situação. Esse objetivo pode ser alcançado de duas maneiras. Uma delas é a política imperialista. Fortalecer as forças armadas e retomar a guerra assim que surgir uma oportunidade é o único meio que está sendo considerado hoje. Se esse caminho será viável, isso é questionável. São muitas as nações que roubaram e escravizaram a Alemanha. O nível de violência que cometeram é tão grande que se protegerão ansiosamente contra qualquer ressurgimento do país. Uma nova guerra que viesse a travar poderia facilmente tornar-se uma Terceira Guerra Púnica e terminar com a aniquilação completa do povo alemão. Mas mesmo que conduzisse à vitória, traria tanta miséria econômica que o sucesso não valeria o que estava em jogo. Além disso, existiria o perigo de que o povo, no êxtase da vitória, caísse novamente naquela loucura inesgotável e sem limites que, repetidamente, se transformou em infortúnio, porque, em última análise, só pode levar a um grande colapso.

O segundo caminho é a renúncia completa ao imperialismo. Lutar pela reconstrução apenas por meio do trabalho produtivo, permitindo o desenvolvimento de todos os poderes do indivíduo e da nação como um todo por meio da plena liberdade no país – esse é o caminho que conduz de volta à vida. Opor-se aos esforços de violação e desnacionalização dos Estados imperialistas vizinhos com nada mais do que o trabalho produtivo que o torna rico e, portanto, livre é um caminho que conduz ao objetivo de forma mais rápida e segura do que a política de luta e guerra. Os alemães que foram subjugados aos Estados tchecoslovaco, polonês, dinamarquês, francês, belga, italiano, romeno e iugoslavo preservarão melhor o seu caráter nacional se lutarem pela democracia e pelo autogoverno, o que acabará por conduzir à plena independência nacional, do que se depositarem as suas esperanças numa vitória pelas armas.

 A política que lutava pela grandeza da nação alemã valendo-se de meios externos de poder fracassou. Não só diminuiu o povo como um todo, mas também levou o indivíduo alemão à miséria e à angústia. Nunca o alemão desceu tão baixo como hoje. Se quiser reerguer-se, já não poderá esforçar-se por tornar o todo grande à custa do indivíduo, mas deverá antes lutar por uma base duradoura para o bem-estar do todo, com base no bem-estar dos indivíduos. Deverá mudar da política coletivista que tem seguido até agora para uma política individualista.

 Se tal política será, de alguma forma, possível no futuro, tendo em conta o imperialismo que agora afirma-se em todo o mundo, é outra questão. Mas, se não for esse o caso, então toda a civilização moderna caminha para a sua ruína.

"A pessoa mais virtuosa não pode viver em paz se isso não agradar ao seu vizinho malvado". O imperialismo coloca armas nas mãos de todos os que não querem ser subjugados. Para combater o imperialismo, os pacíficos devem empregar todos os meios de que dispõem. Se triunfarem na batalha, pode ser que tenham derrotado o oponente, mas eles próprios terão sido conquistados pelos seus métodos e pela sua maneira de pensar. Eles então não depõem as armas novamente; eles próprios permanecem imperialistas.

No século XIX, os ingleses, franceses e americanos já tinham abandonado qualquer desejo de conquista e tinham feito do liberalismo o seu primeiro princípio. É certo que, mesmo no seu período liberal, a sua política não estava inteiramente isenta de desvios imperialistas, e não se pode simplesmente atribuir todos os sucessos que o pensamento imperialista lhes trouxe à conta da defesa. Mas não há dúvida de que o seu imperialismo extraiu a sua maior força da necessidade de afastar o alemão e o russo. Agora eles são vencedores e não estão dispostos a se contentar com o que manifestaram ser, antes da sua vitória, o seu objetivo de guerra. Há muito que se esqueceram dos excelentes programas com os quais travaram batalhas. Agora eles têm poder, e não estão dispostos a deixá-lo escapar. Talvez acreditem que o exercerão para o bem comum, mas é nisso que todos os que o detêm acreditam. O poder é um mal em si, independentemente de quem o exerça[169].

Se quiserem adotar aquela política que nos destruiu, tanto pior para eles; para nós, isso ainda não pode ser motivo para nos abstermos de fazer aquilo que nos é benéfico. Exigimos uma política de desenvolvimento calmo e pacífico – não para o bem deles, mas para o nosso próprio bem. Foi o maior erro dos imperialistas alemães terem acusado aqueles que aconselhavam uma política de moderação de ter simpatia antipatriótica pelos estrangeiros; o curso da história mostrou o quanto eles se iludiram. Hoje sabemos melhor aonde leva o imperialismo.

Seria a mais terrível desgraça para a Alemanha e para toda a humanidade se a ideia de vingança dominasse a política alemã do futuro. Libertar-nos dos grilhões que foram impostos ao desenvolvimento pela Paz de Versalhes, libertar os camaradas nacionais da escravatura e das adversidades, só isso pode ser o objetivo da nova política alemã. Retaliar o mal sofrido, vingar-se e punir satisfaz os instintos inferiores, mas, na política, o vingador não causa menos danos a si mesmo do que ao inimigo. A comunidade mundial de trabalho baseia-se no benefício mútuo de todos os participantes. Quem quiser mantê-lo e ampliá-lo deve renunciar antecipadamente a todo ressentimento. O que ele ganharia saciando sua sede de vingança à custa de seu próprio bem-estar?

---

169. BURCKHARDT. *Weltgeschichtliche Betrachtungen.* Berlin, 1905. p. 96.

Na Liga das Nações, em Versalhes, as ideias de 1914 triunfaram realmente sobre as de 1789; o fato de não termos sido nós que os ajudamos à vitória, mas sim os nossos inimigos, e de a opressão ter se virado contra nós, é importante, embora menos do ponto de vista histórico mundial. A questão principal continua a ser que as nações estão sendo "punidas" e que a teoria do confisco seja revivida. Se permitirmos exceções ao direito dos povos à autodeterminação em detrimento dos povos "maus", derrubaremos o primeiro princípio da comunidade livre das nações. O fato de os ingleses, norte-americanos, franceses e belgas, os principais exportadores de capital, ajudarem a reconhecer o princípio de que possuir capital no estrangeiro representa uma forma de domínio e de que a sua expropriação é a consequência natural das mudanças políticas, mostra como a raiva cega e o desejo de enriquecimento momentâneo reprimem hoje as considerações racionais entre eles. Uma reflexão fria deveria levar esses povos a se comportarem de maneira completamente diferente nas questões dos movimentos internacionais de capitais.

O caminho que leva, a nós e a toda a humanidade, para fora do perigo que o imperialismo mundial representa para o futuro da comunidade trabalhadora e cultural dos povos – e, portanto, para o destino da civilização – é o do afastamento da política das emoções e dos instintos e o regresso ao racionalismo político. Se quiséssemos nos lançar nos braços do bolchevismo apenas com o propósito de incomodar os nossos inimigos, os ladrões da nossa liberdade e propriedades, ou mesmo para atear fogo às suas casas, isso não nos ajudaria em nada. Arrastar os nossos inimigos conosco para nossa destruição não deveria ser o objetivo da nossa política. Devemos nos esforçar para não afundar e emergir novamente da servidão e da miséria. Mas não podemos conseguir isso nem por meio de ações militares, nem por meio de vingança e políticas desesperadas. Só há uma salvação para nós e para a humanidade: o regresso ao liberalismo racionalista das ideias de 1789.

Pode ser que o socialismo represente uma melhor forma de organização do trabalho humano. Qualquer um que afirme isso deveria tentar prová-lo racionalmente. Se a prova tiver êxito, então o mundo democraticamente unido pelo liberalismo não hesitará em implementar a comunidade comunista. Quem, num Estado democrático, poderia opor-se a uma reforma que traria maiores ganhos à esmagadora maioria?

O racionalismo político não rejeita fundamentalmente o socialismo; rejeita-o antecipadamente quando não visa a uma compreensão fria, mas sim a sentimentos pouco claros, ilógicos, apoiados no misticismo de um evangelho de salvação; rejeita o socialismo que não procede do livre arbítrio da maioria do povo, mas sim do terrorismo dos fanáticos selvagens.

Posfácio à Edição Brasileira

Marize Schons[170]

Nesta obra, Ludwig von Mises examinou a complexa interseção entre as nações, o conceito de Estado e a economia, particularmente no contexto dos eventos que cercaram a Primeira Guerra Mundial. Considero este texto um dos melhores documentos para que o leitor do século XXI tenha contato com os principais dilemas do início do século XX, como, por exemplo, as dificuldades de consolidar um modelo institucional democrático em sociedades multiculturais e a capacidade destrutiva da *guerra total*[171] administrada pelo aparelho burocrático estatal;

---

170. Marize Schons é mestre em Antropologia e doutora em Sociologia pela Universidade Federal do Rio Grande do Sul. É professora de Ciência Política no Mises Academy, docente no Mestrado em Economia da UFM (Universidad Francisco Marroquín) e pesquisadora associada ao Centro de Liberdade a Econômica da Universidade Mackenzie. Em 2024 lançou o Livro *O Mínimo Sobre Marx* pela Vide Editorial.

171. O conceito de guerra total refere-se a um tipo de conflito armado em que as nações ou grupos beligerantes mobilizam todos os seus recursos

a emergência de discursos nacionalistas extremistas baseados em teorias coletivistas de raça; os riscos envolvendo os discursos revolucionários socialistas; as consequências socioeconômicas da guerra total e as instabilidades geopolíticas deste período.

Após o fim da Primeira Guerra Mundial, a principal preocupação internacional foi a manutenção da paz e a prevenção de futuros conflitos globais. É nesse contexto que o Tratado de Versalhes oficializou o fim do conflito, impondo pesadas sanções e reparações à Alemanha. As condições severas do tratado alimentaram ressentimentos que, mais tarde, contribuíram para o surgimento do nazismo e o início da Segunda Guerra Mundial. Além disso, o tratado reconfigurou o mapa da Europa com a dissolução de dois grandes impérios multiculturais (o Império austro-húngaro e o Império Otomano), a redistribuição de territórios e a criação de novos Estados, o que gerou tensões políticas e disputas territoriais.

Outro arranjo político deste período foi a criação da Liga das Nações. Estabelecida em 1920 como parte do Tratado de Versalhes, a Liga das Nações foi a primeira tentativa de criar uma organização internacional com o objetivo de promover a paz e a cooperação entre os países. Essa instituição ficou encarregada de resolver disputas internacionais,

---

disponíveis, sejam econômicos, industriais, tecnológicos ou humanos. A guerra total envolve a totalidade da sociedade e implica uma mobilização completa, afetando tanto civis quanto militares.

promover o desarmamento e melhorar as condições globais. No entanto, sua eficácia foi limitada e não impediu que um segundo conflito começasse em 1939[172].

Mises fez parte da geração que viveu as consequências da Grande Guerra e, a partir desse contexto, propõe uma reflexão sobre quais arranjos políticos e econômicos são capazes de garantir uma paz duradoura. Em outras palavras: quais são as razões para o início de uma guerra e como podemos evitar esse tipo de dinâmica política violenta? A partir dessa pergunta, temos a oportunidade de conhecer o liberalismo extremamente pacifista proposto pelo austríaco. A sugestão de Mises é que a consolidação do arranjo social liberal é uma condição para promover a paz internacional. Um dos principais argumentos do autor é que a capacidade pacificadora desse arranjo internacional é garantida pela própria natureza cooperativa e harmoniosa que o comércio é capaz de produzir. Demonstrando suas filiações à discussão liberal clássica, Mises sugere que o desenvolvimento da divisão social do trabalho em direção a uma economia de mercado internacional é o processo que pode efetivamente garantir a paz. Dessa

---

172. Apesar de Estado, Nação e Economia ter sido um texto escrito logo após a Primeira Guerra e, por essa razão, os efeitos do Tratado de Versalhes e a ineficiência política da Liga das Nações não estarem concretizados em 1919, Mises consegue antecipar os riscos do nacionalismo militarista e expansionista que foi determinante para a ascensão dos regimes totalitários na década de 20 e 30 do século XX.

forma, soluções de incremento militar e de centralização política (seja estatal ou supraestatal) não são, segundo o autor, ações capazes de impedir o conflito.

Esse entusiasmo com o comércio internacional coexiste com seu tom crítico em relação aos arranjos políticos e territoriais baseados no modelo de Estado-nação. Apesar da crença generalizada de que o Estado detém o monopólio da força física para garantir a segurança de seus cidadãos, Mises descreve um dos principais dilemas do mundo contemporâneo: ao mesmo tempo em que os Estados oferecem um sistema de defesa, são também os Estados altamente militarizados que produzem um contexto de ameaça à segurança global.

Em termos conceituais, Mises distingue a formação histórica do Estado soberano do processo de formação das comunidades nacionais. Ou seja, o Estado-nação, como uma forma institucional que delimita as fronteiras e a autoridade política estatal, não está intrinsecamente ligado à formação das nações como comunidades reais e espontâneas. Nesse sentido, Mises define as nações como complexas comunidades linguísticas. Não é o território, não é a raça e nem mesmo uma condição jurídica que determina a nacionalidade. Para Mises, a nação é definida a partir de uma comunidade de fala, e é essa comunhão linguística que cria um vínculo essencial entre os indivíduos[173].

Contudo, essa nacionalidade não se esgota na fala. Mises sugere que as palavras são convenções humanas que se relacionam com a nossa forma de pensar, pois o domínio da língua significa também uma maneira de assimilar a realidade. Deste modo, falar alemão é também pensar alemão e ser alemão. No entanto, a nacionalidade não é uma condição definitiva que se impõe de maneira determinista sobre a ação humana ao longo do tempo. As nações são comunidades orgânicas que se formam através da livre associação de indivíduos que desenvolvem laços culturais capazes de sustentar o senso de comunidade. Nesse sentido, o modelo de organização política baseado no Estado soberano impede a possibilidade de as comunidades se organizarem livremente e preservarem seus valores, pois submete as comunidades nacionais a uma única soberania que é coercitiva.

Apesar de reconhecer as vantagens na formação e conservação das comunidades que compartilham uma língua dentro da unidade política, Mises não está sugerindo que é necessário garantir uma correspondência determinista entre fronteiras políticas/territoriais e fronteiras linguísticas/culturais. Graças à sua crítica ao modelo de Estado soberano com

---

173. Mises admite que existem pessoas com mais de uma nacionalidade, assim como pode existir pessoas que adquirem uma nacionalidade adicional ou mudam de nacionalidade graças a essa dinâmica linguística.

fronteiras delimitadas a partir de instrumentos coercitivos, o que o autor quer expressar é que não é o Estado que produz e funda uma nação, mas sim que uma comunidade nacional existe de maneira espontânea antes da delimitação da fronteira, assim como é essa comunidade real que detém a legitimidade de constituir uma unidade política.

Para o autor, o desenvolvimento do Estado-nação europeu não é um fenômeno que surgiu através das relações espontâneas entre os cidadãos, mas sim uma conquista imperial de uma nacionalidade central sobre outras nacionalidades periféricas. Nesse sentido, o monopólio da força exercido pela autoridade do Estado pode levar à exclusão forçada de grupos culturalmente minoritários ao impedir que um processo dinâmico e espontâneo forme uma nova comunidade independente.

As considerações de Mises sobre as vantagens de uma comunidade formada através de uma unidade linguística estão relacionadas às dificuldades que ele observou no contexto multicultural e poliglota da Áustria-Hungria e da Prússia Oriental. Apesar de seu discurso democrático e de estar atento à relação entre democracias e economias desenvolvidas, Mises é perspicaz ao reconhecer os limites da consolidação da democracia nesses territórios. Ele observa que a democracia representativa pode se tornar um instrumento opressor para minorias culturais em territórios poliglotas, considerando que a democracia tende a privilegiar decisões baseadas nos interesses dos grupos com maior capacidade de organização para ocupar o poder político[174].

Essa sensibilidade fez Mises simpatizar com os movimentos de libertação das minorias culturais submetidas à soberania do Império austro-húngaro, o qual, no início do século XX, encontrava-se em um estado de crescente tensão e fragmentação, resultado de um complexo mosaico étnico e cultural que abrangia grande parte da Europa Central e Oriental. Governado pelos Habsburgos, o império era um caldeirão fervilhante de nacionalidades, cada uma com suas próprias línguas, tradições e aspirações políticas.

Esse vasto conglomerado de povos incluía alemães, húngaros, tchecos, eslovacos, poloneses, ucranianos, croatas, judeus, sérvios, romenos, italianos e uma miríade de outras etnias menores, cada uma lutando por reconhecimento e autonomia em um cenário dominado por rivalidades históricas e ressentimentos. O modelo dualista instituído pela Constituição de 1867[175], que havia criado a Monarquia austro-húngara ao dividir o império em duas entidades semiautônomas, apenas intensificou as

---

174. É a partir deste contexto que Mises busca explicar por que a democracia ocidental não conseguiu se enraizar na Alemanha e na Áustria-Hungria. Sua explicação é que nesse contexto multicultural a democracia pode significar uma ameaça às minorias, estimulando receios e desconfianças quanto à evolução da política democrática.
175. A Constituição de 1867 foi também conhecida como *Ausgleich* ou "Compromisso". Esse foi um acordo que reformulou o Império Austríaco em uma monarquia dual, transformando-o no Império austro-húngaro. Este acordo foi crucial para a estrutura política do império até sua dissolução em 1918.

tensões políticas e culturais ao privilegiar as elites germânicas e húngaras em detrimento das demais nacionalidades. As divisões linguísticas e religiosas intensificaram ainda mais o caráter conflituoso do Império. Em cidades como Praga, Budapeste e Lviv, a convivência entre diferentes grupos étnicos frequentemente se transformava em competição acirrada, com disputas por representação política, direitos linguísticos e controle de recursos econômicos. As políticas de imposição cultural e padronização linguística fomentaram o ressentimento entre as populações não germânicas e não húngaras, que viam suas identidades ameaçadas e buscavam a emancipação nacional. Os movimentos nacionalistas europeus encontraram terreno fértil entre esses grupos, gerando movimentos separatistas que visavam à criação de Estados-nação independentes, desafiando diretamente a integridade territorial do império. A ascensão desses movimentos causava apreensão em Viena, onde a corte imperial tentava, com medidas repressivas e reformas limitadas, conter o descontentamento generalizado[176].

A explicação de Mises sobre os motivos que levaram o Império a não conseguir manter um equilíbrio político e social é que as comunidades nacionais precedem as ordens políticas. A partir do seu

---

176. É neste contexto conflituoso que o assassinato do arquiduque Francisco Ferdinando em Sarajevo, em 1914, por um nacionalista sérvio, foi capaz de ser um catalizador não só da Primeira Guerra como também da corrosão do império.

individualismo metodológico e de uma perspicácia histórica muito evidente, o autor explora a relação entre o indivíduo, a formação da nação e a dinâmica do tempo, limitando-se a compreender e descobrir as causas dos conflitos, e não a procurar na história "armas para a disputa do nosso próprio tempo". Seu raciocínio individualista se desdobra no clássico argumento liberal a favor do direito dos indivíduos de se autodeterminarem, o que, neste contexto, significa também o direito dos indivíduos de se separarem livremente para se alinharem com a ordem política de sua escolha.

A partir desses argumentos, temos uma defesa de um tipo específico de nacionalismo, o nacionalismo liberal e pacifista, que se opõe diametralmente ao nacionalismo militarista e imperialista que orientou as decisões políticas dos regimes totalitários emergentes na década seguinte. O nacionalismo proposto por Mises é fundamentado na autonomia individual, na ideia de autogoverno e autodeterminação, assim como na cooperação entre comunidades distintas. Essa é uma proposta completamente diferente do nacionalismo radical e expansionista, que tem como principal objetivo a conquista territorial e a submissão de grupos como formas de sustentar os interesses de uma elite política dominante. Em outras palavras, Mises reforça o argumento de que o nacionalismo militarista se sobrepõe aos interesses do indivíduo, o qual, nessa conjuntura, passa a ser um instrumento desumanizado das engrenagens da máquina política e militar que administra a guerra.

Como alternativa, o liberalismo de Mises oferece um caminho para a pacificação sustentado por trocas dinâmicas e voluntárias no comércio internacional. Vale ressaltar que o argumento de que o comércio promove a paz já existia antes de Mises. Montesquieu considerava que o comércio atenuava as relações de conflito na sociedade. Na mesma linha, podemos encontrar em Kant a ideia de que o espírito do comércio tende a se espalhar por todas as nações, produzindo um arranjo político incompatível com o estado de guerra. Portanto, a tradição liberal sugere que o comércio facilita a cooperação e a paz entre pessoas de diferentes sociedades, ou seja, que os interesses comerciais são capazes de se sobrepor às diferenças culturais.

Essa perspectiva liberal é muito diferente das propostas marxistas, que consideram que as relações comerciais e produtivas são de conflito e exploração, e não de cooperação e harmonia de interesses. Esse pressuposto é um dos motivos pelos quais a explicação de Mises sobre a origem da Primeira Guerra é tão diferente das explicações de autores marxistas sobre o mesmo conflito. Geralmente, a interpretação derivada do materialismo histórico é que a guerra foi resultado da dinâmica gananciosa dos estados capitalistas interessados na disputa colonial e na expansão de novos recursos e mercados. Mises, ao contrário, sugere que é o espírito comercial e a expansão industrial que sustentariam uma pacificação duradoura no mundo. Para o austríaco, o comércio prejudica o espírito de guerra, pois uma sociedade pacífica internacional só pode ser mantida a partir do comércio livre. É por essa razão que a paz liberal de Mises tem como pré-requisito o liberalismo econômico, que garante trocas voluntárias, prosperidade e massificação do bem-estar. Essa ordem pacífica e comercial também depende do liberalismo político, que concede ao indivíduo a liberdade de se autodeterminar e formar comunidades legítimas capazes de integrar uma ordem política não coercitiva.

O argumento de Mises quanto à importância do comércio para a paz internacional continua sendo relevante nas discussões sobre relações internacionais. Esses argumentos sustentam a ideia de que o comércio é capaz de reduzir a pobreza e criar incentivos para evitar conflitos militares entre as nações. Embora vivamos em um período de crescentes tensões geopolíticas devido à guerra na Ucrânia e ao conflito em Israel, é importante ressaltar que, nesses momentos, o comércio internacional e a economia doméstica dos países são afetados, contribuindo ainda mais para o cenário de instabilidade global.

Conflitos militares coexistem com crises econômicas. Em outras palavras, os impactos negativos no bem-estar humano aumentam a probabilidade de conflitos entre as sociedades. Assim, uma guerra agrava ainda mais a vulnerabilidade dos povos submetidos à soberania estatal, visto que, durante uma guerra, os recursos são redirecionados para sustentar o próprio conflito. Esse é um dos grandes receios de Mises quando ele afirma que a guerra contribuiu para a expansão do poder do Estado, que se apropriou da dinâmica produtiva da comunidade para alimentar as demandas militares. Dessa forma, há um redirecionamento dos recursos e dos esforços que antes alimentavam um processo de mercado livre e empreendedor, e que, diante do conflito, passam a alimentar um processo de destruição generalizada. A proposta de Mises sugere que a centralização do poder do Estado-nação contribui para a destruição e a usurpação dos direitos individuais. A partir dessa abordagem, fica evidente o questionamento do austríaco em relação à capacidade do Estado soberano de se comprometer com a paz.

Portanto, ao contrário do que afirmam difamadores contemporâneos do autor, esta obra deixa clara a face democrática, liberal, pluralista e pacifista de Mises. Seu otimismo reforça seu liberalismo autêntico que, mesmo em uma época de mal-estar, ainda acredita em uma solução pacificadora. Sua ênfase na questão das comunidades linguísticas oferece uma visão inclusiva e pluralista que se opõe às ideologias exclusivistas e xenófobas comuns na época. Mises já presenciava um mundo cada vez mais globalizado e diversificado; sua insistência na importância da comunicação e do entendimento mútuo como pilares da nação é completamente oposta às teorias raciais que sustentaram ações tão violentas e desumanizantes. Nesse sentido, uma das maiores contribuições da obra *Estado, Nação e Economia* são os avisos de Mises quanto ao risco dos discursos e ações nacionalistas que, quando mal direcionados, sustentam tanto o imperialismo quanto as guerras internacionais.

A LVM também recomenda

PLANEJANDO PARA A LIBERDADE
DEIXEM O MERCADO FUNCIONAR
UMA COLEÇÃO DE ENSAIOS E DISCURSOS

LUDWIG VON MISES

Planejando para a Liberdade, uma coleção de ensaios e artigos selecionados por Bettina Bien Greaves, aluna e editora de Ludwig von Mises, é uma obra que data de 1952. O livro aborda diversos temas econômicos, políticos e sociais, todos centrados na defesa do livre mercado e na crítica ao planejamento central e ao socialismo. Mises argumenta que a liberdade individual e a prosperidade econômica dependem da operação de um mercado livre, sem intervenção governamental. Ele sustenta que o planejamento centralizado e a regulação econômica não só falham em seus objetivos, mas também levam a resultados econômicos piores e à diminuição das liberdades civis.

A LVM também recomenda

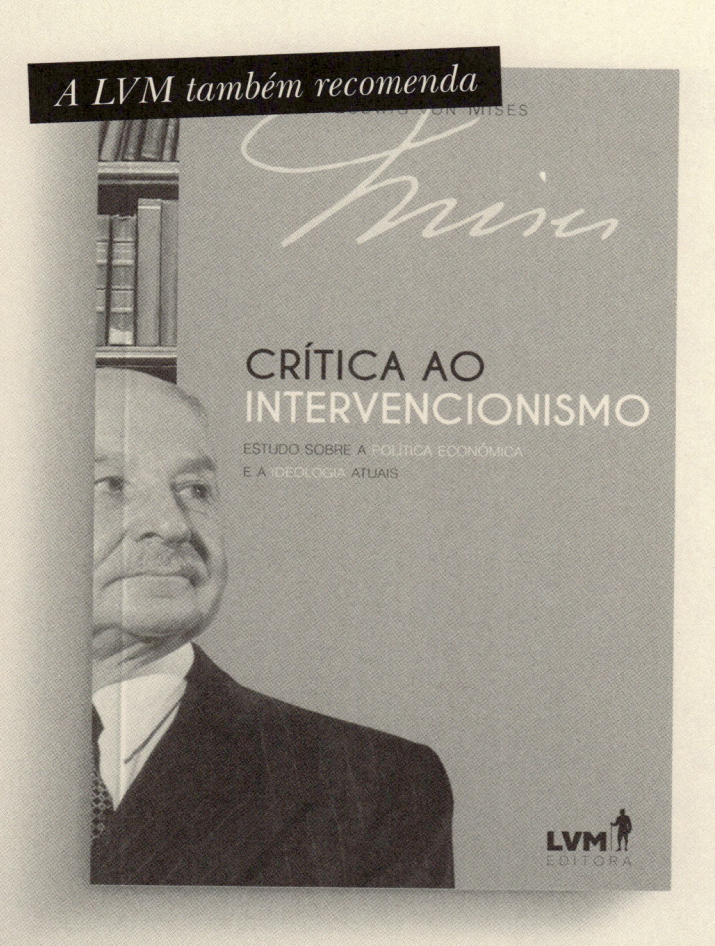

CRÍTICA AO INTERVENCIONISMO
ESTUDO SOBRE A POLÍTICA ECONÔMICA E A IDEOLOGIA ATUAIS

A obra apresenta de modo pioneiro a teoria misesiana do intervencionismo, entendido como um sistema econômico que procura ser uma via intermediária entre o capitalismo e o socialismo. Em *Crítica ao Intervencionismo*, ao longo de seis ensaios, Ludwig von Mises aponta as falhas inerentes à proposta de economia de mercado controlada, analisa os erros tanto do liberalismo social quanto do antimarxismo, por abdicarem da defesa intransigente da liberdade econômica, e discute os problemas do controle dos preços e da nacionalização do crédito. A edição inclui escritos de Adolfo Sachsida, de F. A. Hayek, de Richard M. Ebeling, de Margit von Mises, de Hans F. Senholz, de Donald C. Lavoie e de Murray N. Rothbard.

A LVM também recomenda

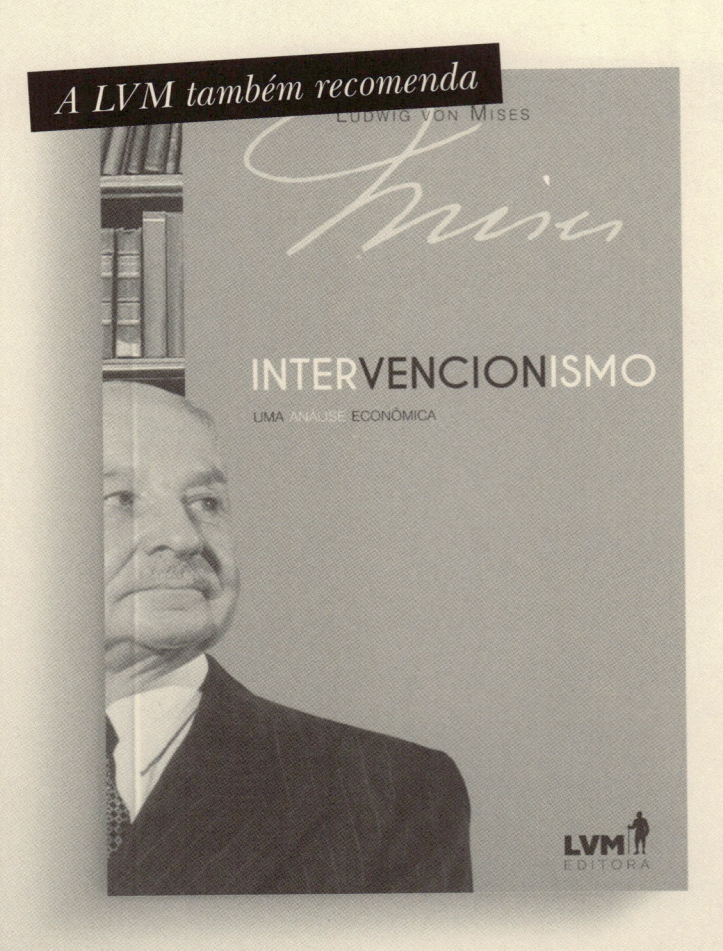

Escrito entre os anos de 1940 e 1941, mas publicado apenas postumamente em 1998, *Intervencionismo: Uma Análise Econômica* é a melhor exposição de Ludwig von Mises acerca da temática. Neste breve tratado, o autor explica de modo sistemático os fundamentos do intervencionismo, um sistema híbrido, que, ao se propor como uma terceira via, busca conciliar a propriedade privada dos meios de produção com o planejamento governamental das atividades econômicas. Ao longo dos capítulos da obra são discutidos as diferentes formas de interferência estatal na economia e na sociedade, seja por intermédio de medidas restritivas, pelo controle de preços, pela inflação ou expansão de crédito, e pelo confisco ou subsídios, além de abordar o corporativismo, o sindicalismo e a economia de guerra, bem como as dramáticas consequências políticas, econômicas e sociais do intervencionismo.

A LVM também recomenda

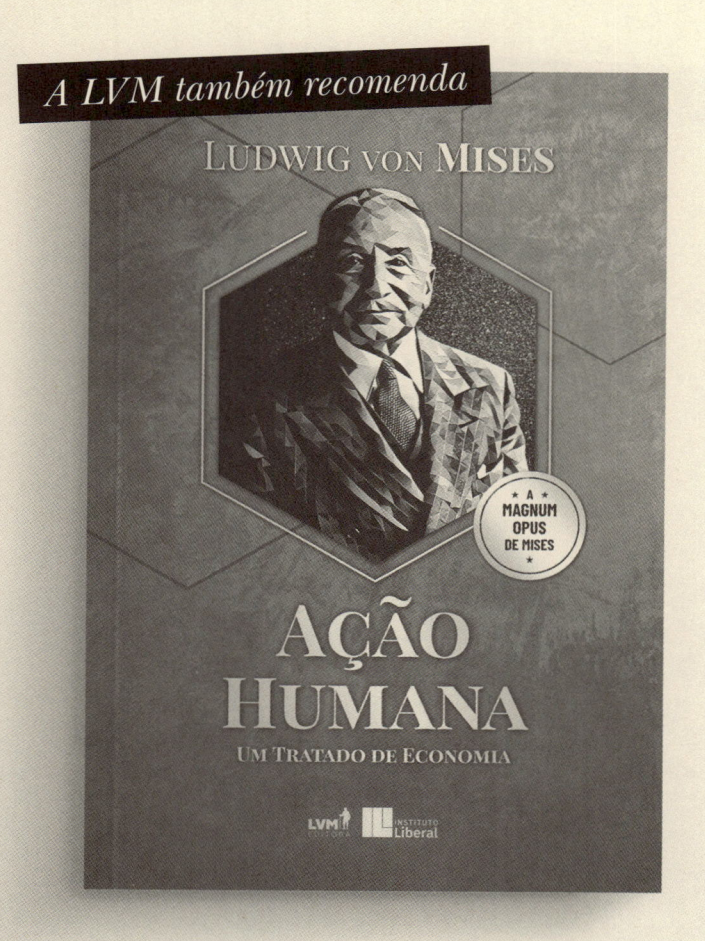

Ação Humana de Ludwig von Mises, uma obra seminal na ciência econômica do século XX, enfoca a Teoria da Ação Humana como a base essencial para entender os processos econômicos. Mises refuta teorias que negligenciam a participação humana e enfatiza que toda a economia se origina das escolhas individuais. Este tratado não apenas explora os aspectos econômicos, mas também os valores humanos e a responsabilidade individual. Essencial para acadêmicos e leitores interessados em compreender preços, inflação, livre iniciativa e o funcionamento do mercado.

A LVM também recomenda

Publicado em 1944, durante a Segunda Guerra Mundial, o *Governo Onipotente* de Mises foi o primeiro livro escrito e publicado após a sua chegada aos Estados Unidos. Nesta obra, Mises procura explicar, em termos econômicos, os conflitos internacionais que ocasionaram ambas as guerras mundiais. Ainda que tenha sido escrito há mais de cinquenta anos, a questão levantada por Mises ainda persiste: as interferências governamentais na economia causam conflitos e guerras. Para ele, o liberalismo, com sua filosofia libertária, livre mercado, governo limitado e democracia, ainda é a única e a melhor garantia para a paz

· COLEÇÃO ·
LUDWIG VON MISES

  Liberdade, Valores e Mercado são os princípios que orientam a LVM Editora na missão de publicar obras de renomados autores brasileiros e estrangeiros nas áreas de Filosofia, História, Ciências Sociais e Economia. Merece destaque em nosso catálogo a prestigiosa Coleção von Mises, do famoso economista austríaco Ludwig von Mises (1881-1973), publicadas em edições críticas, acrescidas de apresentações, prefácios e posfácios escritos por grandes especialistas brasileiros e estrangeiros, além de notas do editor.

OS DOIS VOLUMES DO BOX E AS EDIÇÕES ANTERIORES VOCÊ ENCONTRA NAS MELHORES LIVRARIAS.

Esta obra foi composta pela Spress em Fournier (texto) e Caviar Dreams (título) para a lvm em outubro de 2024.

Impressão e Acabamento | Gráfica Viena
Todo papel desta obra possui certificação FSC® do fabricante.
Produzido conforme melhores práticas de gestão ambiental (ISO 14001)
www.graficaviena.com.br